蔡京沉浮

陈歆耕——著

作家出版社

图书在版编目（CIP）数据

蔡京沉浮／陈歆耕著. -- 北京：作家出版社，2022.3（2023.1重印）
ISBN 978-7-5212-1704-9

Ⅰ. ①蔡… Ⅱ. ①陈… Ⅲ. ①蔡京（1047-1126）- 传记
Ⅳ. ①K827=441

中国版本图书馆CIP数据核字（2021）第269913号

蔡京沉浮

作　　者：陈歆耕
责任编辑：杨兵兵
图　　片：仙游县蔡襄文化研究会提供
装帧设计：今亮後聲·王秋萍
出版发行：作家出版社有限公司
社　　址：北京农展馆南里10号　　邮　编：100125
电话传真：86-10-65067186（发行中心及邮购部）
　　　　　86-10-65004079（总编室）
E-mail:zuojia@zuojia.net.cn
http://www.zuojiachubanshe.com
印　　刷：北京盛通印刷股份有限公司
成品尺寸：152×230
字　　数：330千
印　　张：29.5
版　　次：2022年3月第1版
印　　次：2023年1月第2次印刷
ISBN　978-7-5212-1704-9
定　　价：68.00元

目　录

自序　为何要写蔡京

　　福斯特在《小说面面观》中，将小说人物形象归为两类：一类为"扁平人物"，特征鲜明，容易辨识；一类为"圆形人物"，性格多元，难以辨识。本著不是小说，蔡京也不是小说人物，他是历史上真实存在的"这一个"。那么，借用福斯特的分类法，蔡京属于前者，还是属于后者呢？

　　在我看来，他是两者的复合体。其特征，简单到可以用一句话来概括；其复杂，即使写一部书也未必能描述清楚。因此，我不敢说这部《蔡京沉浮》，已经完整呈现出蔡京其人的丰富性和复杂性了。

　　写《蔡京沉浮》时，笔者时时会联想到斯蒂芬·茨威格的那部《一个政治性人物的肖像》。早年曾读过这本书和他的另一部也很有影响的历史非虚构作品集《人类的群星闪耀时》。《肖像》描述的是一位18～19世纪活跃在法国政坛的极富争议的政要约瑟夫·富歇。

　　但选择以蔡京仕宦沉浮为线索，同时呈现北宋晚期的政治生态，以此来写一本书，却并非因为茨威格作品的触发，而是近几年持续阅览宋代相关史料书籍时，倏然从脑屏上迸发出来的。觉得蔡京这个人太耐人咀嚼了，而至今却未有描述此人形象的翔实的非虚构文本，未免让人慨然长叹。在搜集史料中，虽然发现了几种若干年前出版的关于蔡京的文本，但翻阅过后均让我大失所望。其小说化、脸谱化、简单化的手法，使得这类文本既无纯粹小说叙事的张力和语言的质感，又无史实的严谨可靠——游走在非驴非马的虚构与非虚构灰色地带，这恰是我所不喜欢的。

既然搜寻不到理想的文本，也为我的书写增强了一点信心。

蔡京这个历史人物，显然不是当下写作高人所感兴趣的——他不是可以成为时代楷模的巨公伟人。大多写家不屑于为一个似乎已被牢牢钉在历史耻辱柱上的争议人物来描绘一幅肖像。偏偏此人，具有古今无可取代的认识价值、文学研究价值，每一个中国人都可以从他身上找到自己的影子。在你的细胞中，很难清除他所遗传的基因。这与你出生的家族、地域、时代环境无涉，而与一种根深蒂固的文化土壤有关。

蔡京其人，正与茨威格笔下的约瑟夫·富歇，有着诸多惊人的相似之处。

茨威格在《一个政治性人物的肖像》中这样描述："约瑟夫·富歇，当时最有权势的人物之一，也是历史上最为奇特的人物之一；同时代人对他缺乏好感，后世对他更欠公允。"各路党派以及历史学家，只要一提到他的名字，即将仇恨宣泄至笔端："天生的叛徒，卑鄙的阴谋家，油滑的爬行动物，卖主求荣的能手，无耻下流的探子，道德沦丧的小丑……"却几乎无人对他的人格作认真的考察。茨威格称："纯粹出于对心灵科学的兴趣，我非常突然地写起约瑟夫·富歇的故事来，作为对权术家生物学的一份贡献。权术家是我们生存的世界里尚未完全研究透彻的极端危险的精神族类……"①

将蔡京与富歇做简单类比，显然忽略了他们各自不同的独特性和复杂性。中国的史学家和文人总是喜欢将人物标签化、脸谱化，诸如非"忠"即"奸"、非"君子"即"小人"。其实在历史的长廊中，多少声名显赫的人物，都无法像楚河汉界那样将两者分得那么清晰。蔡京的复杂性在于他既"奸"又"雄"。我是将"奸"和"雄"作为两个独立的词来理解的。他能将"奸"体现到极致，超越普通之"奸"；也能将"雄"挥洒到极致，超越寻常之"雄"。这个"雄"也可以做双重解读：既有"奸之极"之意，也有"雄豪"之意。他的"奸"或许只是加速了一个王朝的覆灭。在岁月的长河中，其为害之烈很短暂；他的"雄"也许泽被后人，绵延不绝，至今我们还在享用他的智慧和创造。诸如他建居养院（供孤寡贫病者养老）、安济坊（医疗诊所）、漏泽园（穷人安葬墓地），兴算学、医学、书画学，在这方面，可以说他将王安石变法向前做了拓展和延伸，他在这些领域的创新之举，可能比我们经常津津乐道的某些巨公伟人所做的更伟大。还有他的书法艺术，在中国书法史上也占有无法抹去的一席之地。

蔡京最遭人诟病的罪状，当然是对政敌元祐党人的重拳出击，让他们不复有翻转的机会。但这一党同伐异的行为，并非从蔡京开始。恰恰是元祐党人，在元祐得志后列出北宋晚期第一份清党名单；也正是他们在实行元祐更化时，将当时变法派最核心

---

① ［奥］斯蒂芬·茨威格《一个政治性人物的肖像》"前言"，上海译文出版社2007年7月版。

的人物蔡确，贬黜放逐到岭南新州，开北宋将宰辅级大臣贬逐到岭南瘴疠之地的先例。新党曾以诗文置罪构陷"乌台诗案"使苏轼饱受折磨，而元祐党人则罗织更离谱的"车盖亭诗案"，将蔡确处以重刑，导致蔡确客死流放之地。从本著中可以看到，北宋晚期朋党相斗手段越来越残酷，越来越卑鄙，双方皆有逃脱不了的干系。由此，也可看出中国文人因利益之争相互比"恨"、比"狠"、比"诈"、比"毒"、比"黑"，为达目的而不择手段的极其丑陋的一面。蔡京正是在这种相互恶斗的环境中，煎熬成了被世人厌恶、被千古唾骂的罪人、奸人。要追究党争相残之罪责，岂能让蔡京一人扛到肩上？在新党与元祐党人的恶斗中，之所以后世之人给予了元祐党人更多悲悯，是因为元祐党人中有几位声名显赫的伟人，如以诗文垂世的苏东坡、以史著《资治通鉴》不朽的司马光。另外，"靖康之难"则让新党所有人（不仅仅是蔡京）为之蒙羞，连王安石这样的圣人级别的能臣也被"小人化"了上千年。但如从政治角度考量，两派恶斗很难论是非。大抵上变法派有明确的政治主张，而元祐党人则缺少真正能治国理财的栋梁。

因此，我们有必要在塞满迷雾的纷纭复杂的历史语境中，来精细考察历史人物的形迹，庶几才能稍稍得出较为客观、公正的结论。笔者用一本书，为这样一个奇特而复杂的历史人物做一次精神图谱的透析，为其浇灌一尊铁铸的塑像，是不是一件很有价值的事？就让他身着相服，站立在通衢道侧，瞪大眼睛，注视每一位行人。任风吹雨打，任世人唾骂，任顽童攀爬，任其锈迹斑斑爬满藤蔓……

但他不会轻易地倒伏，他具有超强的抗倒伏能力。

他的眼睛是可以睁大，面对火辣辣阳光直射的。

这里我要特别感谢两位至今未曾谋面的当代宋史学者：一是杨小敏博士，她的《蔡京、蔡卞与北宋晚期政局研究》，为我解读蔡京其人，提供了最初的向导和史料线索；其二是曾莉博士，她的《蔡京年谱》，是我书写蔡京时案头的必备参考文献。也可以说，没有这两部学术著作，就不会催生出这部《蔡京沉浮》。没有她们所做的基础性研究，笔者纵然再坐多年冷板凳，也不见得能写成现在这部《蔡京沉浮》。当然需要感谢的古今史学研究者还有很多，文中对史料来源均有详细标注，这里恕不一一列出他们的大名。

在初稿完成后，2021年6月，笔者专程去蔡京故里福建仙游枫亭镇探访，受到当地诸多蔡襄、蔡京研究者及蔡氏后人的热情接待。他们给我提供了不少他们研究编写的著作，丰富了我对蔡京生平形迹的认知。在此一并致谢！我将此行专题撰文《千秋功罪在人心》，用作"后记"。有兴趣的读者敬请关注。

拙著付梓前，有幸请古文献、古汉语言学专家董志翘教授，评论家任芙康、李建军先生帮助审阅指谬，获益甚多。时值壬寅春节，占用了他们宝贵的休息时光，在此深谢！

其实，我为什么要写蔡京？看过书的人，能明白的自然明白；不明白的，无论我这里怎的喋喋不休，还是不明白。那就让它如小舟随风漂流，是漂入大江大河，还是漂入芦荡苇丛，都会让笔者感到一种如愿以偿的欣慰。

这部书的初稿，全部用水笔一笔一画写成。并非有什么复古意念的写作习惯，而是为了减少眼睛紧盯电脑屏幕的时间，让视力随年龄增长衰退得慢一些。日积月累，随着案头文稿的累积，蔡京其人的形象在笔者的心中，也日益丰润起来。

蔡京的人生，曾如烈火烹油般轰轰烈烈，也曾如挂在墙上的咸鱼，遇水居然满血复活；

蔡京的人生，酷似一个珠峰的攀登者，爬呀，爬呀，终于登顶了，却突遭雪崩，倏忽间被埋入谷底冰窟；

蔡京的人生，曾繁盛如花团锦簇，饱享天上人间的极乐，最终却暴尸荒岭，几成魂无所归的野鬼；

蔡京的人生，由黑、红、白三色构成，美术家们公认，这三色组合是冲击视觉的绝配，它们不是界定分明的色块，而是你中有我，我中有你；

……

一台北宋晚期历史与蔡京人生的大戏，在此为您徐徐拉开帷幕。

2022年2月8日于耕乐堂

黑白红

大宋王朝在中国几千年封建历史上，实在是一个让人品味不尽的王朝；

是一个可以从无数不同向度审视的王朝；

是产生"溪上青山三百叠"般巨公名贤的王朝，也是滋生一大把遗臭万年的巨奸小丑的王朝；

士人精神极度张扬的大纛与滴答着污水的抹布，不协和地缠绕在这个王朝的殿柱上；

没有哪个王朝像宋王朝拥有星河般璀璨的诗文大家，也没有哪个王朝像宋王朝让人感到特别地"窝心""糟心""痛心"；

……

这个王朝的特殊性在于，为后人提供了一个空前绝后的巨大阐释空间。

说"宋王朝之后再无宋王朝"，此言无毛病。但这是一个中性的说法，不含褒贬。至少对于我。

宋代雕版印刷技术的发展，使得出版传播出现了与以往相比质的飞跃，这种"飞跃"的革命性变化，并不亚于今天从传统纸质出版向互联网技术的"飞跃"。印刷传播的便捷，使得从这个王朝开始，文人书写留存的文字变得丰富、多元、芜杂起来，给后人研究这个王朝的人物和事件，提供了大量史料；也笼罩了许许多多遮蔽真相的迷雾。有宫廷主修的正史，也有民间文人记载各种亲历和传闻的野史。据学者考证，苏东坡可能是中国诗歌史上第一位出版个人诗集的诗人。

要论文化之兴盛，能与大宋王朝并列的，此前只有诸子百家是另一座高峰，此后的五四新文化运动是又一座高峰。虽如此，历史学家们也不认为大宋王朝的文化繁荣与欧洲文艺复兴可以等而言之。因两者的社会、经济发展背景不同。更重要的是，两宋文人并无整体性的文化创造自觉。他们的主要兴趣点还在从政，文和艺皆为"政"之余（小道）。宋王朝长期宽"文"抑"武"的治国氛围，使得大多文人误以为应以拯救天下苍生为己任，谁知心比天高、命比纸薄，理想常常化作一缕青烟。宋代文人就在这样一种志不得伸、情不能扬的坎坷、跌宕的命运中，将文化创造作为情感密集宣泄的最佳喷发口。一座座耸入云霄的文化高峰，由此在集体无意识中得以矗立。

那些写于困厄、磨难乃至绝望中的精美绝伦的诗文，犹如冰雪中绽放的花朵。读宋词，常常让我联想到川藏边境铺满山坡的雪梨花。迎风颤悠的柔嫩花瓣上托着雪粒。当然，也常让我联想到铁匠铺里，经过烈火冶炼的铁段，在重锤敲击下喷溅的火星。

"失之东隅，收之桑榆。"此之谓也！

近年来书写这个王朝的文字，似呈一种"井喷"现象，虚构和非虚构、普及性的通俗叙事和精英研究成果，皆可堆积如山，这给新的书写带来了便利，也制造了障碍。仅仅从研究的角度审视，胡编乱造、误判臆断的不靠谱文字与严谨考证、有一说一的诚实书写并存，常常需要我们花费很多精力去辨识。为此不知浪费了我几许银子，很多书籍买来后，随手翻几页，便发现毫无阅读和参照价值，便只得弃之一侧，作垃圾清理。

新的书写者，还面临一重难度，那就是某些充满诱惑的书写对象或事件已经被他人反复"嚼"过多遍，诸如范仲淹、王安石、苏东坡、司马光、柳永、李清照、辛弃疾、文天祥等等，都可以搜罗到多种版本的传记。当然，真正专业、权威，能够经受时光淘洗的精品也还是匮乏。即便如苏东坡传，前有林语堂的版本，继有李一冰的《苏东坡新传》，近有当代学者所写的多种著述，各有优长，也各有明显瑕疵和局限，一部理想的苏东坡传记，仍在期待中……

尽管就拥有史料的丰富、全面而言，笔者也曾有过写一部苏传的冲动，但三思而后放弃。因为苏东坡的那点事，已经被无数写作者嚼烂了。我明白，要找到一片未开垦过的"处女地"，才能多少遮掩笔力的不足。

近几年，在阅览宋史史料时，将断断续续迸发出的感受，整理成短篇文字，汇集在《何谈风雅》随笔集中。接下来，在反复斟酌后，决定选择在北宋末期有过轰轰烈烈表演史，名噪一时的人物蔡京，作为笔者聚焦的对象。这位被很多宋史写作者忽略的特殊人物，如海水中的礁石，一次次地在我心中激发出为之画像的冲动。对于为何要选择蔡京作为书写、解剖对象，笔者在序言中已有简略表述。

说到蔡京，稍通历史者都会说，他不是早已被钉在历史耻辱柱上，几乎被人们唾沫淹没的"巨奸"吗？不但是"巨奸"，还是"六贼"之首。明代宰相张居正曾为小皇帝编著了一部通俗有趣、文图搭配的教科书，名曰：《帝鉴图说》。书中分两部分，上部为"圣哲芳规"，下部为"狂愚覆辙"，从史料记载中引入两种相反的典型案例，共117例。前者皆是可作楷模效仿的正面案例，后者则是要作前车之鉴的反面案例。下部的最后一则故事："任用六贼"，说的主要就是蔡京如何做"贼"，其文字引录自《宋史》。

> 宋史纪：徽宗在位，承平日久，帑庾盈溢。蔡京为相，始倡为"丰、亨、豫、大"之说，劝上以太平为娱。上尝大宴，出五盏玉卮以示辅臣曰："此器似太华。"京曰："陛下当享天下之奉，区区玉器，何足计哉！"上曰："先帝作一小台，言者甚众。"京曰："事苟当理，人言不足畏也。"由是上心日侈，谏者俱不听。京又求美财以助供费，广宫室以备游幸。兴延福宫、景龙江、艮岳等工役，海内骚然思乱，而京宠愈固，权震海内。是时梁师成、李彦，以聚敛幸，朱勔以花石幸，王黼、童贯以开边幸，而京为之首，天下号为"六贼"。终致靖康之祸。①

尽管在后人研究"靖康之难"的文字中，已有一些较客观的分析，认为将蔡京视作"靖康之难"祸首有欠公正、客观，但要彻底洗刷掉蔡京"奸"和"贼"的污迹，也几乎是不可能的。

笔者在搜罗有关蔡京的史料时，偶然获得一部蔡京故里莆田市政协主编的《蔡京史论选编》，其中不少文章为我们客观认识蔡京在历史上的功过是非，提供了一些新的视角和成果。②其中有文称："他功大于过，应有一定的历史地位。"对此很难做定

① 〔明〕张居正《帝鉴图说》第281页，江西教育出版社2016年6月版。
② 杨鹏飞主编《蔡京史论选编》，中国文史出版社2011年12月版。

论，其人的"功"与"过"应作三七开，五五开，还是四六开？恐怕神仙也说不清楚，即使应用今日之计算机，也难做精准的统计。曾有历史学家感叹，"历史决不能同物理学、化学、生理学或者人类学一样，成为一门真正的科学。因为人类历史的现象异常复杂，我们无法直接观察它们，更不必说我们对史事做人为的分析和试验了。"但写完蔡京，我倒是觉得蔡京的某些历史贡献，或许真的大过与徽宗联手埋葬北宋的罪恶。北宋迟早是要灭亡的，没有蔡京，也会有另一个蔡京式的掘墓人出现。

因此，我不喜欢对历史人物做贴标签式的简单评说。有很多"饱学之士"在干这样的勾当，不需要再添鄙人一个。我感兴趣的是蔡京人格的复杂性。此人人格形象有一个鲜明的特征："官场人格"，这样的人格，也只有在一种特殊的土壤和场域中才能滋生和形成，将这样一种特殊人格当作典型的标本来解剖，是一件具有挑战意义的事情，是驱动笔者为蔡京写一本书的最原始也是最核心的动力源。

文学界说得最多的一句话是：文学是人学。

好吧！我的兴趣点正是在于研究人。

千万不要以为，笔者解剖"官场人格"，意在彻底否定这样一种人格。错，错，错！

笔者完全以一种中性的态度来对待这样一种人格，既非轻易地褒扬，亦非轻易地鞭挞。

诸如，我认为在合格线以上的"官场人格"，起码应该根据层级不同，具备一定的行政能力和管理能力，否则不适合成为官场中人。王安石是中国历史上罕有的千古一相，柳永则是中国历史上具有代表性的婉约派词人，假如让柳永也坐到宰相的位置上，诸位读家觉得合适吗？很简单，柳永不具备宰辅的"专业"才干。

"官场人格"有多种类别、层级，并非人人皆能具备。蔡京是具有典型的"官场人格"的官员，所以他能四次入相，任相长达十八年又六个月。在官场长袖善舞，正是"官场人格"的标识之一，值得我们来细细玩味。

在写作中，我发现，我的笔墨已经远远偏离了最初的构想。蔡京的人生轨迹、仕宦沉浮，仅仅是本著的一根藤蔓，用这根藤蔓可以牵出更多令人或惊诧、或唏嘘、或瞩目、或仰望、或垂泪的甜果、苦果、恶果、毒果、烂果……

卷一

蔡氏兄弟与王安石

第一级阶梯

按照某些传统史学观点，"宋朝政局，譬如养大疽于头目之上，种其毒者为王安石，溃其毒者为王黼诸人，中间养成祸乱至于不可救者，则为蔡氏父子"①。

如果北宋下半场历史的轨迹如此简单清晰，那么我的这支笔完全可以掷到一边去了。

首先，南宋王朝及其摇尾文人把"靖康之难"主责归于"蔡氏父子"，乃至连同王安石一起绑架，就完全偏离了基本的历史事实。这当然有其特殊的历史背景，南宋赵家后代是不会把罪责归咎到赵家兄弟和前辈身上去的。因此，蔡氏父子与力推新法的王安石，就成了舆论中的"替罪羊"。

但我们也得承认一个客观事实，蔡京、蔡卞兄弟进入北宋政坛的前期，确实与王安石脱不了干系，他们之间究竟有些什么关联，是需要我们细细考察的。

史料记载，蔡京、蔡卞兄弟俩都是喜读书、智商极高之人，蔡京四岁时即熟读四书五经，且能把范仲淹的《岳阳楼记》倒背如流。人们绝不会想到，这个熟诵"先天下之忧而忧，后天下之乐而乐"的幼童，日后居然成为践行"先天下之乐而乐"的超级

---

① 〔明〕宽山《铁围山丛谈·附录》，转引自《蔡京史论选编》第210页，中国文史出版社2011年12月版。

享乐主义者。

蔡氏兄弟在太学读书期间就已经"蜚声一时"。在熙宁三年（1070）三月，蔡京二十四岁，蔡卞二十二岁时，两人同科及第，蔡京第九名，蔡卞第十七名。蔡氏兄弟迈入这一级台阶，全凭实力，应该与王安石没什么干系。

其时是王安石推行新法的第二年，整个朝廷大臣的目光都聚焦在新法"便"与"不便"上，他们才刚刚拿到入仕的"门票"，没有几个人会特别关注他们。且王安石登上相位是在这年十二月。蔡氏兄弟离获得话语权还有漫长的路途。

应该说，蔡氏兄弟进入仕途即广受瞩目，与父亲蔡准有关。蔡准为宋仁宗景祐元年（1034）进士，曾为秘书丞、郎中、侍郎，赠太师，与苏轼曾同游杭州来贤岩、西湖，有诗唱和，在政坛有很高的地位。蔡氏兄弟在入仕前，就已有一些名气。[1]

有一些关于蔡氏兄弟参加科考的野史记载，或可资一笑。

到得京城，店铺琳琅，青楼鳞次，兄弟俩免不了到处转悠。听闻有一名化成的僧人精通命理，求卦者盈门，他们同往僧人处测测运气，经预约数日才轮到他们。告知以出生年月时辰，僧人语元长（蔡京字）曰："此武官大使臣命也，他时衣食不阙而已，余不可望也。"又语元度（蔡卞字）曰："此命甚佳。今岁便当登第，十余年间可为侍从，又十年为执政，然决不为真相，晚年当以使相终。"算毕，兄弟俩退出，蔡京摇摇头，认为其人信口胡言，不足信也。蔡卞则说，过若干日，我们再

---

① 曾莉《蔡京年谱》第5页，广西师范大学出版社2020年1月版。

访，看他再说些什么，大致可验证了。旬日复往，再报之以出生年月，该僧的推算一如前次，无一语差谬，两人大惊。虽然后来的事实证明，蔡卞的命运轨迹大致被僧人说中，于蔡京则差之甚远。但有一共同点被僧人测对了，弟兄俩皆登科，相继显贵。[1]

蔡京中进士排名第九的信息，随着他官位的不断提升，在北宋官场几乎无人不晓。乃至被青楼女子或官妓编入歌词传唱。某次蔡京途经苏州，太守宴请。为宴席助兴的是一位名苏琼的"官奴"，擅长作词。蔡京闻其善词，命即席为之。苏琼姑娘果然厉害，嫣然一笑，稍加思索，便轻启红唇脱口唱道："韩愈文章盖世，谢安情性风流。良辰美景在西楼，敢劝一卮芳酒。记得南宫高选，弟兄争占鳌头。金炉王殿瑞烟浮，名占甲科第九。"苏小姐不仅年轻娇美，且词才横溢，巧妙地将蔡京奏名第九的骄人考绩嵌入词中。[2]

裙带关系

王安石育有二女，长女嫁给了吴充子吴安持，吴安持曾任蓬莱县君，未见在政坛上有大的作为，次女嫁给了蔡卞，因此，蔡氏兄弟与当朝宰相王安石，就有了一层特殊的姻亲关系。

---

[1] 《能改斋漫录》卷十六等，《宋人轶事汇编》（四），第1814—1815页，上海古籍出版社2015年6月版。

[2] 同上。

吴充是王安石的亲密好友，王安石推行新法的坚定支持者。王安石在《酬冲卿见别》诗中说："同官同齿复同科，朋友婚姻分最多。"指的是王、吴二人同龄，同入进士科，又曾同任参知政事，王安石罢相后，吴充接任同中书门下平章事。

那么，蔡卞是如何成为王安石女婿的呢？蔡京、蔡卞是否曾因这层特殊的姻亲关系，得到王安石的提携？笔者搜集到的史料中有多种说法，比较靠谱的一种说法是，考中进士后蔡卞出任江阴县主簿，发现在农民青黄不接之际，大富豪们高息向饥民出借谷物，盘剥百姓。他力主开仓借粮，帮助贫困户度过饥荒。蔡卞这一举动，获得正力推青苗法的王安石关注、赏识，因而将二女儿王雯下嫁于他。

蔡京的第一个官位则是钱塘县尉，隔一年调任安徽舒州推官。

大约在蔡卞娶王安石女为妻同时，蔡京娶妻徐氏。徐氏为时任少卿的徐仲谋之女。关于徐氏及其家庭背景，未见有更多史书记载。①

未见到王安石有推荐蔡氏兄弟提任官职的记载。王安石对蔡氏兄弟的关注，或许在他们同榜进士及第时，甚至更早，因为比蔡京兄弟年长的族兄蔡襄及其父蔡准，曾与王安石早有往来，王安石也曾在浙江鄞县和安徽舒州为官。以王安石的政声和为人，笔者也相信，他绝不会特意举荐与自家有姻亲关系的人任某官职。但蔡氏兄弟与王安石的这层关系，显然是他们在仕途上升通道中的一笔"隐形资产"。当然，在风向突转的政治背景下，也可能成为"负资产"。

---

① 《续资治通鉴长编》卷四百九十九，第11884页，中华书局1992年3月版。

奉旨探亲

元丰七年（1084）初春，已六十四岁、退居江宁八年的王安石突然手脚不听使唤，起不了床了，郎中诊过后认为是轻度脑中风，身体尚无大碍。

病中的老人特别思念住在京城的女儿、女婿。此前曾有诗两首寄小女儿：

一

建业东郭，望城西埭。千嶂承宇，百泉绕雷。青遥遥兮缅属，绿宛宛兮横逗。积李兮缟夜，崇桃兮炫昼。兰馥兮众植，竹娟兮常茂。柳蔫绵兮含姿，松偃蹇兮献秀。鸟跂兮下上，鱼跳兮左右。顾我兮适我，有斑兮伏兽。感时物兮念汝，迟汝归兮携幼。

二

我营兮北渚，有怀兮归女。石梁兮以苦盖，绿阴阴兮承宇。仰有桂兮俯有兰，嗟汝归兮路岂难？望超然之白云，临清流而长叹。①

"感时物兮念汝，迟汝归兮携幼。""仰有桂兮俯有兰，嗟汝归兮路岂难？望超然之白云，临清流而长叹。"两首诗最后的落

---

① 《王安石全集》（四），第73—74页，崇文书局2020年6月版。

脚点，都表达了老人强烈渴望见到女儿、女婿的心情。

还有一首写给蔡卞的诗《招元度》："早知皆是自拘因，年少因何有旅愁。自是不归归便得，陆乘肩舆水乘舟。"①简直就是大声疾呼："老父想你们了，咋还不回来看看？"

神宗皇帝获悉老宰相生病，特派御医往金陵帮助诊疗。

蔡卞正要请假，携妻儿前往江宁探视，接到神宗口谕，特准他和家人回江宁探亲。躺在病榻调理身体的王安石，见到了女婿、女儿，精神陡增，病似乎也痊愈一大半，虽患脑中风，居然也能诗情勃发，有诗赞顽皮可爱的小外孙女："南山新长凤凰雏，眉目分明画不如。年小从他爱梨栗，长成须读五车书。"②

一根绳子的两端

曾被梁启超痛批为"秽史"的《宋史》中，蔡氏兄弟皆排在"奸臣"之列，且又总是把蔡氏兄弟之"奸"与王安石捆绑在一起。除了因为蔡卞是王安石女婿，又因为宋徽宗时期是要继神宗变法大业，重振北宋山河的，没料到一场灭顶之灾的"靖康之难"，使所谓"崇宁"之梦成为一个噩梦。宋徽宗不是宋神宗，蔡京也不是王安石。蔡氏兄弟二人虽有某些共同之处，但二人行止也有巨大差异。

如果说"变法"是一根绳子，这根绳子的两头，仅就王安石

---

① 《王安石全集》（四），第343页，崇文书局2020年6月版。

② 《王安石全集》（四），第284页，崇文书局2020年6月版。

与蔡京二人比较，一头牵着凤凰、高峰、鸿鹄（王安石），另一头牵着的（蔡京）该是什么呢？——蚂蚱？沟壑？燕雀？用相对应的比喻似乎都不合适。蔡京的复杂性就在于，很难用一个标志性的符号来为之定位。但可以肯定地说，同为官场中人、位至宰辅，同为推行变法，二人的"心术"、境界有霄壤之别，将蔡京与王安石做全面比较是一个非常复杂的课题，也并非本书主旨。这里仅就生活习惯的某个侧面做一个对照，就会发现将王、蔡同列，实在是无知到极点。

关于王安石——

南宋朱弁的《曲洧旧闻》记有一事：王安石做参知政事时，有人说他爱吃獐脯，他的夫人听说后，心中生疑，说："他平常从来不挑饭菜，怎么忽然特别爱吃起獐脯来了呢？"叫人去问他身边的人，你们怎么知道他特别爱吃獐脯呢？回答说："他每次吃饭都只把一盘獐脯吃光，别的菜却不吃。"夫人又问："他吃饭时，獐脯放在什么地方？"身边的人说："在离他筷子最近的地方。"夫人说："明天你们把别的菜放在他的筷子边上。"第二天，他果然把靠近的那盘菜吃光了，可是獐脯却全未食，这才知道他不过是专拣离自己"匕筯"最近的菜来吃罢了。①

王安石对生活的不讲究，不仅表现在饮食，且看他的衣着：王安石任相时，有一次与副相王珪同赴内殿面见神宗皇帝，在向神宗奏事时，有一虱子顺着王安石的襦领向上爬，又趁王安石低头时，爬上他的胡须，然后又爬回衣领……几经反复，神宗和王珪都见到

① 《曲洧旧闻》卷十，《宋人轶事汇编》（三），第1227—1228页，上海古籍出版社2015年6月版。

了，只是会心一笑，未吭声。王安石只顾讲话，不明白神宗为何要笑。退朝后，回到政事堂，王安石问王珪，刚才圣上为何要笑，王珪如实相告。这虱子居然让我在皇帝面前出洋相，太可恨了！王安石命随从翻衣领捉虱子，却不知虱子藏匿于何处。王珪却劝他"未可轻去。辄献一言，以颂虱之功"，而要加以保护。王安石问有何"献言"？王珪幽他一默：这可不是一般虱子啊！"屡游相须，曾经御览"，屡次游览宰相的胡须，还曾受到皇帝的接见，这荣耀岂是一般虱子享受过的？王安石听后一笑了之。①

王安石次女嫁蔡卞时，夫人宠爱此女，在他不知的情况下，用当时最为名贵的乐晕锦为帐，婚礼尚未举行，华侈之声已外传，乃至传到神宗皇帝耳中。一日神宗问："听说卿用锦帐嫁女？"王安石大吃一惊，归后问之，方知是夫人所为，立刻将那顶锦帐捐给开宝寺做了佛帐，并告知皇上此事原委。②王安石官知制诰时，他的夫人给他买了一个妾，那是当时达官贵人常有的事。王安石回家见到一位陌生貌美女子来为他宽解冠带，就问："你是哪里来的女子？"答道："夫人叫我来侍候舍人的。"问她的来历，原来她的丈夫是一个军校，因运米损失，家产入官，还不够赔，便把她卖掉，得钱九十万。安石立即命人把她的丈夫找来，让他们复为夫妇。他官任知制诰时，居母丧，年已四十余，却尽极哀毁，成日坐卧在厅堂里的草席上。有一天，某知府给他

---

① 《宋稗类钞》卷六，《宋人轶事汇编》（三），第1279页，上海古籍出版社2015年6月版。

② 《南游记旧》，《宋人轶事汇编》（三），第1228页，上海古籍出版社2015年6月版。

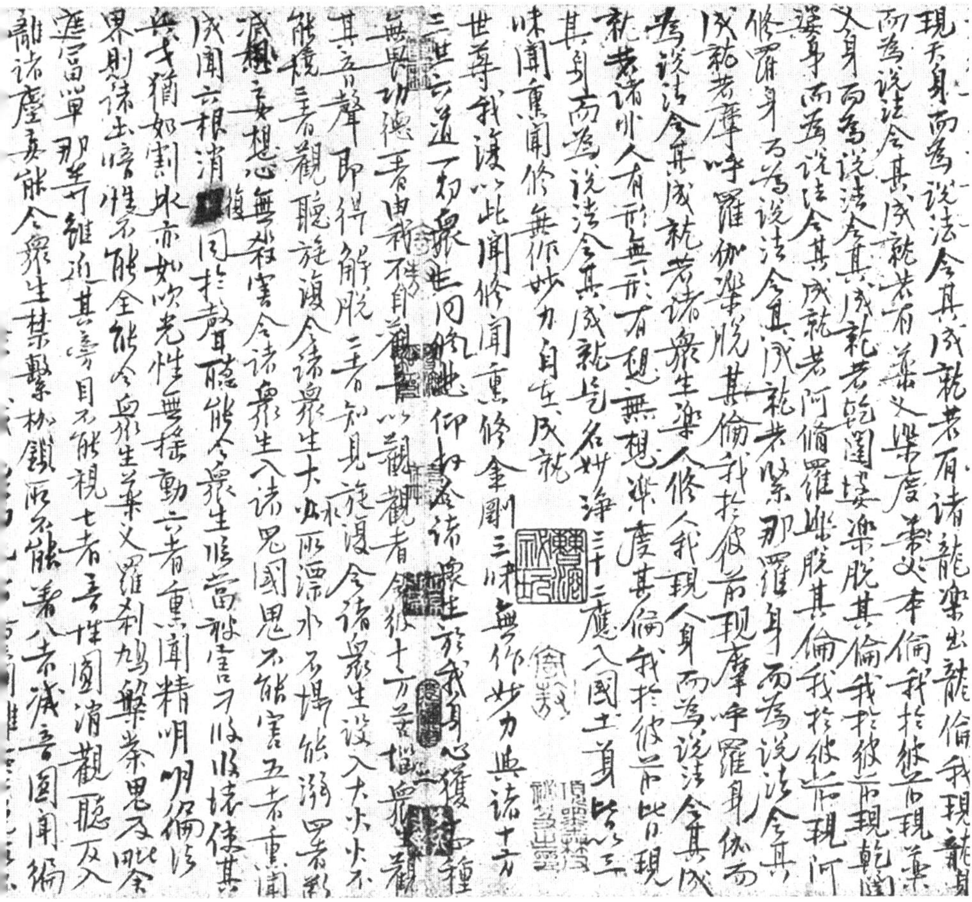

北宋·王安石《楞严经旨要》（局部）

送一封信，那差人看了他衣履不整的样子，以为他是一个老仆，让他递入内宅。他在槁席上拿了信就拆。那差人嚷骂道："舍人的信，院子也拆得的吗？"王安石家人告诉差人那就是舍人！差人大吃一惊，为刚才的冒失连声道歉！可见王安石于书卷外，一切嗜欲都异常淡薄，对衣食住都漠不关心。后来毁他的人便说他"囚首垢面而谈诗书"。①

关于蔡京——

南宋罗大经《鹤林玉露》记载，某富户在东京开封买了一个婢女。该婢女自称在蔡京的厨房里做过包子。主人听了很开心，想尝尝蔡京喜欢吃的包子是个什么味道，便让婢女下厨房去做，婢女面露难色，回说做不出，主人感到奇怪："你不是专做包子的吗？为何做不出？"婢女答："我只负责切葱丝。"原来为蔡京做蟹肉包子的婢女有一个流水线制作组，和面、擀皮、切葱、剔蟹肉都有专人负责。这位富家主人大发感慨，蔡太师真是豪奢得不一般，连做包子也得雇这么多年轻姣美的婢女。②

……

仅就王安石与蔡京的生活琐事相较，能否量一量，两人人格境界高下之距离有多远呢？

论才气、能力，蔡京当然非等闲之辈。这里仅列一例：绍圣年间，蔡京奉命馆伴辽使李严。所谓"馆伴"，也就是负责全部接待事

---

① 张荫麟《两宋史纲》第166—167页，北京出版社2016年7月版。
② 《鹤林玉露》丙编卷六，《宋人轶事汇编》（四），第1835—1836页，上海古籍出版社2015年6月版。

项。这辽使有点类似现在的国外大使或领事馆代表，一住就是很长时间。对这样的使臣怠慢不得，接待不当就会直接影响两国关系。某日两人同饮，李严一杯酒下肚，看到侍宴人端上来的杏子，脱口大发感慨："来未花开，如今多幸（杏）。"蔡京听后，拿起一只梨，应曰："去虽落叶，未可轻离（梨）。"金使拜服，举杯即饮。[①]

更多蔡京形迹，在后文中将一一道来。

在笔者眼中，综合考量王安石的思想、执政能力、修身律己等方面所达到的境界，堪称千古贤相、良臣，但王安石先后两次任相时间相加仅五年；而蔡京却能在相位长达十八年又六个月。如果王安石具备蔡京的铁腕和变通能力，大概北宋的历史就要改写了。

兄弟异同

蔡氏兄弟，虽同父同母同进士，又有大致相像的人生轨迹，但两人仍有很多不同处，对二人做一系统比较，是又一道学术难题。

据野史记载，王安石曾对蔡京兄弟有过截然不同的评价，蔡絛在《铁围山丛谈》中记载：

> 王舒公介甫，熙宁末复坐政事堂，每语叔父文正公曰："天不生才且奈何！是孰可继吾执国柄者乎？"乃举手作屈指状，数之曰："独儿子也。"盖谓元泽。因下一

---

① 〔宋〕陆游《老学庵笔记》卷四，第58页，中华书局1979年11月版。

指，又曰："次贤也。"又下一指，即又曰："贤兄如何?"谓鲁公。则又下一指，沉吟者久之，始再曰："吉甫如何？且作一人。"遂更下一指，则曰："无矣。"当是时，元泽未病，吉甫则已陨云。[1]

蔡絛的生卒年不详，其人为蔡京幼子。他写的事情发生在王安石复相的熙宁年间，记王安石与蔡卞在家中的一段私聊。王安石第二次罢相在熙宁九年（1076），蔡京长子蔡攸生于熙宁十年（1077），蔡京三十一岁。其时，蔡絛尚未出生，这段记载不可能是亲闻，由于涉及其父的记载，有多少可信度，也令人生疑。不排除其人借王安石之口抬高蔡京才能的嫌疑。这番议论出自王安石之口，也完全与王安石的一贯从政理念、为臣之道不相符。谈谁来继承他执掌国柄，居然首推儿子王雱（元泽），第二人选"次贤"即指女婿蔡卞，然后第三人选"贤兄如何"，即指蔡京（鲁公）……王安石会想着把朝廷变成其家族的殿堂？荒唐。其效果并不能改变蔡京的形象，反倒是往王安石身上泼了一盆污水。更不用说当时蔡京、蔡卞尚为八品小吏，离"执国柄"相距甚远，王安石论谁"执国柄"完全不可信。

但从这段记载，大致可判断王安石在任相期间，对蔡京的评价还算是正面的。

到了元丰年间，王安石对蔡京的评价发生了一百八十度的翻转。《南游记旧》载："南丰先生（曾巩，唐宋古文八大家之一）病时，介甫日造卧内。因邸报蔡京召试，介甫云：'他如何做得

---

① 〔宋〕蔡絛《铁围山丛谈》第36页，上海古籍出版社2012年12月版。

知制诰？一屠沽尔。'"①

　　王安石据何做出这样的评价？未见到有更多史料来佐证这一问题。这里留下了巨大的想象空间。无疑，王安石的这一评价，与蔡京后来在政坛的表现是完全一致的。我想，王安石从执掌重权，成为深得神宗皇帝信任的首辅，到骑驴悠游江宁郊外的致仕闲人，肯定深深感受到了人走茶凉的官场常见之态，虽然新法仍在推行，但对官员考察、推荐的话语权已经没有了。像王安石这样知进也知退的高人，当然不会在乎这一类的世态炎凉，但借此而进一步看清了某些人（含蔡京）的秉性，则是完全可能的。

　　王安石在生前一直非常喜欢、器重女婿蔡卞，将其收为门生。有史料记载："（周）辉在金陵，见老先生言，荆公尝谓：'元度为千载人物，卓有宰辅之器，不因某归以女凭借而然。'"②

　　"千载人物"——此高评出自王安石之口，绝不仅仅是因为他们有翁婿之关联。王安石对蔡卞的才华是高度认可的。这里再转引几首王安石晚年退居金陵写信给蔡卞的诗，可见老人对蔡卞的器重与思念之情：

示元度·营居半山园作③
今年钟山南，随分作园圃。
凿池构吾庐，碧水寒可漱。
沟西雇丁壮，担土为培塿。

① 《宋人轶事汇编》（四），第1816页，上海古籍出版社2015年6月版。
② 〔宋〕周辉撰，刘永翔校注《清波杂志校注》卷三，第130页，中华书局1994年9月版。
③ 《王安石全集》（四），第68页，崇文书局2020年6月版。

扶疏三百株，蒴楝最高茂。

不求鹣鶒实，但取易成就。

中空一丈地，斩木令结构。

五楸东都来，斫以绕檐溜。

老来厌世喧，深卧塞门窦。

赎鱼与之游，喂鸟见如旧。

独当邀之子，商略终宇宙。

更待春日长，黄鹂弄清昼。

怀元度四首①

一

秋水才深四五尺，扁舟斗转疾于飞。

可怜物色阻携手，正是归时君不归。

二

舍南舍北皆春水，恰似蒲萄初酸醅。

不见秘书心若失，百年多病独登台。

三

思君携手安能得，上尽重城更上楼。

时独看云泪横臆，长安不见使人愁。

四

自君之出矣，何其挂怀抱。

孤坐屡穷辰，山林迹如扫。

数枝石榴发，岂无一时好？

---

① 《王安石全集》（四），第342—343页，崇文书局2020年6月版。

不可持寄君，思君令人老。

由此可见，蔡京、蔡卞兄弟之间并不能简单地画等号，用一个"奸臣传"将之简单地扔进一个筐子里。

梁启超在《王安石传》中，有一段对蔡卞的评述：

"蔡氏婿卞，为京之弟，《宋史》以入《奸臣传》。今考传中其所谓'奸状'者，大率暧昧不明，如云：'卞深阻寡言，章惇犹在其术中，惇迹易明，卞心难见。'又云：'中伤善类，皆密疏建白。'凡此皆所谓莫须有者也。又云一意以妇公王氏所行为至当，专托绍述之说，上欺天子，下胁同列。此则《宋史》之所谓'奸'，岂能强天下后世以为奸哉！其后卞以京引用童贯，面责之，京力诋卞于帝前，卒以此去官。则是盗跖柳下，同气异趋，若元度者，其亦不玷荆公矣。"①

这段评述认为，《宋史》中记蔡卞之"奸"的文字暧昧不明，并无扎实可靠的证据。蔡卞曾因蔡京重用宦官童贯持不同意见，乃至辞官而去。蔡氏兄弟屡屡因政见、为人之异而生隙，与苏氏兄弟之亲密无间迥然不同。

出使辽国

应该承认，蔡京在初入仕阶段，与后来比有很大不同。不仅仅是因为年岁的增长，而是官场的特殊环境，常常会将之推到风

---

① 梁启超《王安石传》第288页，商务印务馆2018年1月版。

口浪尖，人性定然会在风吹水磨中发生变异。

官场可以是一口酱缸，把你"酱"成一条咸鱼、臭鱼；也可以是一尊炼丹炉，把你炼成一颗铮亮的钢珠、金珠……

在一场大的暴风雨到来前夕，蔡京有一次出使辽国的经历。

元丰六年（1083），蔡京三十七岁，八月十二日，蔡京以奉议郎、试起居郎任辽主生辰使。同行的还有副使狄咏及一行人。至辽都，向辽主奉上生日贺礼后，辽主派人邀请蔡京参加该朝举办的宴席，称是有重要事项，告知南朝来使。蔡京婉辞，声言："我们来辽国，奉上贺礼，以示两国之好。行礼既毕，则不必要参与北朝事务了。"但辽主再三邀请，蔡京问其故，辽方使臣告知：辽主老矣，无嫡子，将以皇位传其孙，因此觉得有必要向南朝预告。蔡京听后说："北朝既然有此诚意，我们当应邀参加。"在蔡京一行尚未回到朝中时，已有信使将蔡京出使情况密报了神宗。神宗大喜，赞赏蔡京处理事宜得体，蔡京一回到京都，即召蔡京上殿面见。

在朝堂上，神宗除了询问出使辽国情况，另征询蔡京意见，此时是否可出征辽国？蔡京对曰："以臣所见，似未可取。"神宗不解，曰："闻彼方刷水鬓（古代妇女以刨花水涂搽两鬓），争佩燃金香袋，奢淫若此，安得不亡？卿似谓未可取，何也？"蔡京回答："臣闻国之将亡，礼必先颠。臣在彼时，见其野外有奚车数辆，植苇左右，系一小绳，然过者必趋，骑者必下。臣询谓何，则曰'太庙行宫也'。观其上下礼法严肃犹如此，况号令必行，故臣以为未可也。"神宗皇帝默然。

其时，有迹象表明，神宗皇帝似有意亲征辽国，而蔡京却直陈取辽国之不宜，皇帝不悦，蔡京面临被降职处分的可能。蔡确在获知蔡京处境后，利用面见神宗的机会为蔡京辩护。神宗也因此认可了蔡京的意见，并称："必是蔡某得安石议论，安石临行，尝诫朕以此。"而蔡京后来谈到此事则说明，他既不清楚皇上有亲征之意，也未曾听到过王安石告诫之语。此时的蔡京，显然还算是比较诚实的。

有史家认为，此事记载于蔡京幼子蔡绦著作《北征纪实》，有为其父粉饰之嫌。[1]

在神宗驾崩前，蔡京的职位是龙图阁待制权知开封府；蔡卞的职位为中书舍人兼侍讲。

他们皆已是朝廷重臣，且处于上升态势。

神宗驾崩后，北宋政坛则面临新的一轮洗牌。

---

① 曾莉《蔡京年谱》第24页，广西师范大学出版社2020年1月版。

卷二

元祐『更化』与
蔡京变脸

"桥道顿递使"的忧惧

蔡京在神宗皇帝的葬礼中担任"桥道顿递使",掌管出殡中道路桥梁交通的通畅和安全问题。

在送葬的行列中,一片哀泣之声。有的人是真悲泣,有的人一边掩面拭"泪",一边难免心中窃喜。皇帝的驾崩意味着官场的风向要变了,曾经春风得意的,可能要跌落到沟壑中去;曾经被打压的,也许会获得登堂入室的契机,无人不在为自己未来的命运盘算。

蔡京对此尤为敏感。

神宗尚未落土,蔡京就感到喝水也有点塞牙了。

非常诡异的是,神宗驾崩后第二个月的二十四日,开宝贡院忽然着火,蔡京因救火不及时,被罚铜八斤,而另几个新党人物户部侍郎李定、给事中兼侍讲蔡卞、起居舍人朱服也因此而各降一职。

在讨论神宗皇帝用何谥号时,蔡京虽然满腹经纶,居然也弄得灰头土脸,被传为笑谈。蔡京力主用"睿广"二字,一时疏忽,此典出自楚语。[1]王安石在给神宗的奏疏中常会用到"睿广",但荆公用得,你蔡京未必就用得。当他提出这一奏议时,一位名范彝叟的官员上奏否定:"此楚语所载,先帝言必称尧、

---

① 〔宋〕陆游《老学庵笔记》卷十,第153页:楚语曰:"若武丁之神明也,其圣之睿广也,其治之不疚也,犹自为未义。"中华书局1979年11月版。

舜，今乃舍六经而以楚语为尊号，可乎?"蔡京一时无语。

能够在庙堂面对皇上议论政事者，皆非等闲之辈，甭管有德无德，有才无才，四书五经皆谙熟于心是肯定的。否则怎么混?

神宗崩，哲宗继位。力推变法的神宗皇帝只活了三十八岁，而继位的皇太子哲宗（赵煦）则刚十岁。一个才十岁的少年如何处理军政大事?于是宋英宗的皇后，宋神宗的母亲高氏以太皇太后身份垂帘处理军国大事。

这位高氏对神宗任用王安石推行新法，"折腾"得朝堂上下砖动瓦摇是坚决反对的。通常女人对政治并无兴趣，高氏反对变法并非因为对如何解决军政弊端特别关心，而是因变法的某些条款，直接触犯了她和后宫的利益，她的钱包瘪下去了，花钱不爽了，后宫的嫔妃们成天牢骚满腹，听得她耳朵长茧子了。

自范仲淹推行庆历新政夭折，吕夷简任相后大笔赏赐皇室宗亲和后妃以收买人心。不仅赏钱，还赏官职俸禄。用国家财税的收入，赢得后宫美言。这样的赏赐，形成了惯例，定时发放，成为宋王朝财政支出的一笔不小的负担，王安石推行新法后，两次裁减皇室后妃公主及相关人员的赏钱和推恩钱，可以想象王安石得罪人之多。会当官的人，想保官的人，大多是要巴结、讨好后宫宗室的，偏偏这个"执拗"的"相公"成了敢削后宫"钱袋"的硬石。不仅如此，王安石变法的内容，其中有一法叫《裁宗室授官法》，是要大量减少皇亲通过恩荫，免考而直接获得官职。这是减少冗官的措施之一。这简直是往皇族及子孙的胸口插刀啊![1]

---

① 邓广铭《北宋政治改革家王安石》第327页，北京出版社2016年版。

为此，神宗与高太后之间多次发生龃龉。高太后曾与慈圣光献皇后（仁宗后）一起在神宗面前哭诉，言新法之不便，"王安石变乱天下"[1]。高太后可能曾经不止一次在神宗面前反对变法，熙宁七年（1074），高太后与神宗弟弟岐王赵颢痛哭流涕，劝其"祖宗法度，不宜轻改。民间甚苦青苗、助役，宜悉罢之。王安石变乱天下，怨之者甚众，不若暂出之于外"[2]。这里已经是要驱赶王安石离开相位了。她（他）们反对变法，当然不会是因为忧戚天下，而是与自身利益相关。

但神宗锐意变法，高太后即便心中窝了一肚子怨气，也不便强行干政。

神宗皇帝驾崩，小皇帝尚年幼，高太后垂帘执掌权柄，开始清算"变法"了。

神宗尸骨未寒，一系列的人事调整诏令便连续下达。

五月二十六日，韩缜为相，章惇除知枢密院事，司马光加守门下侍郎。

十月二十二日，罢蔡卞和陆佃经筵官，以龙图阁待制赵彦若兼侍读，秘书监傅尧俞兼侍讲。

……

在举行神宗葬礼期间，蔡京与范镇之间，有一段颇耐人寻味的对话：

蔡京与范镇耳语："朝廷将起公矣。"意思是恭喜范先生，您

---

① 褚雪荣《北宋宣仁太后高氏年谱》第25页，江西师范大学硕士研究生学位论文。

② 邓广铭《北宋政治改革家王安石》第328页，北京出版社2016年版。

将要被朝廷重用了！

范镇脸色忽地变得格外严肃："镇以论新法不合得罪，先帝一旦弃天下，其可因以为利乎！"虽然范镇对新法持有异议，但并不以为神宗驾崩，自己就可以趁便谋官了。他对蔡京讨好自己的预言，不但不领情，而是投去蔑视的目光。[1]

范镇是司马光的老友，司马光任相，邀他出山相助，却被范镇婉拒，其理由是年老体弱，难以效力："六十三岁求去，盖以引年（年老辞官）；七十九岁复来，岂云中礼（有违规矩)?"

免役法与差役法

在官场上要成为不倒翁，需要有非常高超的技巧。当然，像王安石那样胸怀远大政治抱负，知进也知退，达则兼济天下，退则寻找心灵的归属，这样的人不多。

更多的人总是孜孜以求，寻找继续上升的路径，官欲如同财欲和色欲一样，是人性中本能的欲望。

俗话说，背靠大树好乘凉。老百姓又常说，朝中无人莫做官。"朝中有人""背靠大树"的优势，在于只要背后的大树不倒，就能享受大树遮挡烈阳的阴凉，而大树一旦倒下，则就成了"树倒猢狲散"的"猢狲"了。要想适时地，从一棵大树攀缘到另一棵大树，这样的"官场达人"实属罕见。但并非绝对无。

---

① 曾莉《蔡京年谱》第32页，广西师范大学出版社2020年1月版。

蔡京现在就面临这样的超级难题。弟弟蔡卞与王安石的姻亲关联，显然已成了一笔"负资产"，新的大树如何才能靠上去？高太皇太后执掌权柄，起用反变法派"带头大哥"司马光为尚书左仆射兼门下侍郎。他老人家虽患病卧床，仍不断上呈废除新法的奏章。

元祐元年（1086）二月六日，高太后采用司马光言，复行差役法，废掉已推行多年的免役法。

这里有必要对差役法和免役法有何区别，做一点介绍：

差役法是让农民无偿服役。各级政府除了朝廷任命的官员，还需要大量的公差人员。这些公差名目繁多，有负责课督赋税的"里正""户长""乡书手"；有负责追捕盗贼的"耆长""弓手""壮丁"；有传递号令的"承符""人力""手力""散从"，下至各种杂职。从大的类别上分为两种：一为"衙前"，在府衙内充差；一为"散从"，在衙外执行各种差事。这是一个庞大的公差群体，让百姓长期饱受徭役之苦的折磨。据韩琦、韩绛、吴充等大臣奏疏描述：

> 州县生民之苦，无重于里正衙前。有孀母改嫁，亲族分居；或弃田与人，以免上等；或非命求死，以就单丁。规图百端，苟免沟壑之患。每乡被差疏密，与赀力高下不均。……富者休息有余，贫者败亡相继……请罢里正衙前。①

---

① 《宋史》卷一七七《食货志上五》，第4297页，中华书局1977年11月版。

闻京东民有父子二丁将为衙前役者，其父告其子曰
"吾当求死，使汝曹免于冻馁"，遂自缢而死。又闻江南
有嫁其祖母及与母析居以避役者，又有鬻田减其户等
者。田归官户不役之家，而役并于同等见存之户。①

　　今乡役之中，衙前为重。民间规避重役，土地不敢
多耕，而避户等；骨肉不敢义聚，而惮人丁。故近年上
户寖少，中下户寖多，役使频仍，生资不给，则转为工
商，不得已而为盗贼。②

　　王安石推行的免役法，则是根据不同户等征收免役钱、助役钱，
然后政府花钱雇人充役。把农民从沉重的徭役中解脱出来，让他们
回到田野中去从事耕作。免役之法，据家资高下，各令出钱雇人充
役，下至单丁、女户本来无役者，亦一概输钱，谓之助役钱。③

　　苏轼于元丰八年（1085）回到京都。他与司马光在反对王安
石变法上本属"同党"，但对"免役法"的废除却发生争议。他
甚至认为，其他"新法"都可以废除，唯"免役法"要从实际出
发，不可轻易废除。他的多篇奏疏皆涉及对差役法和免役法的利
害比较，如《论给田募役状》《论役法差雇利害起请画一状》等。

---

① 《宋史》卷一七七《食货志上五》，第4298页，中华书局1977年11月版。
② 《宋史》卷一七七《食货志上五》，第4299页，中华书局1977年11月版。
③ 《宋史》卷三二七《王安石传》，第10544—10545页，中华书局1977年
　　11月版。

苏轼有任地方官的经历，对民间实际状况有切身感受。他的意见应该是比较客观中肯的。司马光则相反，无基层任职经历，又一味宣泄窝在心中的怨气，丧失了最基本的理智判断。

司马光与王安石对阵的最锋利的"兵器"是，强调儒家的伦理秩序，因此祖宗之法不可轻变。在与欧阳修围绕英宗皇帝该称亲生父亲濮王为"父亲"，还是称继父"仁宗"为"父亲"的一场口水大战中，司马光用的也是儒家伦理的"兵器"。既然英宗过继给了仁宗做皇子，就不能称生父濮王为"父亲"。但这个连英宗皇帝也认为过于"迂阔"的倔老汉，这回在废除新法事宜上，却变成了为高后废新法提供"理论包装"的实用主义者了。孔子有"三年无改于父之道，可谓孝矣"的说法，他在上奏的文书中说："今军国大事，太皇太后、陛下权同行处分，是乃母改子之政，非子改父之道也，何惮而不为哉！"①经过司马光这么脑筋"急转弯"，高太后这个皇帝的临时"代理人"，就具备废止神宗变法举措的资质了。

可见司马光有时"迂阔"，有时也并不"迂阔"。此一时，彼一时也。所谓儒家"伦理"，也是可以根据自己的政治主张变通的。

"挟邪坏法"

对蔡京来说，面临两难困境。不执行司马光"指令"，肯定遭受贬逐；执行司马光指令，则有一线自保的希望。至于"差

---

① 邓广铭《北宋政治改革家王安石》第329页，北京出版社2016年2月版。

如寄其才志之美所以能不朽於後者頼邊
文耳苟無賢子孫其湮没不顯於世可勝道
哉光竊自悲侍
公之久今日乃得睹
公之文又喜
法曹君之賢能顯融其
先烈是敢嗣書於
群賢之末
涑水司馬光

北宋·司马光《天圣帖》

天聖中

先太尉與

故相國龐公同為群牧判官

故省副陳公與

龐公善先以孫子得拜

陳公於榻下元豐二季八月乙丑晦

陳公之孫法曹過洛以

公手書詩藁相示進計五十季矣烏呼人生

役"或"免役"谁好谁坏,"便"与"不便"则干己何事?

所谓的"官场人格"便在此时凸显。蔡京不仅坚决执行司马光的指令,而且表现出异乎寻常的高效,仅用五天时间即废除免役法恢复差役法。

"光既复差役旧法,蔡京知开封府,即用五日限,令开封、祥符两县,如旧役人数差一千余人充役,亟诣东府白光,光喜曰:'使人人如待制,何患法不行乎?'"①

仅仅用五天时间,就将两县需要的一千余公差人员集中到岗,这需要何等超强的执行力?下手"狠",应该是蔡京的行事风格之一,干任何事,要么不干,干就干到"极致",绝不"温吞水"。他的"狠",会从各方面表现出来,将在未来让元祐党人慢慢领教。

蔡京的举动虽然让司马光大喜,却遭到一群御史台监官重臣的弹劾。其中有右司谏苏辙、侍御史刘挚、监察御史孙升、殿中侍御史吕陶、御史中丞梁焘。蔡京几乎成了众矢之的。

对于变法派骨干、首府大臣的"倒戈",从争取更多政治盟友考量,对于元祐党人应该是一条重磅利好消息。司马光之"喜"当然在情理之中。但更多的元祐党人,却从道德、人格操守排斥蔡京的"倒戈"行为,不想让曾经的"敌手",在这场政治盛宴中分一杯羹,甚至获得更多美食。

苏辙连续两次上章弹劾:

---

① 《皇朝编年纲目备要》卷二二,元祐元年二月复差役法条。参见杨小敏《蔡京、蔡卞与北宋晚期政局研究》第45页,中国社会科学出版社2012年3月版。

丁亥（二十八日），上《乞更支役钱雇人一年候修完差役法状》：

> ……近见开封府奏，开、祥两县于数日之内，依奏役法人数差到役人。臣窃惟自罢差役，至今近二十年，乍此施行，吏民皆未习惯。兼差役之法，关涉众事，根牙盘错，行之徐缓，乃得详审。若不穷究首尾，匆遽便行，但恐既行之后，别生诸弊。……

> 新法以来，减定役人皆是的确数目，行之十余年，并无阙事，则旧法人数决为冗长，天下共知。况近降指挥，明使州、县相度有无妨碍，至于揭簿定差，亦无日限。今来开封府官吏更不相度申请，于数日之间，一依旧法人数差拨了绝。如坛子之类近年以剩员充者，一例差拨役人，监勒开、祥两县，迅若兵火，显是故欲扰民，以害成法。尚赖百姓久苦役钱，乍获复旧，更无词说。不尔，必须争讼纷纷，为害不小。乞下所司取问开封府官吏，明知有上件妨碍，更不相度申请，及似此火急催督，是何情意？特赐行遣，以戒天下挟邪坏法之人。①

这道奏折语气尚属温和，只是指出免役法施行多年，已经习惯，乍复差役法应慎缓而行。首先是差役人数，按以往成例过于

---

① 《续资治通鉴长编》（15）卷三六七，第8832—8833页，中华书局1992年3月版。

繁冗，需重新核定。而开封府如此火速便废新复旧，有"挟邪坏法"之嫌。

苏辙随后再上一折《乞罢蔡京开封府状》，用语尖刻，意在摘去蔡京知首府的那顶官帽。状谓蔡京乃"新进小生，学行无闻，徒以王安石姻戚，蔡确族从，因缘幸会以至于此"。又谓"王畿之政为天下仪表"，不宜"使怀私之人窃据首要之地"。因乞"先罢京开封府"。①

弹劾蔡京的奏章中，除了猛批蔡京火速复行旧法的投机行为，还有两个"把柄"在奏章中被反复拿来陈说。其一是僧人惠信向开封府诉僧录司吏受赃违法，而蔡京却判惠信妄报，杖臀。这位僧人揭露僧录司受贿，却反被指造谣诬陷他人，屁股上挨了二十棍。惠信不服，复诉到祠部，祠部再转大理寺。此事拖延不决，激起御史台谏官愤慨，奏章中称蔡京"观望权要，任情曲法"，使得"惠信无辜被刑"，"吏受赃得免"；其二，蔡京在处理段继隆"卖官谋私"事件中，庇护违法奸人。监察御史孙升言："近因段继隆卖官事，论列开封府蔡京，恃与宰相同宗，不奉朝廷法令，任情肆己，放纵奸强。若不明行典宪，何以风动四方？伏望特出睿断，早赐罢黜，以警中外。"

蔡京本想通过迅速投靠旧党领军人物司马光，从一棵大树跳到另一棵大树，躲过一劫，以求"新宠"，没料到却摔得鼻青脸肿。此时的蔡京，如同今人坐在过山车上旋转，忽上忽下，恐怕难免要头晕目眩了。

---

① 孔凡礼《苏辙年谱》第308页，学苑出版社2001年6月版。

元祐元年（1086）二月二十二日，蔡京自开封改知成德军。因段继隆事被罚铜二十斤。这个"军"是宋代行政区划名，非军队的称谓。

当然，几乎同时被贬放、移任外地的不仅仅是蔡京，还有其弟蔡卞，出知宣州，蔡确被罢相，正议大夫、知枢密院事章惇被贬汝州。

苏氏兄弟插向章惇的"利刃"

在元祐党人围攻变法派的密集箭矢中，枢密院大臣章惇是被射击主要靶标之一。在诸多弹劾奏章中，用语皆刻薄、恶毒。章惇被列为罪大恶极的"三奸"和"四凶"之一。对此，也许在章惇的意料之中，出乎意料的是，曾经是他"密友"的苏氏兄弟，也加入了对他的"恶攻"行列。章惇与苏轼的关系尤其不一般，不仅是同年进士，在陕西路初任官时，曾一起担任考官，一起徜徉山水，多有诗文唱和。更重要的是当苏轼在"乌台诗案"落难时，章惇在神宗皇帝面前超越政见分歧，顶撞时任宰相的王珪，可以说是苏轼的患难之交。①

章惇对司马光废免役法，复行差役法，屡屡给予言辞犀利的抨击，诸如说"光虽有忧国爱民之心，而不讲变法之术，措置无方，施行无绪。可惜朝廷良法美意，又将偏废于此时。有识之

---

① 对于章惇如何救助苏轼，顶撞王珪，参见陈歆耕《苏轼与章惇："密友"何以成"仇敌"》，《何谈风雅》第78页，作家出版社2021年2月版。

人，无不喟叹。"在殿堂上，章惇与司马光唇枪舌剑，常常让司马光面窘词拙。但司马光背后有金漆柱子支撑，章惇再凶猛，也难将司马光扳倒。

元祐元年（1086）闰二月十八日，初任右司谏的苏辙力挺司马光，上《乞罢章惇知枢密院》疏：

臣闻朝廷进退大臣与小臣异，小臣无罪则用，有罪则逐。至于大臣则不然，虽罪名未著，而意有不善，辄不可留。何者？朝廷大政出于其口，而行于其手，小有龃龉，贻患四方。势之必然，法不可缓。臣窃见知枢密院章惇，始与三省同议论司马光论差役事，明知光所言事节有疏略差误，而不推公心即加详议，待修完成法，然后施行。而乃雷同众人，连书劄子，一切依奏。及其既已行下，然后论列可否，至忿争殿上，无复君臣之礼。然使惇因此究穷利害，立成条约，使州、县推行，更无疑阻，则惇之情状犹或可恕。今乃不候修完，便乞再行指挥，使诸路一依前件劄子施行，却令被差人户具利害实封闻奏。臣不知陛下谓惇此举其意安在？惇不过欲使被差之人有所不便，人人与司马光为敌，但得光言不效，则朝廷利害不复顾。用心如此，而陛下置之枢府，臣窃惑矣。尚赖陛下明圣，觉其深意，中止不行，若其不然，必害良法。且差役之利，天下所愿，贤愚共知。行未逾月，四方鼓舞。惇犹巧加智数，力欲破坏。臣窃恐朝廷缓急有边防之事、战守之机，人命所存，社稷所系，使惇用心一一如此，岂不深误国计？故臣乞陛下早赐裁断，特行罢免，无使惇得行巧智以害国事。①

　　苏辙在此奏章中，指斥章惇在变更推行免疫法问题上，居心叵测，"巧加智数，力欲破坏"。明确地提出罢免章惇枢密院职，"无使惇得行巧智，以害国事"。苏辙乞罢章惇，有政治理念、党派不同的因素，但如果仅仅因此而翻脸不认人，对其兄密友，且有恩于苏轼的章惇拔刀相向，是否太无情无义了？在章惇看来，握着刀把的手不仅仅是苏辙，也有苏轼。众皆所知，苏氏兄弟的关系亲密如穿"连裆裤"，苏辙在弹劾章惇前，按常理该与其兄通气。苏辙的翻脸无情，也意味着苏轼的翻脸无情。即便苏辙上章前，苏轼不知，但在苏辙上章后，也未见苏轼有回护章惇的任何示好言行，等于默认了苏辙的攻击。

　　台湾学者刘昭明认为，司马光变更免役法产生弊端，"苏辙不弹劾司马光，却归咎于章惇"，可谓是"欲加之罪，何患无辞，章惇自感愤恨不平"。苏辙的奏章"夸大章惇恶行，力加挞伐，目的只有一个：将章惇逐出朝廷"。②连朱熹这样不喜欢王安石变法的南宋大儒，也批评司马光对役法的议论太"疏略""前后不相照应"，被章惇"捉住病痛，敲点出来"。章惇虽悖慢无礼，但"说的却是"。③

①　《续资治通鉴长编》（15）卷三六九，第8908页，中华书局1992年3月版。
②　刘昭明《苏轼与章惇关系考——兼论相关诗文及史事》第388—389页，新文丰出版公司2016年6月版。
③　邓广铭《北宋政治改革家王安石》第336页，北京出版社2016年2月版。

苏辙的弹劾给了章惇致命一击，五天后章惇被贬知汝州。数月后章惇自请移扬州，理由是便于就近照顾老母。诏令已下，又因台谏的交相弹击而取消。章惇子章持上书《为父惇辨冤状》，也不见效。章惇再度受到羞辱，索性自请改提举杭州洞霄宫，获准。自此，章惇从枢密院大臣一下子跌落为一个闲人。用章惇语自道是："洞霄宫里一闲人，东府西枢老旧臣。"

令人感到尤为不解的是，在章惇已出知汝州后，苏轼又对章惇补插一刀。在上奏的《缴进沈起词头状》中，指控章惇附和王安石谋求边功，草菅人命："臣伏见熙宁以来，王安石用事，始求边功，构隙四夷。王韶以熙河进，章惇以五溪用，熊本以泸夷奋，沈起、刘彝闻而效之，结怨交蛮，兵连祸结，死者数十万人……"[1]苏轼此"状"中阐述的理念，与司马光处理边防事务的"苟且"思路是一脉相承的。司马光主张宁可割让土地给邻国，以此换取边境的和平。这种以肉饲虎的做法，显然是错误的。尤其是文中涉及章惇招降五溪边民之事，而这正是章惇仕途中颇为自得的功绩之一。而在此前，苏轼在诗中曾赞誉章惇此举"功名谁使连三捷"，"近闻猛士收丹穴"。在此事上，苏轼随官位的变化而"前恭后倨"，评价截然相反。苏轼被贬黄州时，在写给"章七"的信中曾高度评价章惇是"奇伟绝世"的人才。士人皆知苏轼是有情有义的"真君子"，此时为何成了无情无义的"真小人"？[2]

---

① 《苏东坡全集》（四），第1926页，北京燕山出版社2009年12月版。

② 陈歆耕《苏轼与章惇："密友"何以成"仇敌"》，《何谈风雅》第78页，作家出版社2021年2月版。

同样让苏氏兄弟料想不到的是，他们将为自己"忘恩负义"的行为，付出沉重的代价。

贬黜章惇的制词，由中书舍人钱勰所撰，其中有两句让章惇痛感最深："鞅鞅非少主之臣，悻悻无大臣之操。"前句否定章惇执政能力，后句攻击章惇人格操守，都是士林最看重的"命门"。也许钱勰曾为写出如此获得同僚赏识的文字而自鸣得意。未料想，到了绍圣初，章惇入相，开始拔刀收拾钱勰了。蔡卞与钱勰私交甚好，但也帮不了钱某的忙。在钱勰被贬黜离开京都时，蔡卞为钱勰置酒饯行。席间蔡卞又吟诵了这两句广为传播的贬词，问："公知子厚（章惇字）不可撩拨，何故诋之如是？"你明明知道章惇这人不好惹，为何还那么刻薄地诬陷他？钱勰为自己一时冲动而懊悔不迭，说："鬼劈口矣！""鬼劈口"为宋代口语，意思是胡说八道，似被"鬼"拨弄嘴巴。[①]

苏氏兄弟早年即知章惇是能"拼命"、能"杀人"的狠角儿，为何还要恩断情绝，冲在前面当"杀手"？难不成也是被"鬼"劈了口？

"咸鱼"也会游？

在蔡京走霉运之际，居然有高人看出，蔡京未来必显贵。

这位高人是元祐元年（1086），几乎与司马光同时任相的尚

---

① 〔宋〕王明清《挥麈余话》卷一，第229页，上海书店出版社2009年4月版。

书左丞加门下侍郎吕公著。在蔡京赴外地前，吕公著特地邀蔡京至东府，把儿子唤出来，对蔡京说："蔡君，公著阅人多矣，无如蔡君者。"以手抚其座言："君他日必居此座，愿以子孙托也。"其时，吕公著已是七旬老臣，仕历仁宗、英宗、神宗、哲宗四朝，在宦海沉浮数十年，被世人称作"守成良相"，治政理念虽趋于保守，但待人却厚道。

这段记载见于蔡京之子蔡絛《铁围山丛谈》，真假难辨。编刻此著的文人在此点评，认为此记载荒诞不经。因为吕公著及其子，在后来蔡京任相、大权在握时，并未获得善待。吕公著被蔡京集团指为"奸恶之首"，刻于"元祐党人碑"中，"唯恐其罪不著于天下"，既受人之托，居然如此报答知遇之恩？蔡絛为了掩盖其父之恶，如此编造欺世谎言，"真小人之尤哉！"①

有此一说。

但蔡絛的记录未必就是编造的。吕公著看出蔡京潜力，证明识人有眼光，也为后来事实佐证；至于到了蔡京当政，翻脸不识吕公著知遇之恩，也有诸多特殊历史情境导致的因素。蔡京可以把与自己意见相左的同党大臣也列入"元祐党人碑"，当然不会放过元祐党人的重要人物吕公著。

---

① 〔宋〕蔡絛《铁围山丛谈》卷三，第36—37页，上海古籍出版社2012年12月版。

卷三

夹缝中的『藤蔓』

旧党"分裂"

元祐元年（1086），对于北宋政坛是一个不寻常的年份。这一年，司马光辅佐垂帘听政的高太皇太后尽废新法。用历史学家张荫麟的话说："一个被宫墙圈禁了五十年的老妇人（她是自幼养在宫中的）和一个被成见圈禁了二十年的老绅士，同心合力，挥着政治的锄头，期年之间，便把神宗和安石辛苦营构的成绩芟除得根株尽绝。"①

从实际情形看，未必能做到"根株尽绝"。只是诏令下达了，但实际执行起来可能没那么神速。因为帝国疆域阔大、交通不便，加上运转缓慢的官僚集团，如同一头步履缓慢的大象，要调转一下屁股都需要经过很长时间。实际上大多地方都似一锅生、熟杂拌的"夹生饭"。

对于蔡京来说，即便司马光这棵树果真成了他的靠山，也撑持不了几天。

这一年四月六日，王安石薨。

四个多月后的九月一日，司马光薨。

新、旧两党的领军人物都到阎王爷那里报到去了。群龙无首。旧党内部分裂成多个"党团"：以苏氏兄弟、吕陶为主的

① 张荫麟《两宋史纲》第184—185页，北京出版社2016年7月版。

"蜀党",以程颐及贾易、朱光庭为主的"洛党",以刘挚、梁焘、王岩叟、刘安世为主体的"朔党"。很难说,他们之间有什么系统的政治歧见,更多是意气用事,谁也不把谁放在眼中。

围绕祭奠司马光的一点点鸡毛小事,不同"党团"之间居然唇枪舌剑,进而上升到政治高度相残。司马光薨,主司丧礼的是元祐初由布衣而拔擢为崇政殿说书的程颐,这让才高气傲的苏轼心中本就不爽。而程颐在主司丧礼中,因"泥行古礼,苏轼每戏之,结怨。与颐之弟子朱光庭亦结怨"。某日,"二苏"参加毕朝廷庆贺明堂落成大典后,同往司马光灵堂祭拜,道遇程颐弟子朱光庭,朱告之:"往哭温公,而程先生以为庆、吊不同日。"意为按照礼仪参加毕吉庆活动,不能同日参加吊丧活动。"二苏"怅然而返。苏轼脱口骂了一句:"鏖糟鄙俚(不识时务的鄙野之人)叔孙通也!"叔孙通是为汉武帝制定朝仪的大臣。①

另有史书记载,说的是同一事件,但细微处有别。在"二苏"前往吊唁司马光时,程颐引用《论语》说明庆、吊不同日:"子于是日哭则不歌。"苏轼则反问:"歌"而后"哭"可乎?然后"二苏"不顾程颐的拦阻,径入行拜祭之事。

这一吊丧之事,见诸各种野史版本,大同小异。即便是当时的人,也觉得是令人哭笑不得的名人逸事。②

这样的事情,在今人看来,是不是形同小孩子之间耍小性子?而人与人之间的隔阂乃至恶斗,恰就是因这类小事升级而

---

① 孔凡礼《苏轼年谱》(中),第734页,中华书局1998年2月版。

② 《邵氏闻见后录》卷二十,《全宋笔记》(六),第143页,大象出版社2008年9月版。

致。不久，苏轼就遭到来自"洛党"朱光庭的弹劾，其罪名竟然是对上"不忠"。把柄是苏轼在学士院出了一道策问考题："……欲师仁祖之忠厚，而患百官有司不举其职，或至于偷；欲法神考之励精，而恐监司守会不识其意，流入于刻。"其意是，仁宗、神宗时期，政务各有其弊：仁宗因宽厚，导致下属官僚很多人不作为，消极懈怠；而神宗励精图治，行法急促，又导致很多地方官员只会奉命行事，不能变通。程颐门生、任左司谏的朱光庭密疏弹劾苏轼："学士院不识大体，谓仁祖、神考不足师法，乞正其罪，以戒人臣之不忠者。"如斯，苏轼的罪名可谓大矣！这是来自同为元祐党人阵营的刀剑。①

年过八旬的老臣文彦博继任左相。以其衰颓之躯，哪有心力整合这一个个豪气冲天、才高八斗的"牛人"？对于新党来说，旧党越是斗争得激烈，越有利于他们在夹缝中生存。他们乐得隔岸观火、高台观战，只要这火舌不舔到自家柴门就成。

数年间，蔡京的管辖地不断变更，但尚未出现动摇根基的危机。

蔡京从知成德军，调任知瀛洲，隔一年四十三岁时又调知成都府。这一调整，遭遇谏官梁焘、范祖禹、吴安诗，御史朱光庭的反对——

梁焘先论前任知府如何治政有方，再论蔡京接任之不妥：

———————————————
① 孔凡礼《苏轼年谱》（中），第750—751页，中华书局1998年2月版；
〔清〕黄宗羲《宋元学案》（二）卷三十，第1070页，中华书局1986年12月版。

骤以轻薄少年代之，远方之民，必不被朝廷惠泽。况京污秽无耻，奢纵无悼，东平恶政，臣等方欲论列，今任之远镇，何以表厉风俗？又京在蔡确党中，最号凶健阴险，利诱群小，助为虚声，心怀奸罔，勇为非义，至则必徼才能之名，以盖前辈，妄作聪明，必不肯以持循安静为意也。蜀民一为动摇，恐别致生事，为异日之忧。伏望圣慈特赐指挥，选老成忠良厚德之士，以绥宁远人，或优诏之纯再任，使远方之民知宸衷加惠忧恤之意。

范祖禹言：

成都兼两路钤辖，方面之任，最为要重。祖宗以来，尤谨付与。闻之纯宽厚简静，蜀人安之，宜且令终任，或增秩再任。今户部虽欲得人，而远方数千里休戚安危所系，亦不为轻。京虽有才能，而年少轻锐，非端厚之士……①

在此二人的弹劾奏章中，有两点颇堪玩味：一是称蔡京为"轻薄少年""年少轻锐"，而此时的蔡京，已年届四十三岁，纯从年龄上说，正值盛年，怎可称"少年"？也许不是蔡京"年

① 《续资治通鉴长编》卷四二九，参见曾莉《蔡京年谱》第43—44页，广西师范大学出版社2020年1月版。

少"，而是朝堂之上那些元祐旧党已垂垂老矣！二是，奏章中也提到蔡京"有才能"，可见蔡京绝非等闲之辈，他的"才能"在政敌眼里，也是被认可的。

被弹劾后的蔡京去不了成都，改任发运使，一个月后知扬州，其弟蔡卞知广州。到了第二年蔡京任职地域接连变更三次，先知永昌府，再知郓州，虽然频繁地离任、上任，在旅途中"折腾"，但总算还在官位上。

"好大喜功"

对蔡京的任用，到了元祐七年（1092），亦即距前次任命蔡京知成都府后三年，不知出于何种考虑，出现一次戏剧性的反转。于这年四月一日，朝廷再一次任命蔡京知成都府。这次反对任命的只有翰林院学士、尚书右丞梁焘："元丰侍从，可用者多，唯蔡京不可用。前有除授，焘在言路，尝论之矣。"或曰："闻旧帅多滞事，此人有才，要使料理。"焘曰："今若用此人，必非成都之幸。"①

但此次梁焘的反对，未影响蔡京的到任。成都是西南重镇，知成都府官员大多被视为朝廷提任使用的"后备官员"，这对蔡京来说是一个利好的信号。

蔡京此人，无论在何处任职，都喜欢弄得轰轰烈烈，应该

---

① 《续资治通鉴长编》卷四七二，"元祐七年四月癸丑"条，中华书局1992年3月版。

说，是一个不甘寂寞、喜欢折腾的人。不能说他只是干"坏事"，不干好事，《续资治通鉴长编》中对蔡京在成都形迹有一段记载："京至成都，果以轻举妄作。盗发正昼，烧药市几尽。后又为万僧会，穷极侈丽。两川骚扰，齐集累日，士女杂乱，恶少群辈杀人剽夺一日十数处云。"[1]

《长编》作者李焘为南宋文人。南宋的官方口径，将蔡京视为北宋灭亡、"靖康之难"的"罪魁祸首"，因此《长编》的记载很难说是完全客观、真实的。为了做出政绩，好大喜功，吹嘘张扬，让朝野上下都知晓他是多么能干，倒是蔡京一贯的做派。

拔掉"眼中钉"

蔡京在政治格局发生重大更迭中，未能彻底趴下，一方面与他的变通能力有关，另一方面也与他所处的地位有关。

在变法阵营这盘棋上，蔡京既不是"帅"，也不是"车"，充其量只是"马"和"炮"而已。排在他面前的中坚人物有一堆。在旧党的眼中，蔡京的羽翼尚未长成，对旧党集团执掌权柄构不成主要障碍和威胁。他们首先要拔掉的"眼中钉"，是继王安石之后，主推变法时间最长的领军人物、现任宰相蔡确。蔡确也的的确确成为这场新、旧党斗争中命运最惨的人物。他的悲凉结局，又成为后来新党以"恶"报"恶"、以"怨"还"怨"，疯狂

---

[1] 《续资治通鉴长编》卷四七二"元祐六年四月癸丑"条，中华书局1992年3月版。

反扑、倾轧元祐党人的动力源。

在蔡确担任神宗葬礼山陵使时，一群凶猛的狼就已经闪射满眼绿色的凶光，紧紧地盯上他了。而蔡确却还保持着一贯睥睨一切、骄横傲慢的做派。

他的山陵使事一结束，无数支箭就几乎同时射向"靶心"。史书上的说法是"奏章数十上"。弹劾他的有侍御史刘挚及朱光庭、王岩叟等多人。他们攻击蔡确的第一个把柄是他在执行山陵使事中的"为臣不恭"：按礼规，神宗灵驾进发前一夕，某些大臣要入内殿住宿。这天蔡确至深夜方抵禁门，同时要带随从进入，与守门臣僚发生争执，蔡确一怒之下离去，当夜也未在内殿住宿。其二是，在灵驾出行过程中，蔡确先行驰马数十里在馆舍睡觉休息等候，而不是对出殡队伍悉心照料看护。因此弹劾者认为，蔡确"为臣不恭"，莫此之甚！"送终大事，尚不尽心，责其它事尽节，必无此理。"他们从为皇帝送终时蔡确表现出的漫不经心、"傲慢"与"轻慢"，质疑其作为人臣，如何为国家大事"尽节"？他们想说的其实是："蔡确阴邪巧佞，深阻难知，又擅自封殖，耽宠固权，未尝以国家为念。""裕陵事毕自合引去而确未尝坚请。"[1]

在御史群起而攻时，内殿大臣韩缜等则挑拨离间高太后与蔡确的关系，说蔡确、章惇等在外称自己有"定策之功"，就是说哲宗的继位，是他们谋划确定的。高太后听了自然怒火中烧。

此种情形下，蔡确不得不自请罢相，出知陈州。

---

[1] 孙泽娟《蔡确研究》第30页，河北大学硕士研究生论文。

"车盖亭诗案"

蔡确的厄运，这才刚刚开始。更沉重的打击随之而来。

元祐党人处心积虑地要置蔡确于死地，切断这棵大树的所有根须，让它彻底枯萎，不再有抽枝发芽的可能。要达到这样的目的，仅仅是打"口水仗"，阐述不同的政治理念，力度是不够的。正当他们为此而犯愁时，有人给他们送"炸药"来了。

元祐二年（1087）初，蔡确又被移任安州（今湖北安陆）。在旧党看来，对手离他们越远，他们就越安全。其实，这仅仅是一种地域上的感觉，这种地理安全距离是很容易被消除的。

这年夏天，蔡确游览当地名胜车盖亭，触景生情，写了十首绝句，题为：

夏日登车盖亭①

其一

公事无多客亦稀，朱衣小吏不须随。

溪潭直上虚亭里，卧展柴桑处士诗。

---

① 〔清〕厉鹗《宋诗纪事》（一）卷二十二，第548—549页，上海古籍出版社2013年8月版。

其二

纸屏石枕竹方床，手倦抛书午梦长。
睡觉莞然成独笑，数声渔笛在沧浪。

其三

一川佳景疏帘外，四面凉风曲槛头。
绿野平流来远棹，青天白雨起灵湫。

其四

静中自足胜炎蒸，入眼兼无俗物憎。
何处机心惊白鸟，谁人怒剑逐青蝇。

其五

风摇熟果时闻落，雨滴余花亦自香。
叶底出巢黄口闹，波间逐队小鱼忙。

其六

来结芳庐向翠微，自持杯酒对清晖。
水趋梦泽悠然过，云抱西山冉冉飞。

其七

溪中曾有戈船士，溪上今无佩犊人。
病守倏然唯坐啸，白鸥红鹤伴闲身。

其八

喧豗六月浩无津，行见沙洲束两滨。

如带溪流何足道，沉沉沧海会扬尘。

其九

西山仿佛见松筠，日日来看色转新。

闻说桃花岩石畔，读书曾有谪仙人。

其十

矫矫名臣郝甑山，忠言直节上元间。

古人不见清风在，叹息思公俯碧湾。

前宰相，又是曾深得王安石赏识的才子写的诗，自然在当地士人学子中快速传播。时间不久，诗稿就传到了与安州相邻的汉阳郡守吴处厚手中，于是灾难开始降临。

这个吴处厚是对蔡确恨得牙根要咬出血来的"冤家""死对头"，他正苦于找不到一解心头之恨的复仇箭镞。

吴处厚与蔡确偶然相识于陈州。那时蔡确还是一个普通学子，常去拜访陈州通判郑毅夫学作赋。某日恰好任汀州司理的吴处厚也来拜访郑毅夫。蔡与吴在郑毅夫处偶遇，有过短暂的交流。郑、吴大概没想到，这个尚处于求学中的年轻人，第二年（嘉祐四年）考中进士，随后一路显贵，成为王安石赏识的变法派"新星"，至元丰五年（1082），与王珪并为宰相。

吴处厚与蔡确的交恶，其发端是"处厚通笺乞怜，确无汲引意"。也就是吴处厚写私信给蔡确，求蔡确在仕途上引荐助力，而蔡确没有理睬他的乞求。这种事显然是吴处厚自取其辱。一是吴与蔡仅有点水之交，远未达到"哥们儿"这种情感深度，怎可轻易向对方求官？虽然偶遇时，蔡尚未入仕，但此一时彼一时也，正春风得意高居庙堂之上的蔡某，已不是那个向你频频敬酒的谦卑学子了。其二，吴处厚好发议论，其流露出的政治立场是反对新法的，怎可指望变法团队的骨干分子蔡确来抬举你呢？

吴处厚对蔡确的敌意由此而生。

再其后有一连串的事件，加深了吴对蔡的"积怨"：

王珪任用吴处厚为大理丞。时王安礼与舒亶相互攻击，此纠纷案下到大理司处理。吴处厚知道王安礼与王珪的关系好，就揭发舒亶盗用官烛。蔡确则想拉舒亶一把，派人传达他的意向，让吴处厚勿在此类事上陷舒亶于不义，但吴处厚不买账，蔡确怒而想逐吴处厚出大理司，因王珪的回护未达到目的。

随后，吴处厚又有一次升职机会，因蔡确阻遏而打了水漂。因："皇嗣屡夭，处厚论程婴、公孙杵臼存赵孤事……""神宗褒嘉，即命擢用。"[1]程婴、公孙杵臼皆春秋战国义士。程婴是晋卿赵盾及其子赵朔的友人，公孙杵臼是赵朔门人。二人在赵氏受陷害遭遇灭族之灾时，舍身匿藏赵氏孤儿，先后殉命，成为历史佳话。吴处厚在"皇嗣屡夭"时论此事，认为此事千余年过去了，但像这样的忠义之士，其神灵并未获得应有的奉祀，魂无所属，应寻其冢墓，使其"血食有归"，或可为皇家带来福祥。吴处厚的建议获神宗嘉许。王珪顺势提议吴处厚可提任馆职，但次相蔡确"沮之"。在吴处厚眼中，蔡确已成为他升官途中

---

[1] 《宋人轶事汇编》（一），第113页，上海古籍出版社2015年6月版。

的一道屏障。

着什么颜色官服，在唐宋官场有严格的品级规定：四品以上着紫，五六品着绯，七品以下着绿。王珪荐吴处厚任神宗山陵司属官，得知通利军，按规矩可以假（借）紫章服，而后改知汉阳，按例则不得再假（借）紫章服，而这个虚荣心极强的吴处厚仍要求"借紫"，蔡确当面讥刺："君若能作真刺史，安用假为？"这就等于当面羞辱吴处厚，官升不上去，却贪图享受超规格的服饰待遇。吴处厚如果是一只狼，定会扑上去，把蔡确身上的皮肉撕下几块来。

……

接下来我们不难理解，吴处厚为何只要逮住机会，千方百计要一吐胸中恶气了。吴处厚与蔡确二人，一人蝇营狗苟于官场利禄，一人恃才傲物不屑与之为伍，这里无太多是非可论，纯粹是官场恶斗。

吴处厚从来汉阳做卖米生意的一个举子手中获得蔡确十首诗稿，灯下反复揣摩，勾寻破绽，于是一封上呈皇廷的举报信写成。

被吴处厚用作告状证据的是其中五首：

（一）其二，处厚笺曰："'睡觉莞然成独笑'，方今朝廷清明，不知确笑何事？"

这简直就是鸡蛋里挑骨头了。蔡确写自己一觉醒来，虽处贬境，仍然笑对，有啥问题呢？如果"悲伤""泪流"呢？会不会就成了对当朝皇上不满？

（二）其四，处厚笺曰："'何处机心惊白鸟，谁人怒剑逐青蝇',以讥谗谮之人。"

讥讽"谗谮之人"有什么错呢?

（三）其五，处厚笺曰:"'叶底出巢黄口闹，波间逐队小鱼忙'，讥新进用事之人。"

说这里用刚出巢的"黄口"小鸟和小鱼，是讥刺新进执政官员，还真有点八竿子打不着。元祐党人中大都是重返政坛的老臣，他们都已从政多年，既非小鸟也非小鱼。

（四）其八，处厚笺曰:"'沉沉沧海会扬尘'，谓人寿几何，尤非佳语。"

世事难料，沧海也会"扬尘"。诗人经常以此抒发人生感慨。吴处厚用"人寿几何"，来触发"高太后"联想自己年事已高，如秋后的蚂蚱蹦跶不了几天，用心确实歹毒。但如此相互勾连，显然牵强附会。

（五）其十，处厚笺曰:"右此一篇讥谤朝廷，情理切要。臣今笺释之:按唐郝处俊封甑山公，上元初，曾仕高宗，时高宗多疾，欲逊位武后。处俊谏曰:'天子治阳道，后治阴德，然则帝与后犹日之与月，阳之与阴，各有所主，不相夺也。今陛下奈何欲身传位天后乎? 天下者高祖、太宗之天下，正应谨守宗庙，传之子孙，不宜持国与人，以丧厥家。'由是事沮。

　　"臣窃以太皇太后垂帘听政，尽用仁宗朝章献明肃皇太后故事，而主上奉事太母，莫非尽极孝道，太母保佑圣躬，莫非尽极慈爱，不似前朝荒乱之政。而蔡确谪守安州，便怀怨恨，公肆讥谤，形于篇什，处今之世，思古之人，不思于他，而思处俊，此其意何也？"①

　　吴处厚的状子之所以产生后续爆炸效应，最毒最狠的是第五条。蔡确的第十首诗中有"矫矫名臣郝甑山，忠言直节上元间"，用了唐代名臣郝甑山的典。郝也是湖北安州人，蔡确写诗联想到当地的一位唐代名臣，其实也很正常。关键是在唐高宗身体欠佳时，想逊位皇后武则天，郝甑山则力阻。吴处厚在此典故上大做文章，进行刻意解读，意在附会蔡确用郝甑山反对武则天执政的典故，质疑高太皇太后垂帘听政的合理性。其实两者是有本质不同的，唐高宗是要传位给武则天，而高氏只是阶段性垂帘听政，天下还是赵家的。相似之处，就在涉及女人当政。这是高太皇太后最敏感的一根神经。被愤怒情绪裹挟的女人，是谈不上理智判断的。久混庙堂的"官油子"吴处厚，深谙从何下刀子最致命。

　　吴处厚的举报信发出后，曾与其子柔嘉有一段意味深长的对话。柔嘉初登第，授太原司户。吴处厚见到儿子，长吐一口气曰：

---

① 〔清〕厉鹗《宋诗纪事》（一）卷二十二，第548—549页，上海古籍出版社2013年8月版。

"我二十年深仇，今报之矣。"儿子了解原委，双目泪流，曰："此非人所为，大人平生学业如此，今何为此？柔嘉为大人子，亦无容迹于天地之间矣。"①用通俗的话说，这种落井下石、致人死命的事，岂是人干的？我作为你的儿子，今后有何颜面处身立足于人世间？可见，吴的儿子还是有基本的士人良知和判断力的。满肚子恨水、利令智昏的吴处厚听了儿子这番话，有悔意，意识到这种事有损名节，可能祸延子孙，试图派人把奏章追回，但已经晚了。

蔡确固然因此状而遭祸，而这个吴处厚也未落到什么好处，在蔡确被再贬时，他从汉阳移任卫州，"平调"，未升官，只是换一地吃饭。不久"疽发于脑，自嚼其舌断而死"②。此是后话。

获得吴处厚奏章的元祐大臣，"皆手舞足蹈相庆，不食其肉不足以餍，不复以人主好恶、朝廷纲纪、天下风俗、国家人才为念……"③梁焘、刘安世等对蔡确接连上弹劾奏章，要对蔡确实施更严厉的处罚。高太皇太后起初并未特别在意此事，只是说："执政自商量（各位大臣看着办吧）。"但一帮旧党人物借此反复挑拨太后与蔡确的对立情绪，要对蔡确处以妄议太后不当执政的不恭之罪。

太后的情绪终于被激怒，这一怒让某些大臣虽感不妙，但想控制也难了。太后失声痛哭，"泣谕执政曰：'当时谁曾有异议，

① 《宋人轶事汇编》（三），第1288页，上海古籍出版社2015年6月版。
② 《东皋杂录》，《宋人轶事汇编》（三），第1328页，上海古籍出版社2015年6月版。
③ 《续资治通鉴长编》卷四二六，"元祐四年五月庚辰"条，中华书局1992年3月版。

官家岂不记得？但问他太妃'。"①意思是当初让我代理政事，是官家和大臣们共同议定的，谁有过不同意见？太后先是令蔡确"具折"，将诗中含意说清楚。蔡确上章为自己辩白，对最后一首所谓影射太后执政事，特别加以申明：

> 不谓臣僚（指吴处厚）却于诗外多放笺释、横加诬罔，谓有微意，如此，则是凡人开口落笔，虽不及某事，而皆可以某事罪之曰"有微意"也。臣以涢溪旧有郝处俊钓台，因叹其忠直，见于诗句，臣僚谓臣以涢溪讥谤君亲，此一节中伤臣最为深切！②

这种将相似的历史事件与现实勾连的诬陷，就是浑身长满嘴也难说清。其中的关键词是"异姓女人当政"，至于其中的细微区别，有几人会仔细辨析？蔡确的辩白，未能浇灭太后胸中熊熊燃烧的怒火。

在满朝大员弹劾蔡确，必欲朝廷诛殛时，也有人为之主持公道，如尚书右仆射范纯仁认为，"方今圣朝，宜务宽厚，不可以语言文字之间，暧昧不明之过，诛窜大臣。今日举动宜与将来为法式，此事甚不可开端也"。③

———————————

① 《宋人轶事汇编》（三），第1289页，上海古籍出版社2015年6月版。

② 〔清〕李铭汉《续通鉴纪事本末》卷四二六，"元祐四年四月戊寅"条，甘肃人民出版社2005年8月版。

③ 《续资治通鉴长编》卷四二七，"元祐四年五月己巳"条，第10323页，中华书局1992年3月版。

范纯仁何许人？范仲淹之子也。虽然父子政治理念或有异同，但士人良知却是一以贯之的。

曾因"乌台诗案"饱受折磨的苏轼，想出一个两全之策——既不得罪太后，又能让蔡确免于因诗获罪。他在密疏中称："朝廷若薄确之罪，则于皇帝孝治为不足；若深罪确，则于太皇太后仁政为小累，谓宜皇帝勅置狱逮治，太皇太后出手诏赦之，则于仁孝两得矣。"[1]

让皇上下旨"逮治"，随后由太后再下手诏"赦免"。苏轼试图以"和稀泥"的方式，让蔡确免于严重处罚。但这样的事情，如果无意中发生，也许是一个两全其美之策。如今变成一个刻意导演的政坛游戏，就不那么严肃可行了。果然，高太后断然拒绝了这样的"游戏"。如此"滑头"主意，出自曾经饱受"乌台诗案"折磨的苏轼，实在是让人看低了苏轼的人格境界。可见此时的苏轼，尚未从他以诗文获罪的经历中吸取教训。以在下心中的美好愿望，真希望苏轼能挺身而出，说出"以诗文暧昧之语，置人以罪，断乎不可"这样的态度旗帜鲜明的话来，遗憾的是苏轼没有。他无范纯仁之"仁厚"。

一个被愤怒情绪裹挟的女人，尤其是一个处于权力巅峰的女人，已经丧失了基本的理智。

大臣正议论如何贬处蔡确时，太后在帘子后发话了：

"蔡确可英州别驾，新州安置！"

有些大臣惊呆了！

这在宋代，就相当于对一个死刑犯的处罚啊！新州乃岭南瘴

---

[1] 《宋史》卷三三八《苏轼传》，第10812页，中华书局1977年11月版。

疬之地，贬处该地的人，几乎都会染上瘟疫，有去无回。

有大臣为之陈情，"蔡确母老"，乞就近州郡安置。老太太从帘子后甩出一句话来，语气冷漠平静，却如惊雷般滚过众大臣的耳膜：

"山可移，州不可移也！"[①]

元祐大臣欣喜若狂地递给高太皇太后一副弓箭，待到发现这箭射得太狠太远，虽为之惊恐，但想往回拽可能乎？

获知蔡确被再贬岭南新州，其母明氏先是进状至尚书省申诉，未获太后批准。其后又携外孙，在高太后出驾时，拦驾抱住马首，呼天抢地哀号上递诉状，但上诉状软化不了高太后的铁石之心。在她心目中，蔡确"奸邪深险"，不但要贬移新州，且永不得放回。如果死去，则是"社稷之福"。[②]

"琵琶姐"

蔡确父亲蔡黄裳，大中祥符元年（1008）中进士后任地方小官。先任镇江节度推官，后知陈州。因为官清廉，生活一直非常贫窭。蔡确二十岁时，衣着仍破旧不堪。

蔡确年少时曾长宿某寺庙读书，僧人嫌弃其留滞太久，言语间有厌烦之意。蔡确看到书舍外有一丛竹，就在竹间墙上题

---

① 《续资治通鉴长编》卷四二九，"元祐四年六月甲辰"条，中华书局1992年3月版。

② 《续资治通鉴长编》卷四六四，"元祐六年八月辛亥"条，中华书局1992年3月版。

诗一绝：

"窗前翠竹两三竿，潇洒风吹满院寒。常在眼前君莫厌，化成龙去见应难。"[1]

写毕掷笔而去。有人评价，诗中已沁透一股非凡的豪气，或曰：宰相气。

曾经困窘落魄的书生，果然后来显贵，位极人臣。不知这位僧人有否再见到过蔡相？

蔡确不知于何时，曾对自己身后事立嘱交代："吾没之后，敛以平日闲居之服，棺但足以周衣衾，作圹不得过楚公。葬时制，棺前设一坐，陈瓦器，以衣衾巾履数事及笔砚置左右。自初敛至于祖载襄葬，悉从简质，称吾平生。毋烦公家，毋干恩典，毋受赙遗，毋求人作埋铭、神道碑。二处但刻石云：'宋清源蔡某墓。'而纪葬之岁月于其旁可矣。"[2]

虽然有史学家诟病，蔡确善弄权术，但他在政坛的发迹，主要还是依赖于他的才华和对新法的推行。蔡确任邠州司理参军时，韩绛宣抚陕右河东，经过邠州，太守具宴款待韩绛，请蔡确撰一贺词。蔡确呈一联："文价早归唐吏部，将坛今拜汉淮阴。"韩极喜，问何人所撰，请来一见。这是蔡确与时任重臣的韩绛第一次相识，韩"观其人物高爽，议论不凡，谓群将曰：'蔡司理非池中物'"。随后，韩绛将蔡确引荐给知开封府的弟弟韩维，蔡确一跃成为首府右厢公事。不久，又得到王安石的赏识，迁任三班主簿，又被邓绾推举为监察御

---

① 《宋人轶事汇编》（三），第1283页，上海古籍出版社2015年6月版。

② 〔宋〕张邦基《墨庄漫录》卷六，中华书局2022年8月版。

史里行……①

蔡确为官清廉，也是有良好口碑的。

《宋史》将蔡确列入《奸臣传》，显然是将蔡确摆错了位置。

在"车盖亭诗案"中同时被惩处的，还有为蔡确说公道话的尚书右仆射范纯仁、左丞王存，范纯仁被移知颍昌府，王存知蔡州。可见，元祐党人对待有歧见的同党，态度也是零容忍。

蔡确在赴新州途中，只携一爱妾，号"琵琶姐"。又随带一鹦鹉。因诗获罪的蔡确从此谨言慎行，几乎处于沉默寡言的状态。连有生活琐事唤琵琶姐，也通过鹦鹉传话。每次轻轻敲一小钟，鹦鹉闻之遂呼"琵琶姐"。至岭南不久，"琵琶姐"染病先蔡确而去。某日，蔡确穿衣时，衣带误击小钟，鹦鹉又呼："琵琶姐，琵琶姐，琵琶姐……"

世间已无"琵琶姐"。

鹦鹉无意人有情。鹦鹉之声，触发蔡确无限感伤，遂赋诗曰："鹦鹉声犹在，琵琶事已非。堪伤瘴江水，同渡不同归。"吟毕，泪水溢满黑瘦的双颊。从此蔡确郁郁成疾，不复再起。②

元祐八年（1093）正月初六，蔡确客死新州，享年仅五十六岁。

蔡确之死，是元祐党人为自己酿制的一杯毒酒，待到时机来

---

① 《宋人轶事汇编》（三），第1285页，上海古籍出版社2015年6月版。

② 《宋人轶事汇编》（三），第1291页，上海古籍出版社2015年6月版；
〔清〕厉鹗《宋诗纪事》（一）卷二十二，第548—549页，上海古籍出版社2013年8月版。

临，他们将体验到这杯酒的"毒性"有多烈、有多猛！

让后人颇感骇异的是，仅五年后的绍圣五年（1098）初，那位弹劾蔡确甚为凶猛的元祐大臣刘挚，也客死新州贬所，且死在同一寺庙同一室。史称：同一室死"二相"。

一份"清党"名单

元祐党人对新党的清除，在构陷"车盖亭诗案"的同时全面展开。

宰相梁焘向太皇太后密具一份"新党"名单。其奏曰：

"臣等窃谓（蔡）确本出王安石之门，相继秉政垂二十年，群小趋附，深根固蒂。谨以两人亲党开具于后。确亲党：安焘、章惇、蒲宗孟、曾布、曾肇、蔡京、蔡卞、黄履、吴居厚、舒亶、王觌、邢恕等四十七人；安石亲党：蔡确、章惇、吕惠卿、张璪、安焘、蒲宗孟、王安礼、曾布、曾肇、彭汝砺、陆佃、谢景温、黄履、吕嘉问、沈括、舒亶、叶祖洽、赵挺之、张商英等三十人。"[①]

这份名单共列出七十七人，但蔡确亲党和王安石亲党名单中，有不少是重叠的，如果减去重复的，总数达不到七十七人。

在蔡确"有党"还是"无党"问题上，有两种不同意见。争论结果是"有党"占了上风。于是这份名单被"榜之朝堂"。凡上了这份名单的朝野之臣，再次遭到贬逐和清除。千万别小看了这份"清党"名单，它在北宋政坛又开创一个恶劣的先例，后来

---

① 《续资治通鉴后编》卷八十九，"元祐三年七月戊申"条，《四库全书》本。

蔡京等人列"元祐党人碑",源头就在这里。种瓜得瓜,种豆得豆,谁种下"苦果",谁就该自己吞咽。种下龙种,收获的可能是跳蚤;但种下跳蚤,绝不会收获"龙种"。

在这一波元祐党人贬惩变法派人士的浪潮中,也有人屡屡发出宽容之声。其中最为后人称道的是枢密院事范纯仁和门下侍郎吕公著。变法派大臣邓绾已被责贬滁州后,谏官仍交攻不已。范纯仁劝高太皇太后勿行。另一新党大臣贾种民,面临再度被贬逐时,吕公著全力回护,称:"治道去太甚耳,文景之世,网漏吞舟(网眼因宽大,可以漏掉吞舟的大鱼)。且人才实难得,宜使自新,岂尽使自弃耶!"但言事官仍交攻不已,其理由是"今除恶不尽,将贻患他日"。先将不同党之人评定为"恶",然后除之务尽。此种思维方式,一直在驱动着北宋晚期政坛。①

在若干年后,蔡京得势,完全可以说,别怪我下手太重,我不过是以其党之道,还治其党之身罢了!

---

① 《续资治通鉴长编》卷三八一,第9249页,中华书局1992年3月版。

卷四

只见『臀背』的

皇帝

"一张旧桌"的心理暗示

天又要变了。

正如老子言："飘风不终朝，骤雨不终日。"

享受了庙堂之上九年风和日丽的元祐党人，正面临一场他们始料未及的树偃石飞的飓风。

哲宗皇帝在未亲政的九年间，元祐旧党大臣们是努力想将他塑造成自己心目中理想的帝王的，高太皇太后毕竟年事已高，哲宗亲政是迟早的事。但他们如愿以偿了吗？在高太后这棵大树倒伏之后，他们能否依傍新长成的大树，延续呼风唤雨的政治生命？

理学大家程颐曾为哲宗师。某日讲筵完毕，老师被赐去一小亭子里喝茶，正值春暖花开、桃红柳绿的好时节，小皇帝忍不住伸手去折了一根柳枝，程颐放下杯盏，大声呵斥："方春万物生荣，不可无故摧折。"哲宗面露不平之色，扔掉了柳枝。就连司马光这样的守旧老臣，也觉得程颐思想古板得太过分了，叹曰："使人主不欲亲近儒生者，正为此等人也。"也许正因为老师的过分苛责约束，养成了哲宗"叛逆"的心理。

对哲宗人格的养成，最重要的课堂还不是释经解道的讲筵席上，而是九年间在朝堂之上对高太后和执政大臣处理政事的观察。从十岁至十九岁，正是哲宗心智走向成熟的关键时段。这位伴随在高太后身后的名义上的小皇帝，给人的感觉是沉默寡言，不动声色，让所有人都琢磨不透，这位未来将正式登临大位的小皇帝，心里究竟在想些什么？

虽然年少，却有超越常人的"定力"。这一点，常常被后来的大臣用来恭维官家的气度和涵养。

一日早朝，太皇太后命一黄门从内殿文案上取一案牍，黄门在行走时不小心误触皇帝头上戴的幞头。幞头坠地，小皇帝头上露出梳着小角儿的头发，黄门吓得两腿酸软，几不能立。此时另一黄门捡起幞头帮皇帝戴上。而哲宗仍凝然端坐面无表情，其状若无其事。退朝后押班取旨，问怎么处置？哲宗曰："只是错。"其意大约是，就是一个小失误，用不着大惊小怪，正常处置就行了。[1]

太皇太后垂帘听政期间，渐渐长大的小皇帝始终不发一语，太后在宫中曾多次问："彼大臣奏事，乃胸中且谓何，奈无一语耶？"

哲宗回答："娘娘已处分，俾臣道何语？"

这句话仔细品味起来，是有多重含义的。可以理解成在太后面前的谦恭：既然由"娘娘"处理政事，用不着孩儿多言多语；也可以理解成哲宗暗藏机锋：既然"娘娘"已经做了决断，"俾臣"还能说什么呢？"娘娘"在做出决断前，征求过孩儿意见吗？

哲宗显然是有智慧的年轻人。他明白尚未到他说话的时机。在他后来亲政时，与某些大臣聊起太后垂帘听政时的感受，曰："朕只见臀背。" 哲宗说此感受，绝不是仅仅说他在太后身后眼

---

[1] 《道山清话》，《宋人轶事汇编》（一），第118页，上海古籍出版社2015年6月版。

中所见。可以理解成，高氏处理国家政事，皆全权决断，从未转过身来征求过小皇帝的意见，即便在皇帝已经成人后。

小皇帝面对"臀背"保持沉默，不等于心里没有想法。

让高太皇太后最初感受到一种潜在"危机"的是一件小事：哲宗常使用的一张旧桌子有些破损，太后命人换一张新的，但哲宗不让换，仍继续使用旧桌。太后问为何，哲宗回答："是爹爹用过的。"太后为此而"大恸"。"恸"的释义为极度悲哀，大哭。再缀以"大"，可见太后伤心到何种程度？儿子对父皇有深厚情感，不是很正常吗？但这份感情无疑深深关联着神宗一生的政治理想和追求，而太后执政所做的一切，都在推翻神宗所成就的变法大业。这能让已经成年的孙子没有想法吗？

高太后梦中醒来大概也会不寒而栗，她耗费的心血终将成为一个泡影。后人该如何评说她对大宋江山所付出的一切呢？

由此，我们不难理解：太后患重疾时，为何会出现令人惊悚的一幕。[1]

临终遗言

按照宋人笔记《过庭录》记载，让元祐大臣产生惊悚预感的一幕发生在元祐五年（1090）秋，太后有疾时。距太后驾崩尚有三年时间，而笔者觉得这个时间也许有误，合理的推断应该发

---

[1] 《朱子语类》卷一百二十七，《宋人轶事汇编》（一），第119页，上海古籍出版社2015年6月版。

生在太皇太后驾崩前夕——元祐八年（1093）前不久。

史称，宣仁圣烈皇后寝疾，内外忧惶。三公诣阁门，乞入问疾，诏许之。高太后御榻前障以黄幔，哲庙（哲宗）黄袍幞头，立榻左，三臣立右。

有大臣趋前表示问安："太皇太后圣躬万福！"

太后在病榻上说："老婆待死也。累年保佑圣躬，粗究心力，区区之心只欲不坠先烈，措世平泰，不知官家知之否？相公及天下知之否？"太皇太后说话的声调和语气，史书中用了四个字描述："辞气愤郁。"可见老人家在患重疾时，心中充满了焦虑和怨气，她用尽了全身气力，希望即将亲政的"官家"和执政大臣能给她一个未盖棺而论定的高评。当然，她的这番话，主要还是借大臣问疾之机，说给"官家"听的。此时吕公（吕大防）待要回答，话音未出，哲宗声色俱厉地呵斥：

"大防等出！"

三位执政大臣抖抖瑟瑟地退出太后病室。至外殿，三人相顾而叹曰：

"吾曹不知死所矣！"[1]

在太皇太后病情渐重，自感将撒手人寰时，仍在念叨着她垂帘九年的功过是非。太后强烈意识到，她死后政治格局必然要发生变化。也许，她对这九年中尽废新法、驱逐新党的一些做法有反思。

太后临终前一天，一干大臣吕大防、范纯仁、苏辙、郑雍、

---

① 《过庭录》，《宋人轶事汇编》（一），第107—108页，上海古籍出版社2015年6月版。

韩忠彦、刘奉世入崇政殿后阁，问候太后圣体。太后很悲伤地说："今疾势有加，与相公等必不相见，且喜辅佐官家，为朝廷社稷。"这里，太后还是在强调她听政期间为社稷所费的心血。随后似欲独留范纯仁，意有所嘱咐。这时，哲宗令吕大防等皆趋前，显然不想让太后与单个大臣有私密接触的机会。

太后又说："老身受神宗顾托，同官家御殿听断，公等试言九年间，曾施私恩高氏否？"言毕，太后泣下。从这一点说，太后算得一个垂帘的好女人，她未给高氏家族谋利，一心一意为社稷着想，这一点也许是值得称道的。但一个真正的好皇帝，仅有这一点，又是远远不够的。吕大防等当然是大声附和："陛下以至公御天下，何尝以私恩及外家！"然后大防乞太后"稍宽圣虑服药"，以圣体为重，勿多思虑。

一众大臣未想到，太后居然深谋远虑，又说了几句让他们未料到的心惊胆战的话，大意是，"还是把话挑明了吧！我死之后，各位宜早求退位，以方便官家另用一批人。"然后呼内侍，给大臣们各赐"一匙社饭"（"社饭"为民俗祭祀土地菩萨日吃的食品），希望大臣们来年吃"社饭"时，还能记得她这个老婆婆，帘幔内散透出一丝丝中药气味，浸透着大限将至的悲凉，激荡起大臣们对未来命运的惊惧……

来年？来年这些她曾器重的辅佐大臣，将会流配至何方？[1]

元祐八年（1093）九月二十三日，太皇太后高氏驾崩。同年正月，蔡确已追随"琵琶姐"而去。

---

[1] 孔凡礼《苏辙年谱》第518页，学苑出版社2001年6月版。另参见《通鉴长编纪事本末》卷九十一"元祐八年八月辛酉"条。

大换血

北宋政坛又一轮洗牌开始了！

北宋朋党之争，在王安石任相时段，主要表现在政见分歧上。变法派为了政策能够推行，对反对派的处置，还是较理性、温和的，无非是将反对派官员从朝堂之上移任地方官，或移居闲职。对反对派的领军人物司马光的安排，显得更为慎重。神宗多番表示挽留之意，希望司马光能与王安石共处朝堂，推动变法大业。但司马光坚持他的政见不被采纳，决不共处，这才被神宗赋以编著《资治通鉴》的使命。不能"立功"，能够"立言"，也是青史留名的盛举啊！司马光大概不会想到，他孜孜以求的政治抱负其实是陈腐的、守旧的、不值一提的，他不那么看重的《资治通鉴》，却将他推上了中国乃至世界一流史学家的宝座。不久前，笔者因看了唐德刚先生写的《我与通鉴》一文，忍不住从网上下单购回一套《资治通鉴》精装本。虽然笔者知道自己能够细细完整读完的可能性很小，但书柜中有了这套《资治通鉴》，感觉空虚的肚囊里又增加了几分书卷气。

但到了王安石罢相后，新党人物李定、舒亶等因对苏轼撰写的大量讥讽新法的诗文不满，构建了中国诗史上著名的"乌台诗案"，将党争上升到以言获罪的层级。但"乌台诗案"的最终处理结果还是审慎的，东坡先生只是被贬放湖北黄州，过了一段贫寒困窘的日子。

遗憾的是在高太后垂帘之后，朋党之争愈演愈烈，完全坠入为个人意气左右，及为利禄之争的"恶斗"。以人划线，有我无你，有你无我，以牙还牙，以怨报怨，到了比谁手段更"狠"更"毒"的"下三烂"地步。偶有清流、智者发出不同的声音，也往往被互斗的唾沫所淹没。

元祐九年兼绍圣元年（1094）二月七日，高太皇太后葬于永厚陵。这回担任山陵使的是首辅吕大防。

太后一落土，一系列的人事变动就开始了。

三月二日，新知陈州蔡卞为中书舍人；

三月四日，吕大防被罢相，知颍昌府，又改知永兴军；

二十六日，门下侍郎、尚书右丞苏辙被罢，知汝州；

二十七日，龙图阁直学士蔡京权户部尚书，由成都调任京都；

四月十一日，已在此前乞求外放，出知定州的苏轼，又被贬落英州；

二十一日范纯仁罢相，章惇任相；

……

假如我们穿越到北宋，就会看到一道很特别的风景：在各条通往京都的驿道上，车马辚辚，沿途可见来来往往的高官。有的是赴朝任职，自然是志得意满，各地方守官道口相迎送，置宴席扫尘，唯恐不周；有的是贬放外地，满腹惆怅，地方守官躲之唯恐不及。

曾经的政敌，会不会凑巧住到一个馆舍里？偶然相逢会说些什么？

苏氏兄弟和蔡氏兄弟分属两个对立的"朋党"，他们的命运轨迹此消彼长，祸福轮回，格外地令人怅叹。

遭到苏氏兄弟"两肋插刀"的章惇回朝后，成为权高势重的首相。过去的友情成为烟云，现在章惇胸腔里燃烧着复仇的烈焰。关键是这个章惇执掌大权长达七年，苏氏兄弟在这七年中迭遭贬黜，在凄风苦雨中受尽煎熬，再无重返政坛的机会。[1]

罢贬苏辙的具体因由是，苏辙两次上疏，认为"御试策题"中有复熙丰之意。而哲宗就是要重举熙宁变法大旗的，这个苏辙显然不懂得迎合圣意，还是坚持自己的政治主张。皇帝声色严厉地指斥苏辙在奏疏中用汉武帝比喻先帝"引喻失当"。皇帝当庭发怒，这还了得，苏辙战战兢兢，"趋下殿待罪"，听候皇上处置。这时宰相范纯仁站出来进言，为苏辙说了几句公道话："史称武帝雄才大略，为汉七制之主，辙以比先帝，非谤也。陛下进退大臣，当以礼，不宜如此急暴。"[2]

敢于面劝年轻皇帝对待大臣不该如此"急暴"，为被皇帝怒斥的大臣辩白，大概也只有范纯仁这样的正直、仗义、有良知的士人了。

不愧是范仲淹之子。

虽然父子的从政理念不尽相同，一个着力于变革，一个趋向于逐步改良，但做人的品格是处在一个峰巅上的。

类似范仲淹、范纯仁这样的不唯上、持正、尊道的能臣和良臣，在中国历史上也是屈指可数的。

---

[1] 陈歆耕《苏轼与章惇："密友"何以成"仇敌"》，《何谈风雅》第78页，作家出版社2021年2月版。

[2]《十朝纲要》卷一三，参见曾莉《蔡京年谱》第51页，广西师范大学出版社2020年1月版。

苏辙与范纯仁政见常异，二人并无交情。但此时范纯仁却为苏辙回护，由斯苏辙对纯仁高看，钦服稽首谢道："公佛地位中人也。"①

皇帝发脾气，无非是找个碴儿，将高太后起用的旧臣"移"出殿堂。于是苏辙被罢知汝州。

而苏轼被贬英州的理由，摆到桌面上来，其实也说不上多么冠冕堂皇。对苏轼的贬放制词是中书舍人蔡卞所写的，用语够"狠"够"毒"：

> 讪上之恶，众慝厥愆；造言之诛，法谨于近……端明殿学士兼翰林侍读学士、左朝奉郎、知定州苏轼，行污而丑正，学辟而欺愚。顷在先朝，稍跻清贵。不惟喻德之义，屡贡怀谖之言。察其回邪，靡见听用，遂形怨诽，自取斥疎。肆予篡服之初，开以自新之路。召从方郡，服在近班。弗讹尔心，覆出为恶。轼以书命之职，公肆诬实之辞。凡兹立法造令之大经，皆曰蠹国害民之弊政。虽讬言于外，以责大臣；而用意之私，实害前烈。顾威灵之如在，岂情理之可容。深惟积辜，宜窜远服。只夺近职，尚临一郡。是为宽恩，无重来悔。可特落端明殿学士兼翰林侍读学士，依前左朝奉郎、知英州。②

------

① 《宋史》卷三百一十四，第10290页，中华书局1997年11月版。

② 《宋朝大诏令集》卷二〇六《苏轼落职降官知英州制》（绍圣元年壬子），第773页，中华书局1962年10月版。

除了政见分歧，主要过错就是在君臣关系、人格修行上大做文章。其中很多用语，苏轼在给新党落职官员写的制书中也用过，现在算是奉还给他了。

给落职官员撰写制书本是一种职务行为。撰写官员之角色相当于为皇上代笔的"秘书"，表达的是"圣意"。但这类制书的起草者，往往又掺杂了很多个人的私见和爱憎。哪些是"圣意"的客观表述，哪些是个人情绪的宣泄，实在有些说不清道不明。但是到了"反攻倒算"时，所有的不当用词皆成了指斥撰写者的把柄和罪状。而这些制敕文书被后人编入个人文集，又常常被误读成完全是起草者个人理念的表达。

呜呼，笔者在爬梳这类史实时，常常犹如高速公路行车遭遇特大浓雾，只能艰难地蜗行。

英州是哪里？已经是岭南瘴疠之地了，等同于蔡确最终的葬身之地新州。但对苏轼的贬斥地还将更远，再是惠州，最后的处所是海南的儋州。亏得苏轼先生有一颗忍受并化解磨难的强大的灵魂。他在困境中曾得到高僧的点化，再加上苏轼有极高的悟性，终于把苦水熬制成精神涅槃的药丸。

在他落难的苦旅中，始终闪烁着权相章惇的剑影。

他没有死在儋州，但死在从儋州返回内地的途中。

有史书记载，章惇贬苏子瞻儋州、子由雷州、刘莘老新州，"皆戏取其字之偏旁也"①。有此一说。这多数是一种巧合吧？

---

① 〔宋〕陆游《老学庵笔记》卷四，第61页，中华书局1979年11月版。

章惇不至于将贬惩官员的事，当成一种随心所欲的拆字游戏。

《神宗实录》：纸上的刀光剑影

新党掌权后做的第一件重要的事情是，提升王安石被元祐党人贬抑的地位，重修《神宗实录》。

绍圣元年（1094）四月十三日，哲宗下诏，将王安石像请入神宗庙庭，同日追复蔡确右正议大夫。

同月二十七日，中书舍人蔡卞上疏请重修《神宗实录》。

一部《神宗实录》，成了元祐党人与新党之间争夺话语权的战场，字里行间闪烁着不同政治理念及权力、利益争斗的刀光剑影。这场战争的余波激荡千年，仍久久难以平息。乃至今天的学人，还在为其中的是是非非喷溅唾沫。

自周、汉、唐、宋以来，朝廷皆有专职史官，编撰皇帝的"起居注"。"起居注"是最原始的皇帝处理政务及日常生活的记录，形同流水账。在此基础上，再由学识广博、笔力更深厚的史官扩展、充实，编撰成皇家正史，以此彪炳本朝政绩。此类皇家正史，往往先天就存在三大不足：一、涉及皇家负面信息或丑闻，是绝不会录入的；二、多涂脂抹粉式的溢美颂词；三、编撰者的个人偏好，难免掺入其中。虽如此，但仍有史料价值。后人可以借此获知历史进程的大致脉络。

《神宗实录》是一部神宗执政史。因为其中涉及如何看待王安石变法，使得编撰过程变得格外复杂。初修《神宗实录》，是在元祐元年（1086）乙丑（6日）启动，元祐六年（1091）三月癸亥（4日）完稿，由宰相吕大防上呈，"凡三百卷"。先后参与监修的有司马光、吕公著、吕大防，参与编撰的有赵彦若、范祖禹、黄庭坚、陆佃等。看看这个编撰者的阵容，用不着去研读，只要用鼻子嗅一嗅，就能闻出纸墨间弥散着什么味道。这些人全都是对变法持否定态度的元祐党人，要让他们客观、公正地记录神宗、王安石的变法史，是一件比登蜀道还难的事情。

编撰者之一陆佃，是著名诗人陆游的祖父。他虽然也不赞成变法，但对《神宗实录》诋诬变法太过也看不下去了，为此与黄庭坚发生激烈争执。陆佃"数与史官范祖禹、黄庭坚争辩，大要多是安石，为之晦隐。庭坚曰：'如公言，盖佞史也。'佃曰：'尽用公意，岂非谤书乎！'"①从对待一个细小而又重大的事件态度，可以看出双方争端的焦点所在。当时，有一件事曾在朝野内外传闻甚广，即变法派阵营主将之一吕惠卿，为保持相位，曾将王安石给他的私人信件上呈给神宗皇帝，信中有"无使上知"之类的话。如确有此言，王安石则有欺君嫌疑。黄庭坚要将此事写入"实录"。陆佃则提出进一步根核事实。这是轻而易举可以做到的事。吕惠卿上呈的所有文书都在皇家档案馆里存着，调出查阅便可真相大白。结果是查核王安石信的原件后，其中并无"无使上知"的文字。于是，黄庭坚无话可说。②

这部元祐党人编撰的《神宗实录》，还大量采征了司马光《日记》《杂录》中所记之事。有些事并非司马光亲历，而是得之

① 《宋史》卷三四三《陆佃传》，第10918页，中华书局1977年11月版。
② 舒驰《宋代编修〈神宗实录〉的一场风波》，刊《浙江档案工作》1982年第12期。

宾客传闻。

高太皇太后崩，哲宗亲政，要继承父志，起用变法派中有声望的大臣，无论是君还是臣，都不会眼睁睁看着充满"谤言"的《神宗实录》不管。这跟走什么样的政治路线直接相关。章惇、蔡卞等抨击该"录"："刊落事迹，变乱美恶。"蔡卞上疏言："先帝圣德大业，卓然出于千古之上，发扬休光，正在史策。而实录所记，类多疑似不根，乞验索审订，重行刊定，使后世考观，无所迷惑。"

这次负责修撰的主编为蔡卞，林希为同修撰，相当于副主编，参与者有曾布、章惇、蔡京等。自绍圣元年（1094）四月起始，至绍圣三年（1096）十一月完成。毫无疑问，新党人士修撰的这一稿，当然要删削诋诬变法的内容，补充褒扬变法的记载。笔者认为，虽然政治态度影响对史实的补充和修订，但编修者在具体操作过程中，态度还是严谨的。编修人员将文中涉嫌诋诬处摘出上千条，让前史官提供史料依据，凡所无根据者，再将之删弃。如原书中记载："用铁龙爪治河，有同儿戏。"蔡卞派人质问黄庭坚："如此写依据何在？"黄庭坚回答："庭坚时官北都，尝亲见之，真儿戏耳。"[①]实际情形是，某年京都发生洪涝，有人发明了名为"铁龙爪"的疏浚河道的工具，实践证明也确实是管用的。即便是一种尝试，用这样的事件来攻击新法，也很无聊。这次重新编修中，绍圣变法派史官经过根核，其中有三十余事，查无实据。元祐史官范祖禹承认"别无按据，得之传闻"。岂可

---

① 《宋史》卷四四四《黄庭坚传》，参见孔学《王安石〈日录〉与〈神宗实录〉》，刊《史学史研究》2002年第4期。

後漢會稽上虞孝女曹娥碑

孝女曹娥者上虞曹旴之女也其先與周同祖末胄景沈紆澆曾祖父旴能撫節安歌婆娑樂神漢安二年五月時迎伍君逆濤而上為水所淹不得其屍時年十四號慕思旴哀嘆其父屍旴伊何父嫉母家哭泣隔辰父泝遡江沿五月五日遂於永嘉青龍作蘇父蹈節哀悼嗚呼哀哉其女曹娥呼父江沿五月五日遂於上虞縣令度尚弟子邯鄲子禮所立其辭曰漢安元年青龍辛卯莫之有表

蔡邕題其碑陰字

（局部）

北宋・蔡卞书曹娥碑　元祐八年（公元1093年）（局部）

（本著蔡襄、蔡京、蔡卞书法图片均由仙游县蔡襄文化研究会提供）

北宋·蔡卞《楞严经》（局部）

如此写史？如果说多录司马光一家之言《涑水纪闻》，尚可理解，将毫无实据的"风闻之言"也写入正史，实在太荒唐。这就等同为体现个人政治理念，而丧失史官的基本职业操守了。难怪哲宗听了汇报，勃然大怒：

"史官敢如此诞谩不恭！"

由此，范祖禹、黄庭坚、赵彦若又一次受到重贬。[①]

新修的《神宗实录》，涉及变法部分，有大量神宗与王安石个人间的交流、对话，采自王安石的《日录》。这一做法，在后来的又一波两党争斗中，受到来自元祐派最凶猛的谏官陈瓘的批评，认为是"尊私史而压宗庙"，无非是说有些史料把王安石写得比神宗高明。这怎么可以呢？圣上应该永远比臣子高明才对。如果持这般看法，那么司马光的《涑水纪闻》也属私史，也存在同样的问题。陈瓘是反对王安石的强硬派，专门著有《尊尧集》，集中火力"炮轰"王安石《日录》。撇开政治立场不论，此人也曾做了一件功德无量的好事。且待后文详述。

新版《神宗实录》历时两年多完工。最值得称道处为，编修官在修改时用朱笔，并对修改原因做了"贴签"说明。而原文墨本则全部保留原态，史称"朱墨本"。如果这个版本得以完整遗存，后学研究王安石变法和这段历史，无疑要省心多了。研究者不难透过两党的笔墨"烟云"，触摸到史实真相的内核。遗憾的是，在后续的新、旧党"城头变幻大王旗"中，又在"实录"中留下了双方马蹄的印痕。一部《神宗实录》先后经过五次拉锯式

---

① 《长编拾补》卷十一，参见孔学《王安石〈日录〉与〈神宗实录〉》，刊《史学史研究》2002年第4期。

编修，使得这段历史如同被万箭穿心的武士，血透铠甲，难以辨识其真面貌。更为令人遗憾的是，全本在战乱中遗失，后人只能在南宋人李焘编撰的《续资治通鉴长编》中，读到其人摘录的部分内容。李焘受南宋官方主流意识的影响，是一个"耻读王氏书"的人，相信陈瓘批评王安石《日录》曾经蔡卞润色篡改，很多记载不可靠。而他摘录的版本，又是元祐党人范祖禹的儿子范冲参与修撰而成。新党惨了！由此，元祐党人泼洒在王安石身上的污水，穿越千年也难以洗刷。

蔡卞在摘用王安石《日录》时，是否据己意或为岳父隐讳，篡改过有关内容？陈瓘的质疑依据何在？朱熹对此曾发表个人看法，王安石变法的思路："其隐微深切皆聚此书，而词锋笔势，纵横捭阖，炜烨谲诳，又非安石口不能言，非安石手不能书也。以为蔡卞撰造之言，固无是理。"①朱熹不喜欢王安石变法，但用他的学术专业眼光评判，认为陈瓘的质疑没有道理。

在这场纸上的笔墨拉锯战中，新、旧党双方都尸横遍野，活下来的也千疮百孔！

发冢斫棺

重返政坛的新党人士，一手抓新法的恢复，另一手持续对元祐党人进行清算。

① 孔学《王安石〈日录〉与〈神宗实录〉》，刊《史学史研究》2002年第4期。

在恢复新法方面，有一系列的举措出台。在这方面新党人士的执行力，显然要远远超过旧党。诸如提升已故王安石的荣誉地位，让王安石配享神宗庙庭，同时剥夺司马光、吕公著的赠谥。重新依熙丰时期做法，设立制置条例司，专门负责新法条款的修订和推行。修订后的免役法、青苗法等相继推出。

在这方面用力最多的是蔡京。

除了对在位的元祐党人不断地贬逐，新党的另一新花样是追贬那些已故的元祐重臣，毁掉那些旧党中曾经的举旗偶像。

按照蔡卞的提议，像司马光、吕公著这样的已故元祐主帅，不仅要追回所赠谥号，还要拆掉官修的碑楼，磨毁掉那些盖棺后给予高评的御赐碑文。这些都还可以理解。蔡卞甚至主张对司马光、吕公著等皆当"发冢斫棺"，宰相章惇赞同其议。朝堂之上，独许将默不作声。许将何许人也？其人嘉祐八年（1063）二十七岁时成为登科状元，深受神宗赏识，曾被诏令免试进知制诰。此时的许将为尚书左丞、中书侍郎。

待大臣退堂，官家独留许将，问曰："卿不言，何也？"许将答："发冢斫棺，恐非盛德事。"后又有人上奏，以汉、唐诛戮"奸臣"的先例，来佐证"发冢斫棺"的合理性，官家又一次征询许将的意见，许将说了一番话，使得哲宗将主张"发冢斫棺"的奏疏扔到一边，不予采纳。

许将曰："二代固有之，但祖宗以来未之有，本朝治道所以远过汉、唐者，以未尝辄戮大臣也。"

哲宗曰："朕亦以为无益公家。"遂寝其奏。①

---

① 《续资治通鉴长编拾补》卷一〇，第149页，上海古籍出版社2006年4月版。

新党重返政坛，居然要挖旧党已故领军人物司马光、吕公著的坟墓，如此这般的恶劣做法，无异于将他们当作死刑犯来处置。如此报复性恶斗，显然远远超越政见分歧之争了。

"奸人之雄"

此时的蔡氏兄弟，地位扶摇直上，逐步成为哲宗依赖的股肱大臣。而元祐党人吕大防、苏轼、苏辙、刘挚、梁焘等则继续被贬逐到更远的地域，官职也越贬越低。像梁焘这样曾任副宰辅的大臣，先被贬安徽舒州，任提举灵霄观，与青灯黄卷为伴，继而被贬岭南化州，于绍圣四年（1097）病死。

元祐党人贬蔡确至岭南新州，此例一开，新党人士下手更狠：你让"我党"一人去岭南，我让你"全党"去岭南。很多元祐党人最终的流放地都在岭南，甚至更远的海南。

绍圣二年（1095）九月五日，官家诏令蔡京兼修《哲宗实录》；
十月十二日，蔡卞升任尚书右丞；
十月十四日，蔡京任翰林学士兼侍读，修国史；
绍圣四年（1097）闰二月二十七日，蔡卞为尚书左丞；
……

今日人们印象中，以兄弟同时称雄北宋政坛的，似乎首推苏氏兄弟（苏轼、苏辙），他们皆位列唐宋古文八大家之中，文气盖世；而仔细审视北宋政坛的云起云落，曾牛气冲天、呼风唤雨的蔡氏兄弟（蔡京、蔡卞），当时的影响力绝不在苏氏兄弟之下。

其时有人讥讽蔡卞得以升官，是因其妻、王安石之女助力。王安石的女儿的确有才，不仅知书，能诗词，且有政治识见。据野史记载，蔡卞每有涉及朝廷政事的重大事项，总是在"床笫"间问计于其妻，然后再宣之朝堂。因此，一些大臣常相顾耳语曰："吾辈每日奉行者，皆其咳唾之余也。"蔡卞任相后，举行家宴庆贺，伶人居然唱道："右丞今日大拜，都是夫人裙带。"朝野内外传为笑谈。①

显然是借其妻，贬抑蔡卞。其妻固有才，但蔡卞也绝非庸才。

关于蔡京的轶事，野史记载也很多。任宰相的章惇，是朝野上下权势熏天的人物。他常着隐士帽、紫直裰，系绦见下属官员，而下属官员皆着朝服。章惇穿的是宽松的道服，而拜见他的官员则是着正装。此事传到哲宗耳畔，官家说："彼见蔡京亦敢尔乎？"其时蔡京的官职为翰林学士，深得官家赏识。此记载见之于《老学庵笔记》，作者是大名鼎鼎的南宋大文豪、诗人陆游。

陆游在书中感慨，蔡京凭什么以翰林学士职位得"人主"如此称赏？"真奸人之雄也。"②

蔡京究竟靠什么称"雄"，让宰相章惇对他也得礼让三分？

其实，哲宗之所以那么说，是有依据为凭的。某日，蔡京因公事至丞相府见章惇，章惇也与接见其他官员一样，着一身休闲

---

① 〔宋〕周辉撰，刘永翔校注《清波杂志校注》卷三，第130页，中华书局1994年9月版。

② 〔宋〕陆游《老学庵笔记》卷五，第80—81页，中华书局1979年11月版。

道服出来见蔡京。蔡京见了，扭头就返。章惇面有惭色，拉住他，问：是因为我穿的衣服得罪学士了吗？蔡京说了这么一番话："某待罪禁林，实天子私人，非公僚佐，即人微，顾不恤国礼乎？"蔡京何许人也？也是堂堂的翰林学士承旨，当朝大牛人，深得天子赏识。蔡襄、苏东坡的最高职位也仅此。章惇的傲慢，怎能压服蔡京的"气场"？而蔡京的批评确实有理有节，"我是皇上的臣子，不是你章惇的臣僚，甭把隶属关系搞错位了！办公事，岂能如此不讲究礼节？"有大臣将此事奏报皇上，章惇自知理屈，"卧家"听候处罚。皇帝认为蔡京对此事的处理得当，象征性地对章惇给予罚铜七斤的惩处。不喜欢章惇凌人之气的人，也因此而窃笑。①

蔡京之"雄"，自有章惇以及曾布难以望其项背处。

这里有一道绍圣四年（1097），蔡京上呈官家的奏章，随后还有一段蔡京与皇上的对话，请细细揣摩，不难明白蔡京是何等人物。

　　······

　　臣伏观陛下畏天爱人，有尧、舜之资；沉潜渊默，有尧、舜之度；含洪光大，广览兼听，有尧、舜之聪明。亲政四年，定志于一，而无所回夺，可谓圣矣。操生杀与夺之柄，而坐制太平无事万里之中国，嚬笑謦

---

① 《宋人轶事汇编》（三），第1515—1516页，上海古籍出版社2015年6月版。

咳，足以风动四方，其势未有利于此时也。然奸党斥矣而或容，邪说察矣而未息，是非辨矣而未一，好恶审矣而未宣，臣愚窃谓陛下退托谦抑，未以尧、舜道术加天下故也。夫生杀与夺之柄，惟人主所独制，非人臣所可共，《传》曰"惟名与器，不可假人"是也。陛下诚加意乎此，励劝禁于上，作威福于下，使贤者在位而不贤者不能间，能者在职而不才者不能夺。其以陛下之圣，尧、舜不足方矣。夫如是，则四方豪杰，皆作而应陛下之求，则臣虽至愚，亦愿遂毕其说。臣前所谓尧、舜政事者，盖《书》之称尧曰："克明峻德，以亲九族，九族既睦，平章百姓，百姓昭明，协和万邦，黎民于变时雍。"盖治亲然后治朝廷，治朝廷然后治万民，政之序也。①

　　这里蔡京先奉上一堆官家最爱听的"谀词"，诸如："畏天爱人，有尧、舜之资；沉潜渊默，有尧、舜之度；含洪广大，广览兼听，有尧、舜之聪明。"如果有人觉得蔡的用语让人起鸡皮疙瘩，那是因为你不是"官家"，而这些词语用来称颂官家，会让官家犹如浸泡在温泉里感觉特别舒泰的。王安石就曾向神宗进言，汉、唐不足效法，要以尧、舜为楷模。而哲宗亲政后志在继承神宗的遗志，这样的称颂恰恰是哲宗最爱听的。

　　对此，官家在召蔡京征询奏议时，特别问道："朕何敢望

---

① 《续资治通鉴长编》卷四九〇"绍圣四年八月癸未"条，参见曾莉《蔡京年谱》第68页，广西师范大学出版社2020年1月版。

尧舜？"

京对曰："舜何人哉？有为者亦若是。高宗三年不言，陛下不言九年，过高宗远矣，此尧、舜之圣也。陛下志于尧舜，则尧舜不难到。"

献"谀词"也得言之有据，拿捏有度，这就是蔡京的过人之处了。

蔡京不仅仅是唱颂歌、说空话，还是一个想做也能做成实事的人，再看奏章中的这一段：

臣观今日敦宗睦族，其制法自熙宁讲定，遭元祐裁损，寝失本旨，故服近而亲者，贵极富溢，骄奢淫佚，无所不为；疏而远者，身为白丁，下夷编户，有饥寒之忧。且富有天下，服属虽远，皆兄弟伯叔之亲也，而或与民庶为伍，则非所以睦九族也。承平百年，士生斯时者众矣，三岁一举，无虑万计，此文王多士以宁之时，而百年休养之效也。员多阙少，率三岁五岁而后调一官，士皆低回苟且；又无常产，因无常心，遂自溺于苟贱不廉之地，而无砥节励行之操。奔竞之风扇，廉耻之道衰，人材以之乏，政事以之弛，则非所谓章百姓也。人知所尚，则士非不多也；土无不辟，则农非不劝也；器无不精，则工非不巧也。四民之业，三民备矣，而商不通，故天下之大，百年之久，民未加富，俗未加厚。京师者，诸夏之本，诸夏者，京师之末也，廛市日益消，细民日益困矣。商农相因以为生者也，商不通则物不售，物不售则贱，贱则伤农。农商不能交相养庇四海之民于平安之时，而未免流离于水旱之际，则非所谓和万邦也。尧、舜之道，举是三者而黎民于变时雍，今三者皆未得其道，此天下所以未登尧、舜之盛也欤！臣愚窃尝慨然太息，以陛下之圣，有天下之利势，而欲以登尧、舜之盛，岂有难哉？在操主柄，以任贤使能，则举是三者措之天下，若反掌之易。夫以恩制义则九族可睦，以官任士则百姓可章，以利行商则万邦可和。然施之有方，行之有本，其详可得而言也。陛下幸听，则臣愚将继今条上，谨先陈其大略，仰塞明诏，陛下留神加意。[①]

蔡京在这里提议做好两件事：一是"兴商"，让百姓生产的农产品和其他各类生活用品能够卖出去，通过"兴商"促进农业的发展，这正是所谓"和万邦"之策，有利民生。二是要善待流落到社会底层贫困线上的"九族"。所谓"睦九族"。皇上开始对此不解，对皇族宗室不是应该严加管束才对吗？蔡京的回答是，官家看到的是正处在内殿高位的皇族亲戚，他们很多人过着奢华的生活，但还有不少宗室因各种原因流落到社会底层，有的窘困到被冻死、饿毙，应该对他们加以照拂才是。官家听后"恻然"。

不能不说，这两件事真的落到实处，对蔡京的从政形象和人气聚集，都是可以加分的。可以想象，那些处于贫困线上的皇

---

① 《续资治通鉴长编》卷四九〇"绍圣四年八月癸未"条，参见曾莉《蔡京年谱》第68—69页，广西师范大学出版社2020年1月版。

族，听到蔡京建议给他们送"炭"，也许恨不得跪拜蔡府"山呼万岁"了。

世界上有多少事是非黑即白的？古往今来，够格的"奸雄"，能进入史册的也寥寥可数。笔者常常在精明、奸诈、智慧、卑鄙、君子、小人等词语间徘徊，无法选择一个单一的词语来描绘蔡氏兄弟这样的人。

挑战者

让笔者感佩的是，在蔡氏兄弟手握大权、雄视朝野时，有人仍然敢道真言，挑战蔡氏兄弟的权威。在蔡京推行新的免役法时，有臣僚把蔡京在开封府"变脸"的劣迹又翻出来，质疑蔡京所为："元祐初司马光秉政，蔡京知开封府，光倡京和，首变先帝之法。只祥符一县，数日之间，差拨役一千一百余人，皆蔡京首为顺从。"

蔡京不得不具折为自己辩解，其理由是，司马光恢复差役法，开封府开、祥两县在"辇毂之下"，"所以承行，不敢稍缓"。其二是，"臣若能应和司马光，则必为光所知不应变法之始，一月之间，一请遂得罢去。"也就是说，恢复差役法来自圣恭诏令，我作为首府大臣敢不执行吗？其次，如果我有意迎合司马光，他们怎么照样罢掉我的首府太守的官位呢？①

---

① 曾莉《蔡京年谱》第63页，广西师范大学出版社2020年1月版。

以官家对蔡京的深度信任，抓住这类事要扳倒蔡京，显然是猿猴撼大树了。

有比这更厉害的！

监察御史常安民对新党重要人物一锅煮地加以弹劾：

先论章惇：

> 以大臣为绍述之说，实假此名以报复私怨。一时朋附之流，从而和之。遂至已甚，故凡劝陛下绍述者，皆欲托先帝以行奸谋。谓它事难惑圣虑，若闻先帝，则易为感动。故欲快恩仇、陷良善者，须假此以移陛下心意。

再论蔡京：

> 巧足以移夺人主之视听，力足以颠倒天下之是非。朝廷之臣，大半为京死党，它日援引群奸，布满中外，虽欲去之，无及。

又论张商英……①

常安民的弹劾不会对章惇、蔡京构成任何威胁。御史台遍插新党人物，很快就有监察御史董敦逸上章回击了："安民前尝称二苏文章负天下重望，不当弹击，乃轼、辙之党……"本

---

① 《宋会要》职官，参见曾莉《蔡京年谱》第57—58页，广西师范大学出版社2020年1月版。

以为御史台已无旧党人物，原来还藏着一个"二苏"的同党，于是常安民被下诏罢免监察御史职务，逐出御史台，不再有发声的机会。

更有大臣因言语不当，得罪蔡京而被废黜。

绍圣四年（1097）春，哲宗率大臣幸临金明池龙舟。金明池位于殿内何处，水面有多大，不清楚，但知龙舟为太宗时所造。每年初春圣驾都会来此"与臣同乐"，这大概已成皇上与百官迎春、踏春的一种例行仪式。登舟前，圣上先赐琼林宴。宴毕登舟。但猝然刮起了大风，龙舟颠簸不已。在蔡京迈步登舟时，龙舟被激浪荡离岸边，蔡京一脚踏空，跌入池中，众人皆大骇，急呼善泅水者下池救人，但一时却无人能下水营救。忽然，蔡京自水中扑腾而出，抓住了一根浮木得救。命该蔡京不死，他当宰相的运程还没到来，真正属于他的好戏尚未上演，怎能就此草草落幕？

有一名为李元膺的学人，据称"早负才名，诗句精巧"。闻听此事，幽了蔡京一默："蔡元长都湿了肚里文章也。"蔡京闻之大怒，从此李元膺仕途落泊，郁郁而终。[1]

此年蔡京的官职为翰林学士承旨。是专门负责为皇上起草各种诏书、制敕的心腹大臣，号称"内相"，其实际地位甚至不在宰相之下。

此种玩笑也能开？李某完全不谙官场"潜规则"，活该倒霉。

---

[1] 《高斋漫录》，《宋人轶事汇编》（四），第1820页，上海古籍出版社2015年6月版。

"同文馆狱案"

这里又要说到蔡确了。

从"乌台诗案"到"车盖亭诗案",再到"同文馆狱案",是北宋政坛政治生态日趋恶化,朋党倾轧愈演愈烈的重大事件。它们如链条环环相扣,成为将北宋政权,也是将可贵的人文精神推向深渊的魔掌……

后续发生的许多更为恶劣的事件,也都与此相关。

卷入"同文馆狱案"的不仅有蔡确、蔡京、蔡卞,还有不少其他重臣。

在神宗重疾时,无人不关心谁来继位执掌权柄。这不仅关乎变法路线能否延续,也关系到处于人臣高位者的命运。深通权术的蔡确,为个人命运做些谋划乃是必然的。这里同样没有是非之争,只有权力的角逐。《宋史纪事本末》记载,在神宗病情趋重、皇太子未立时,蔡确与职方员外郎曾密谋将比延安郡王俑(即哲宗)年长的岐王颢、嘉王頵推到皇位上去。颢与頵皆为宋英宗之子、神宗的弟弟。

蔡确和邢恕秘密找到太后侄高公绘、高公纪,传递了他们的建议。对高公绘、高公纪密曰:"上疾不可讳,延安(后为哲宗)幼冲。宜早有定论。岐、嘉皆贤王也。"

这一暗示,遭到高公绘的拒绝:"此何言?君欲祸吾家耶!"邢恕知此计不成,后来在外传话,反诬高太后"属意"岐王,与王珪作内外应，以促成岐王继位。而蔡确等为防王珪参与立岐王之议，在神宗临崩前令蔡京伏刀剑手于帐外。后王珪对皇位继承问题表态："上自有子。"按皇族的继承规章，有子立子，无子才可弟代。于是赵煦立为皇太子，请皇太后高氏权同听政。这就是所谓"定策之功"。对于此类八卦记载，真假只能由读家自辨了。

另有一段记载，应更为接近当时的历史情境：蔡确思求媚于太后以自固，太后从父高遵裕坐西征失律抵罪。蔡确为讨好高氏而建议恢复高遵裕官职。后曰："遵裕灵武之役，涂炭百万，先帝中夜得报，起，环榻而行，彻旦不能寐，自是惊悸，驯致大故。祸由遵裕，得免刑诛，幸矣！先帝肉未冷，吾何敢顾私恩，而违天下公议乎！"（蔡）确悚慄而退。[1]

蔡确在高太皇太后垂帘听政时，为了自保，取媚于太后，建议太后恢复其父在军队作战中因"失律"而丢弃的官职，遭到太后拒绝。史书把太后描绘成不谋私利的品行高尚的人，而蔡确则显得非常卑下。虽说《宋史纪事本末》为明代人陈邦瞻所撰，但该著多引缉前代史料，其主流观点仍然是王安石变法"祸乱"北宋，殃及新党人物也多诋毁之语。

接下来发生的同文馆狱案背景是，新党重返政坛后，企图将元祐党人的总后台高太皇太后废掉，同时将重要的元祐党人悉数赶出政坛，让他们再无卷土重来的机会。主导构建此案的是新党的当红人物章惇、蔡卞、蔡京等，其中一个关键人物是邢恕。邢恕在元祐时，被谪贬至永州监酒税，到了哲宗亲政，新党重返政坛，邢恕步步登高，到了绍圣四年（1097），已是

---

① 〔明〕陈邦瞻《宋史纪事本末》第427页，中华书局2015年8月版。

掌握舆论监督大权的御史中丞，与当年构建"乌台诗案"的李定是一个级别。

这一年，文彦博儿子文及甫，服母丧期满，图谋京官，给邢恕写了一封信，信中称：

> 改月遂除，入朝之计未可必，当涂猜忌于鹰扬者益深，其徒实繁，司马昭之心，路人所知也，又济之以粉昆，朋类错立，必欲以眇躬为甘心快意之地，可为寒心。

这是一封非常令人费解的信，文彦博是已故元祐老臣，他的儿子写信给正当红的昔日曾有过交情的新党权臣乞谋京官，情有可原。但信中写的这一段，据称是影射、暗示元祐党人中有些人曾图谋不轨，想在皇位继承问题上，做威胁现任官家的事。文及甫后来招供："司马昭"指吕大防，涉及废立（皇上）之意。这还得了，如果确有其事，一大批元祐党人将被推向死地。

邢恕将信交给蔡确的儿子蔡渭，让他以文及甫的信件为证，状告吕大防、刘挚、王岩叟、梁焘等一批元祐大臣阴谋不轨，谋危宗社，"遂置狱于同文馆"。（皇）上令蔡京、安惇等"杂治"。蔡京、安惇上奏"刘挚等大逆不道，死有余责。不治无以示天下"。

哲宗将信将疑，问："元祐人果如是乎？"蔡京、安惇回答："诚有是心，特反形未具耳。" 此时，刘挚、梁焘皆已客死岭南，乃下令将其子仍禁锢于岭南，不得返回内地，而王岩叟、朱光庭

---

① 〔明〕陈邦瞻《宋史纪事本末》第434页，中华书局2015年8月版。

等其子的官职则全部"勒停"。①

在"同文馆狱案"中，章惇、蔡京、蔡卞等人感到，仅凭文及甫那封解释不清、含糊其词的信件，难以将"废立"之罪加诸太皇太后高氏。必须寻找新的证据。他们征召曾任高氏内侍官的御药院给事张士良及陈衍。其时，张士良已贬放彬州，陈衍已流配朱崖。蔡京、安惇遣狱吏"列鼎、镬、刀、锯于前，谓之曰：'言有，即还旧职；无，则就刑。'张士良仰天大哭曰：'太皇太后不可诬，天地神祇不可欺，乞就戮！'"①。

面对一个不怕切断脖颈的人，蔡京、安惇也无可奈何。于是又将"罪责"转移到陈衍身上。陈衍在高太后内侍中的角色非常重要，主掌宫中文书，履行上传下达的职能。某个奏疏是否送达太后，往往可以自己定夺。史书称："间有臣僚奏请东朝还政者，（陈）衍则诋之曰：'此不忠不孝之人也。'匿其奏置柜中，不以闻东朝，亦不以闻于（皇）上。"②这种事情完全可能，既为高氏贴身内侍官员，从心理、情理上是不太愿意传递让太后还政的舆情的。甚至可以说，他不敢传递这样的奏章。这是轻则丢官，重则掉脑袋的事。

于是，翰林学士承旨蔡京、右谏议大夫安惇，用一道奏章将陈衍"杖杀"于朱崖：

---

① 〔明〕陈邦瞻《宋史纪事本末》第435页，中华书局2015年8月版。

② 《续资治通鉴长编》卷四九五"元符元年三月戊年"条，参见曾莉《蔡京年谱》第77—78页，广西师范大学出版社2020年1月版。

襄啓。日暮大冷。雪意殊濃。

卞祥霙復。雪意殊濃。

蒙惠答。海尤以感懷。遠行至

司昆賀雪。蒙記似來。

穩試。為更定如何用所

之念。襄如不備。卞祥左

卞兄相必。

北宋·蔡卞《雪意帖》

臣等伏睹元丰八年，大臣辅立陛下，内则选建亲近，以为翊赞；外则遵依法度，以定纪纲；上则请垂帘，权同听政，以固根本。司马光、刘挚、吕大防等，忘先帝厚恩，弃君臣之义，乘时伺便，冒利无耻，交通中人张茂则、梁惟简、陈衍之徒，躐取高位，快其忿心，尽变先帝已成之法。分布党与，悉据要权，公肆诋诬，无所忌惮。既而自知其罪终不可逭，深惧一日陛下亲政，则必有欺君冈上之刑，乃回顾却虑，阴连内外，包藏祸心，密为倾摇之计。于是疏隔两宫，及随龙内侍十人悉行放罢，以去陛下之腹心；废受遗顾命元臣，置以必死之地，先帝任事之人，无一存者，以翦陛下之羽翼。先帝之所治而得罪者，纵而释之，以立陛下之仇敌；先帝之所恶而弃者，收而用之，以植陛下之怨仇。以王府为要途，以朝廷归私室，上下协比，同恶相济，意在不测。天锡陛下，圣知沉机，渊默不言，九年侧身端拱，无毫厘之差，群奸无以伺其隙，众恶不能成其志，宗庙之灵，社稷之福也，此固不待指数而天下晓然易知也。然奸党交结，其操心危，虑患深，踪迹诡秘，世莫得闻，至于焚弃毁灭，无复考验。前日虽已窜逐摈废，而奸谋逆节盖未白于天下也。臣等幸被诏旨，询究本末，乃于焚弃毁灭之余得其情状，其无君之恶，同司马昭之心，擅事之迹，过赵高指鹿之罪，天地之所不容，人神之所共弃，盖至今日，其恶遂彰明较著如此。臣等窃睹上项事节，大逆不道，迹状明白，揆之以义，谳之以法，死有余责。所有陈衍罪在不赦，亦乞更赐审问，正以国法。[1]

中国的文字太奇妙了，关键在运用者如何驱遣。同样的文字，可以化冰为水，也可以凝雨成雹。

既要罗织罪名，又要让皇上心悦诚服地接受其主张，真可谓费尽心机啊！一个有才华而又缺失仁者之心的人有多可怕，由此奏章可见一斑。皇上下诏，将陈衍处死，令广西转运使程节莅其刑。张士良被流放，羁管于白州。

用今天的导航地图查勘，河南开封到广西博白县（宋为白州），显示直线距离为1892公里。

"同文馆狱案"并未就此画上句号。

章惇、蔡卞日夜与邢恕谋，一面企图悉诛元党旧臣，又与宦官郝随内外呼应，欲追废宣仁圣烈皇后高氏为庶人。皇太后闻奏，刚躺下准备就寝，立即穿衣赴哲宗处，声泪俱下："吾日侍崇庆（高后），天日在上，此语曷从出？且帝必如此，亦何有于我！"

事情到了这一步，就有可能朝相反的地方转移了。古往今来，把事情做"绝"，其后果总不太美妙。

哲宗对此似有所醒悟，遂取章惇、蔡卞的奏章，走到一支蜡烛前，将奏章点燃。一缕缕烟雾飘散，灰烬沾滞在流淌的蜡烛上，一滴一滴往下滑落……

---

[1] 《续资治通鉴长编》卷四九五，参见曾莉《蔡京年谱》第77页，广西师范大学出版社2020年1月。

此举传至章惇、蔡卞处，第二日二人又上奏，"坚乞施行"，哲宗怒曰："卿等不欲朕入英宗庙乎！"将奏章掷于地。

于是"同文馆狱案"到此暂且落幕。

元祐党人则在后来据此攻击新党企图诬陷高太皇太后。

同乡不同党

有一位熙宁六年（1073）间的进士，也是福建仙游人，与蔡氏兄弟同乡，名陈次升。此人长期在外任地方官，元祐更化时被召还朝，当元祐党人猛烈弹劾新党时，陈次升却表现得"和平温雅"。因此也遭到元祐党人的攻击。他力乞补外，远离庙堂倾轧，曾任提点江东刑狱。

这样一位人物，被章惇、蔡卞看中了。原以为他长期在外，又曾遭到元祐党人的冷落，必生怨望，于是召回至御史台，任监察御史。章、蔡的目的是利用他来加大排斥元祐党人的力度，没有想到他发出的言论屡屡与新党初衷不合：初谏不应汇编元祐诸人的奏章，以此作为排压他们的证据；又奏台谏官员的人选，不能由执政大臣来荐拔，而应出自"圣选"，以免大臣主掌监督权柄控制台谏……

章惇派人传话给陈次升，请他助力："苟相助，何患不得美官？"而他不领这个情，回答："某知守官而已，不知其他。"亦即我只知道忠于自己职守，没有想过升官之类的事。传话的卿监官满面羞色而去。

一日朝会完毕，陈次升趋近官家，特意提醒："臣闻宣仁保佑圣躬，始终无闻，若以奸臣疵毁，辄有议论，不惟有亏圣孝，且失人心。"官家悚然："卿何从得此？"这件事除了章惇、蔡卞、蔡京，仅仅限于内宫知晓，这位台谏官从何得知的呢？陈次升回答说："臣职许风闻（言事），苟有所闻，当以忠告，陛下不当诘其何来。"

这个陈次升，章惇、蔡卞本想从外地召入，置之御史台监重要岗位，为新党增加一个"打手"，没料到此人却屡屡与新党作对，成了让自己如芒在背的"刺儿头"。

二人便多次在官家面前数落陈某的不是，提议将其移任河北转运使。这时，官家对章、蔡不再言听计从了，不但不将陈某外调，而且表态将其提升为左司谏。原话是这么说的：

"一转运之才何难得？陈某敢言，不当去左右，可除左司谏。"①

兄弟失和？

新党的主政人物，在排斥元祐党人方面可谓一致用力。但在涉及各自权力范围和利益时，都有自己的小算盘，由此引发分歧和冲突在所难免。

谁不希望成为官家的第一宠臣呢？谁不希望拥有更多生杀予夺的权力呢？

在绍圣五年、元符元年（1098）六月十九日，担任右丞的蔡卞忽然向圣上提出，辞去右丞相位。其理由是身体有疾。这让哲

① 《仙溪志》卷四，参见曾莉《蔡京年谱》第74—75页，广西师范大学出版社2020年1月版。

宗感到难以理解。于是，就利用枢密使曾布奏事时机，侧面了解蔡卞"乞罢"的真正原因。而官场老手曾布，则趁机往蔡氏兄弟身上泼洒一些污水。应该说，曾布所传递的信息都拿捏有度，既要满足官家的征询，又不能得罪蔡氏兄弟。

官家问："蔡卞声称身体有病，请求辞去职位，他身体果真有病吗？"

曾布回答："卞一向体弱多病，比如阴湿，因此常常会感到肠胃不适。但大多数人都会有类似常见病，蔡卞很注意身体保养，生活节俭，饮食也很节制，身体应该无大碍。"

这段模棱两可的话，是说蔡卞有病还是无病呢？与皇上对话，真的需要超人的智慧和高超的技巧。

官家听了这番话，思维居然跳跃到另一位大臣身上去了："是的，人都应该注意珍爱自己的身体，但章惇这人比较自肆。"

曾布接着官家的话题，又"幽"了章惇一"默"："章惇这人身体也常有病，过去曾患有痔疮流血，以至五六日无法出门！"

官家听了微微一笑，深以为然。

蔡卞求去的真正原因是因为人事上有诸多不顺心。自己不喜欢的人，却被安排到重要位置，而自己想任用的人，却不能遂意。诸如礼部员外郎刘逵，是王安石执政时变法派老臣吕嘉问的女婿，蔡卞不喜欢，却先被任命为国子监司业，又改任试人司业。蔡卞对此"怒色可掬"，但知道此任命圣意已下达，只能把怒气埋在心里。他想引荐叶棣为左、右史，遭到章惇的反对，章惇认为叶棣的文字能力有问题，常常词不达意，遂不用。蔡卞又欲引邓洵武、吴伯举等自己的贴心友朋，皆未能进用，"故积此不平，因欲请去"。

蔡卞请辞，也许在皇上看来只是心中有些不平之气，以此撒撒娇而已。但"撒娇"不宜过度，否则皇上真的下一道准辞的敕旨，那就假戏成真，得卷铺盖走人了。对于蔡卞辞官的原因，连皇上也弄不明白，这事儿就有了演戏的成分。

当蔡卞又一次请辞，乃至把家迁到郊外观音院，做出随时离去的准备时，在朝堂之上，哲宗与曾布又有一段有关蔡卞辞职的对话——

皇上说："卞请去甚坚。"

曾布曰："无可去之理。"

哲宗问："无此理，坚欲去，别无事否？"

曾布做了一番揣测性分析，认为蔡卞"请去"的真正原因是与章惇、蔡京在处理政务上有很多分歧，关系不和。蔡卞初与章惇关系很密切，现在两人开始疏远；兼蔡卞与蔡京兄弟间也有"隙"，"故不自安"。

哲宗感到奇怪："蔡卞与其兄也不相得？"

曾布回复，他们兄弟因何不谐，具体原因不明，但闻其兄弟二人的妻子间也有不欢之事。皇帝显然对大臣家中的家长里短没有兴趣，也无必要弄得那么清楚，于是就说："蔡卞并没有谈到别的事由，只是说因为身体羸病故欲离开。"

曾布说："按照目前人事情况，蔡卞怎可离开？林希（枢密院大臣）离开了，尚未找到合适的人替代，卞怎可离去？"

哲宗再次问："蔡家兄弟有隙？"意思是既然兄弟不和，难以共处，不妨二者选一。

曾布回答："兄弟是有隙，但用京不若用卞。"

哲宗曰："不同，不同。"

曾布又说："诚如圣谕，卞读书畏义理，诚与京不同。"

哲宗又曰："不同，不同。"

由此可见，哲宗眼中的蔡氏兄弟，与曾布眼中的蔡氏兄弟，形象是有很大差异的。曾布扬"卞"而贬"京"，官家却连说两次"不同，不同"。显然，官家看人更客观。曾布当然对蔡氏兄弟也了如指掌，但他从自身利益考量，意识到蔡京地位的上升，对他构成的威胁更大。[①]

在哲宗看来，蔡氏兄弟各有所长，不可相互取代，因此皇上决定挽留蔡卞，在都堂，君臣相见，官家诚表挽留意，蔡卞则不再撒娇，自此视事如故，不再提辞职一事。

官场老手曾布，对处于上升期的蔡京的警惕，要远超蔡卞，其感知、判断，自有他的道理。后来的事实也证明了这一点，如果说蔡卞是一只狼，而蔡京则是一头狮子。

由于现存史料的局限，要更为精细地描述蔡氏兄弟的个性和行事风格差异，有很大难度。但从宋人笔记留存的一些轶事记载中，我们还是可以稍稍感知若干。《老学庵续笔记》中描述：蔡卞见人总是一副喜笑模样，即使遇上他所厌憎的人，仍是一副亲厚无间的样子。他的爱憎不会轻易在面上流露出来。但在清除元祐党人时，章惇与蔡卞都同样心狠手辣，从表面看章惇冲在前面，而主意往往皆出自蔡卞，因此人谓之"笑面夜叉"。[②]在待

---

① 参见《续资治通鉴长编》卷四九九，曾莉《蔡京年谱》第81—82页，广西师范大学出版社2020年1月版。

② 《宋人轶事汇编》（四），第1840页，上海古籍出版社2015年6月版。

人接物上，蔡卞趋于内敛，给人的感觉更有书生气。

而其兄蔡京，则是一个走到哪里都能卷起一阵风的人。他喜欢应酬，终日不倦于酬酢。如果家中无宾客，他会主动到弟子学舍，与年轻人笑谈寻欢。可以说蔡京是个外向型的人。此种性格往往擅长交友集聚人气，做事风风火火，如果拿捏有度，不像章惇那样过分"外肆"，则是最适合在官场生存的"动物"。

而蔡卞禀性气弱，畏见宾客，如不得已见宾客则多啜茶，退后回家还会呕吐。因此，谙熟蔡氏兄弟的人则言："蔡京一日无宾客则病，而蔡卞一日接客则病。"①

蔡京敢作敢为，有魄力、有执行力也是众所周知的。做好事风生水起，做坏事也同样手段霹雳，这样的人真可谓非"奸"即"雄"，或既"奸"又"雄"。

有一件发生在元祐年间的事，可证蔡京顽强的生命活力。那时蔡京被元祐党人打压，被赶出了首府，以待制守永兴。正逢上元节，但连日阴雨，无法张灯结彩，弄出点喜庆气氛来。虽处逆境，但蔡京的心情似乎并未因此而低沉，该找乐照样找乐。过了二日，天气转晴，蔡京招呼差役张灯结彩，正月十五"上元"不了，正月十七也可"上元"。有下官报告，长安大府内常年灯火辉煌，这里所备膏油都被他们调用了，无油可点如何张灯啊？蔡京喝令下官想法子弄油，下官告知某仓库里贮有备用油，按章法规定不得随便调用。蔡京一拍桌子，"但用无妨"。后转运使获知此事，弹劾蔡京违规用油。奏疏送到了丞相吕大防那里，吕相公曰：

---

① 《宋稗类钞》卷四，《宋人轶事汇编》（四），第1835页，上海古籍出版社2015年6月版。

· 114 ·

"帅臣妄用油数千斤，何足加罪乎！"

于是他把奏章扔到一边，不予理睬。①

对于这样的人，曾布难免心存忌惮，因此一有机会就在圣上面前"编派"一些真真假假、虚虚实实的蔡京的负面传闻。

天赐神玺

蔡京在北宋政坛的影响力，正一步步凸显，似乎无人能遏制他最终问鼎那个一人之下、万人之上的中枢大位。

只要有一丝可以稳固权力、向上攀缘的机会，蔡京都不会放过。他是最善于抓住机遇，将个人能力和才华推向极致的人。

绍圣三年（1096）十二月，河南咸阳乡民段义，向朝廷呈奉宝物玉玺。有大臣对玉玺的来源，是哪个年代的器物有争议。诸如章惇就言："秦玺何足贵？不过藏天章瑞物库而已。"

哲宗诏命蔡京领衔对玉玺进行辨验。时间不长，蔡京上呈奏疏，报告辨验结果：

> 于绍圣三年十二月内，河南乡刘银村修造家舍掘土得之，即不是茔域内收到。曾有光照满室及篆文官称。篆文与秦相李斯篆文合，有鱼龙凤鸟之形，是古之虫篆。考其体法，自汉唐而下金石遗文，笔法精妍，无若

① 《却扫编》卷下，《宋人轶事汇编》（四），第1817页，上海古籍出版社2015年6月版。

此者。又玉工言，玉玺制作，即非今来工匠可造。臣等取到秘阁所收玉玺谱记录，与历代史书参照，皆不相合，今止以历代正史所载为据，略去诸家与传注之缪，考验传授之实。

案所献玉玺，其色绿如蓝，温润而泽，其文曰："受命于天，既寿永昌。"背螭组五盘，纽间有小窍用以贯组。又得玉螭首一，其玉白如膏，亦温润。其背亦螭组五盘，纽间亦有贯组小窍，其面无文，与玺相合，大小方阔，无毫发差殊。殊篆文工作，皆非近世所为。

臣等今考玺之文，曰"皇帝寿昌"者，晋玺也；曰"受命于天"者，后魏玺也；有"有德者昌"者，唐玺也；"惟德允昌"者，石晋玺也。则"既寿永昌"者，秦玺可知。今得玺于咸阳，其玉乃蓝田之色，其篆乃李斯小篆体，其文则刻而非隐起，其字则饰以龙凤鸟鱼，乃虫书鸟迹之法。其制作尚象古而不华于今，所传古书，莫可比拟，而工作篆文之巧者，亦莫能仿佛，非汉以后所能作亦明矣。[1]

在报告中，蔡京对玉玺的造型、文字、年代进行了专业而权威的历史考证，充分展示了他的学识和对古文物鉴定的水准，于是得出结论：

今陛下仰承天休，嗣守祖宗大宝，而神玺自出，其

① 《续资治通鉴长编》卷四九六，第11793—11794页，中华书局1992年3月版。

文曰："受命于天，既寿永昌"，则天之所畀，乌可忽哉！古之王天下者，其盛莫如周，惟赤刀、宏璧、琬琰、大玉、天球、河图、舞衣、兑之戈、和之弓、垂之矢以为重宝。汉晋以来得宝鼎瑞物犹告庙改元，肆眚上寿，况传国之器乎！或曰："秦所作何足宝哉？"然汉高祖破秦而得之，光武降盆子而受之，至为服用，号曰"传国"，而祠高庙，赐民爵。若东晋渡江，世以无玺为讥，乃或设谲诈，兴师以取之。盖其重如此。恭惟皇帝陛下事天之诚，事地之孝，明察著见而盛德日跻，将以合天地之化，故灵符效祉，神宝出应。其所以昭受命，非竭诚尽礼，不足以称。臣等被奉诏旨，得与讨论，黜诸家伪说，而断以正史，考验甚明。所有玉玺，委是汉以前传国之宝，法物礼仪，乞所属施行。[①]

蔡京在奏疏中驳斥了所谓秦玺不足为贵的非议，也算是给章惇一个小小的下马威。官家采纳了蔡京的奏议，按照礼制于当年五月一日御大庆殿，隆重接受天赐传国"神玺"，并改国号为"元符"。

在处理这类事上，蔡京显然更懂得如何揣摩迎合"圣意"。至于未来是不是"既寿永昌"，也只有天知晓。

---

① 《续资治通鉴长编》卷四九六，第11794页，中华书局1992年3月版。

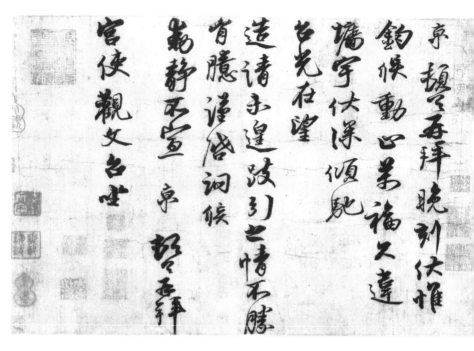

北宋·蔡京《宫使帖》

北宋·蔡京《节夫帖》

娘娘的"礼物"

另有一件在朝野上下心目中最珍贵的"礼物",却受到哲宗的冷落并废弃。

那就是孟后。

也许用"礼物"来比喻皇后不太妥帖,但实际情形的确是高太皇太后赐给年轻皇帝的"礼物",却是一件不受欢迎的"礼物"。

元祐七年(1092),也即哲宗十七岁时,高太皇太后开始给年轻皇帝张罗婚事。有史家认为,按照以往惯例,在哲宗十五岁左右就该立后了,高太皇太后之所以拖延时间,其因是不愿意撤帘还政,因为皇帝有后,意味着已经成年,就该亲政了。其说与史实基本相符,因为即便给哲宗立了皇后,"老婆婆"也是到临终才不得不撒手放权。可见权力这剂"春药",不仅对男人,对女人照样有难以抗拒的诱惑。

对皇后的选择、册封不可谓不隆重。先由内侍挑选世家女百余人入宫,百里挑一,选中前马军都虞候孟元之孙女,十六岁。高太皇太后与皇太后皆喜欢,谓执政大臣,"孟氏女能执妇道,宜正位正宫"。于是按皇家礼仪举行册封仪式:

命吕大防兼六礼使;

韩忠彦充奉迎使;

苏颂、王岩叟充发册使;

皇伯祖宗晟、范百禄充纳征使;

王存、刘奉世充纳吉使;

梁焘、郑雍充纳采问名使；

……

皇帝纳后，乃国家大事。参与者皆各路大臣及皇戚高族，真正是气势不凡。

在举行册封大典后，高太皇太后对哲宗私语曰："得贤内助，非细事也。"然后又长叹一声，说了一句在今日看来莫名其妙的话："斯人贤淑，惜福薄尔！异日国事有变，必此人当之。"①

"老婆婆"成神仙了，居然能预知未来？笔者怀疑，此类记载是后人根据民间戏说编造出来的，高太后没有理由明知孟氏"福薄"，而一定要将之册立为皇后。

在册立皇后这件事上，某些重要事项，哲宗及其母的意见未得到充分的尊重，也是年轻皇帝不喜欢"娘娘"所赐礼物的重要原因。那就是成婚日期的选择，太史官建议，将迎亲日期定在五月十六日。但按照道家的例规，这个日子是天地合日，"夫妇当异寝，违反必夭死，故世以为忌"。皇太妃、哲宗母提出改变日期，哲宗也对这个日子从心里觉得犯忌，而高太皇太后仍坚持这个吉日，认为此"俗忌"非典礼所载，"人主与后犹天地也"，太史官选择的日子很好。②

到了这个时候，宦官则借此事为废后添薪，提出"废后可弥此祸"！

哲宗不喜欢这个被正式册封的皇后，还有更复杂的因素。这

---

① 〔明〕陈邦瞻《宋史纪事本末》卷四十七，第459页，中华书局2015年8月版。

② 〔宋〕陆游《老学庵笔记》卷八，第124页，中华书局1979年11月版。

与孟后是否"贤淑"，是否有倾城倾国、羞花闭月之貌无关。女人看女人的眼光，与男人看女人的眼光，其感觉差距常常不可以道理计。说哲宗因为讨厌长达九年只见"臀背"的"老婆婆"，进而讨厌孟后，只能是其中因素之一。最核心的原因应该是年轻皇帝已经被另一个女人搞定了。虽然这个女人在后宫仅仅是位列三品的婕妤。有迹象表明，这个刘婕妤在哲宗十四岁、自己还是小侍女时，就已将哲宗的心抓住，且持续地攥在手心里。

元祐大臣范祖禹、刘安世曾就此上疏称："闻禁中觅（觅）乳媪（哺乳的奶妈）"，劝皇上"进德爱身"，"以帝年十四，非近女色之时"。太后则含糊其词回答，这只是外面传闻。后来章惇、蔡卞在贬斥元祐大臣时，认为范祖禹、刘安世疏中"乳媪"是指为刘婕妤找用于生养哺乳的奶妈，犯有"构造诬谤之罪"。①

这个刘婕妤肯定具有超常的狐媚功力，使她成为哲宗的专宠。乃至于在很多与孟后及嫔妃共处的场合，刘某恃宠而骄，让嫔妃们冷眼相看。孟后率众嫔妃朝拜景灵宫，拜事毕，稍事休歇，只有皇后有座位，众妃皆侍立。刘婕妤心中不平，独自一人背对众人面向帘子外，皇后不开心，也只好忍着。她知道，在嫔妃名册上的排名她是"首席"，而在龙床上，这个女人也是皇上的"首席"。

在一次问候皇太后的活动中，刘婕妤竟被看不惯她的侍妃"恶作剧"了一把。孟后与众妃去皇太后处问安，太后尚未起

---

① 〔明〕陈邦瞻《宋史纪事本末》卷四十七，第460页，中华书局2015年8月版。

床，众人只得在寝室外等候。此时，孟后一人有座，其他皆无座。刘婕妤也找了一张椅子坐下，忽然有人轻呼皇太后驾临，众人皆起立。复又有人传话，还得稍候。刘婕妤再坐下，没料到身后座椅被人抽空，一屁股坐倒在地，仰面朝天，狼狈不堪。这模样确实太丢人了！刘婕妤哭哭啼啼独自回宫，免不了向哲宗倾诉一肚子的委屈。

按照宫中礼规，皇后的座椅为"朱髹金饰"，乃宫中特制。此待遇刘婕妤自然是没有的，对此她常常面有"愠色"。

内侍郝随提醒她："不用为此等小事戚戚，如果能为皇上早生龙子，那把座椅就是你的了！"高人就是高人，见识果然与小女人不一般。①

这确实是一个如醍醐灌顶般的提醒：仅仅靠床上的狐媚是不够的，皇上尚未有子嗣，如果能生一个皇子出来，问鼎皇后的宝座就指日可待了！

也许正是这个提醒，如一柄无形的利刃，让官家年仅二十五岁便呜呼哀哉，命归九泉。

刘婕妤的皇子尚未生出，孟后的金饰座椅就已在绍圣三年（1096）被抽掉了。其事端引发的原因，皆与所谓"厌魅"之术有关。先是孟后所生福宁公主有病，其姊引道家符水进宫，孟后大吃一惊，告知这是宫中严格禁止的，但已既成事实。孟后将此事如实告知官家，也获官家谅解。不久，又发生孟后养母燕氏与

---

① 《东都纪事》卷十四，《宋人轶事汇编》（一），第122页，上海古籍出版社2015年6月版。

尼姑法端为皇后"祷祠"的事情。于是宫中开始传言中宫行"厌魅"之术。所谓"厌魅",通俗地说是用诅咒和祈祷的方式伤害他人,这也是违反宫禁之事。于是官家下诏,令内押班梁从政等侍从,捕逮孟后处宦官、宫妾三十人,进行鞫讯根核。这些无辜的侍从被施以严酷的刑罚,有的人被打断腿脚,有的被断舌,有的被杖责后气息奄奄……传言坐实成了犯罪事实,孟后被废为华阳教主(女道士),遣送到瑶华宫居住。

孟后被废的根本原因是,皇上不喜欢高太皇太后御赐的"礼物",而新党大臣章惇等人,从政治角度也巴不得废掉高太皇太后留下的"遗产"。新党掌控政坛后,连高太皇太后的谥号都企图废掉,当然也想割掉她老人家留下的"赘疣"。因此,我们不难理解,为何内侍审讯人员,用残酷的刑罚将传闻坐实为皇后的罪状。而这一切皆与这个女人自身如何无关,她的命运掌握在他人手中,自从进了宫,她就卷入了朋党内斗与宫内争宠的漩涡。

但正如古贤所说:"塞翁失马,焉知非福?"孟后自己也不会想到,由于时代风云的变幻莫测,她竟成了跨越北、南宋历史的命运坎坷而奇特、史册留名的女人。"靖康之难"时,由于她不在后宫皇后嫔妃名册上,也不住宫内,躲过了被金人掳往北方履冰饮雪一劫。在金人扶张邦昌为伪皇帝时,张邦昌不敢坐那把龙椅,倏然想起这个流落民间的孟后,将她请来垂帘听政,孟后成了乱世中登上权力巅峰的女人。而这位孟后并不迷恋权力,又派人搜寻未落金人之手的宋室遗孤,终于找到了因执行公务,在外未落入金人之手的宋徽宗第九个儿子赵构。孟后去信,劝其在南京(今河南商丘)称帝,是为高宗。而本人则撤帘还政,被高宗册封为"元祐太后"。

大宋王朝偏隅南方，又能延续一百五十三年寿命，不能否认这个女人有不可磨灭的定策之功。

早"崩"之谜

哲宗这任宋帝，总共在位十五年，其中九年大权掌握在垂帘听政的高太皇太后手中，而"圣躬"亲政仅六年，享年二十五岁便驾崩了。

他是病死的。

对于病因，史书记载有不同说法。正史上对死因则不着笔墨，只是说："元符三年春正月戊辰朔，不受朝，己卯，上崩于福殿。"[1]有史家认为，哲宗早崩，是因为"好色"。可能也并非如此简单，要论"好色"，北宋皇帝中无人能比宋徽宗更"好色"，后宫嫔妃如云仍不满足，还得深夜翻墙去寻找青楼女子。即使如此"好色"的皇帝，且受尽北方骨寒肌冷的折磨，毕竟也活到了五十四岁。哲宗才二十五岁便病死，就不是仅用"好色"二字能够解释的。在《续资治通鉴长编》中摘引了很多来自曾布《曾公遗录》的文字，应该是真实可信的。虽然其文字未作病因判断，但依据其描述的病状，不难得出明确的答案。《曾公遗录》存世的只有残卷七至九卷，逐日记录元符二年（1099）三月至元符三年（1100）七月间事。这一时段，有关哲宗生病以至回

---

[1] 《宋史全文》（三），第903页，中华书局2016年1月版。

天无力，以及皇子的出生又夭折，均有较为翔实的记录。

元符二年（1099）五月己未，曾布与皇上就健康状况有一段较长的对话——

哲宗告知："久嗽及肠秘，密服药，多未效。"

到此时，哲宗身体出状况已有相当长时间了，只是不对外"宣谕"而已，与心腹大臣倾吐，显然是不得已的情况下，想获得大臣的帮助，寻觅名医良药。曾布虽不是医生，但从他的对答看，深谙医术及养生之道。

曾布答曰："嗽虽小疾，然不可久，亦须速治。大肠与肺为表里，肠秘亦是一脏病。大抵医书无如《难经》《素问》，其次方论，则莫如《千金方》，此真人孙思邈所撰集，非后世俗医所能过。如只治肺则自有方三二十道，各列病证，云证如此，则主某药，名医用之，无不效者。然国医多不知学术，但世传所习，一无根本，既不能用古方书，又或妄有增损，尤为非便。章惇痛骂众国医，以为无能如秦玠、秦珙、曹应之辈，皆今日医官之首。然自执政、从官家无一人用之者，其医术可知也。"

宫内多庸医，让皇上久咳不愈。在听了曾布一番分析后，皇上问："外面医官谁可用？"

曾布回答：一位名娄昌的医生听说年高有疾，无法任用。另有一位名耿愚的人，已是学舍医学专业学生，通脉理，善用古方，可用。"然陛下小疾，便呼在外医者，恐惊骇众听。"可先将其调入宫内试用一下，看看医术如何？

皇上觉得他的建议甚好。其实对于耿愚，皇上已不陌生，因为皇妃就已经服过他的药。

曾布又提醒皇上保重圣体，并特地说明："臣非敢妄引人，但以圣谕所及，不敢不自竭尔。"君臣又聊到皇子一事，曾布关切地说近闻后宫已"就馆"（怀孕待产）有日，需精心护理。皇上说："已有周到安排。"

曾布云："若皇嗣降生，此朝廷莫大之庆，中宫不日亦必有定议矣。"①

宠妃怀孕，皇子待出。这是朝野上下都密切关注的大事，更是官家和刘婕妤心目中的头等大事。有了皇子，官家社稷后继有人，而刘婕妤则可名正言顺地正位中宫了。

一个月后，官家圣体似有好转迹象。

元符二年（1099）六月乙亥，曾布问，圣体此来更康和否？

皇上回复："稍安。"又云："耿愚用药皆古方书，颇有效，可信，但味苦辣颇难吃尔。"

曾布云："良药苦口利于病，忠言逆耳利于行，此理之常也。"又称："国医进药，但以味甘美色鲜好者为先，此何足以愈病，兼止以争功为意，殊无谓。"

官家笑说，确如卿所言。

曾布又云："两三日来，玉色极悦泽，此药之效也。"②

同年七月辛酉，皇上的身体状况出现严重病象。据御医传

---

① 《曾公遗录》卷七，《全宋笔记》第一编（八），第108—109页，大象出版社2017年1月版。

② 《曾公遗录》卷七，《全宋笔记》第一编（八），第119页，大象出版社2017年1月版。

言，给皇上诊脉的医官，已连续三日留宿在内宫，这是一个极为令人担忧的信号。

第二日，皇上御崇政殿处理政务。大臣问圣体安康。

皇上回复："两日前似霍乱，昨夕腹散，犹八九次，胸满，粥药殊不可下。耿愚且等供湿脾丸理中元。"

从耿愚用药看，皇上表症在腹疾，根在元气未固。曾布建议："以臣观之，必有凝滞，须服腊柜药驱逐，则利自止，然后服用补和药乃可速安。"曾布又提醒："……然虚损药恐不可不服。"

又一日，皇上告知大臣："已服虚积药，脏腑便止，但尚未多食。"身体有了好转。[1]

八月四日戊寅，皇子顺利出生。宫廷内外皆大欢喜。

但没几日，皇上的身体又出现不适，不能正常上殿，只能勉力在都会堂与三省大臣见面。御医传宣："别无事，只为饮食所伤，服动化药，故不欲出。"两天后，诸臣问候圣体，皇上自称："以饮食所伤，服孔元软金丸动化，耿愚进理中丸之类，初觉吐逆，多痰涎，每吐几一盏许……心腹时痛。"[2]

随后是皇子满月。众多大臣建言册封刘妃为中宫。九月八日，降制册立刘婕妤为皇后。

但是在刘妃正位中宫后，无几日，皇子的健康出现了问题。

---

[1] 《曾公遗录》卷七，《全宋笔记》第一编（八），第137页，大象出版社2017年1月版。

[2] 《曾公遗录》卷七，《全宋笔记》第一编（八），第149页，大象出版社2017年1月版。

这个皇子的降临，似乎其使命就是为了让刘妃如愿以偿地坐上那把朝思暮想的"朱髹金饰"座椅。他的使命完成了，也就要回到天堂去了。

这一天是立冬日。皇上告知大臣皇子的病况："连续五六日痉挛抽风状"，"无日不发"，"小便不禁，大肠青，皆阴寒之候"。

曾布为此而进呈伏火丹砂。到了这个月下旬某天，皇上先宣谕："皇子渐安……"宫内外心也"渐安"。过了二日，皇上又面谕二府"皇子已安"。于是众皆喜甚。皇上也拟厚赏有功之人。没料到，当晚宫内紧急宣召医官孔元，至暮色渐浓时，阁门传报："皇子薨，辍视事三日。"

宫内外"闻者莫不震骇"。

所谓"皇子已安"，只是临终前的回光返照，折磨得人人皆忽大喜又大悲。

此后皇上的身体日渐衰颓，皇子夭折，精神遭受重创的是皇上和皇后。但如果因此而导致仅仅三个月后哲宗二十五岁早崩，仍有解释不通处。如果官家有一个健康的体魄，生皇子不是一道难题，不至于因此而绝望。那个宋徽宗不就是广播龙种，为自己留下了六十多个子嗣。

本年十一月初始，哲宗病渐加重，连日咳嗽不已。十二月十四日哲宗视朝时，曾布发现皇上的精神状况很差，问圣体如何。

皇上回答："口为吐逆，早膳至晚必吐，饮食皆出，兼（咳）嗽，食减，又坐处肿痛。"

曾布云："皆虚症，须补理将养。"

皇上告知："服补中丸至百丸，硫磺钟乳药俱吃。"

曾布云："脉症如此，服不妨，医者以陛下富于春秋，初不敢进温热药，恐即虚阳，今进此等药非得已也。（咳）嗽虽小疾，然不可久，春气至，即肺更不得力，宜速治之乃便。"

皇上曰："补肺药之类，无日不吃。"

官家的病，到了这个地步，似乎已药石罔效了。补药是为了扶正祛邪，如果"正气"虚弱如游丝，想"扶"也"扶"不起了。

仅隔一日，曾布发现官家御紫宸殿视事，坐了一会儿，即令近侍"益火"，脖颈打寒战，虚弱不堪，言语极其费力，面色看上去益倦怠。曾布又询问官家圣体如何。皇上曰："吐逆、痰（咳）嗽皆未退。"

此后连续数日皆"吐未已，嗽亦不减"。

在十七、十八日曾布与皇上谈及圣体时，开始涉及一个十分敏感的话题，即控制情欲的问题。

皇上自诉："吐逆未已，早食晚必吐，又小腹痛，下白物，得医官陆珣木香金铃散，颇有功。"

曾布与蔡卞都云："此药极好，若用热酒调，尤速效。"

皇上："只为吃酒不得。""煎生姜汁下药，吐少减。"

……

曾布进言："臣不识忌讳，累曾冒犯天颜。缘圣体未康和，须留意将摄，伤气莫若于情欲。"然后曾布谈到自身："臣等衰残，非屏绝世事，岂能枝梧，陛下春秋鼎盛，气血方刚，于愆和之际，稍加节慎，至稍安和，无所不可。"

皇上："极自爱，居常亦自节慎。"

深通医术的曾布，已看出皇上久病不愈的病根所在。皇上自称"下白物"，对于男性来说，是一个极其危殆的身体信号。但涉及皇上私生活，显然无法就此话题再深入下去。[1]

在《曾公遗录》卷八有一段关于皇上病症更为明确的记载：元符三年（1100）正月初五。是日，御药刘友端传宣三省、密院，罢初五紫宸宴。上自十二月苦痰嗽、吐逆，既早膳，至晚必吐，又尝宣谕以腰疼，便旋中下白物。医者孔元、耿愚深以为忧，以谓精液不禁，又多滑泄。

正月七日，御药院申："上吐泻未已，脉气微弱。"

对皇上最后的抢救方法是服药的同时，通宵艾灸，"夜来达旦灸百壮……医者云脉气未生，舌强微喘"。

临终前，哲宗在御榻上召见大臣。由老媪扶掖，头上顶白角冠，拥衾而坐，身体瘦瘁，面微黑……

元符三年（1100）正月十二日，哲宗崩。[2]

至此，我们可以大致明白，哲宗早崩，肯定与过度的情欲有关，但不是简单的所谓的"好色"。愚以为，诚如元祐大臣范祖禹、刘安世曾提醒的，哲宗在十四岁前后过早地亲近女色，在身体尚未完全成熟时，透支了体内精魄，是其因之一；其次，哲宗专宠刘婕好为了完成皇子的"造人工程"，难免要在床第间格外用力，刘婕好虽凤仪万端，但生理上未必是个容易怀胎产子的女

---

[1] 《曾公遗录》卷七，《全宋笔记》第一编（八），第209页，大象出版社2017年1月版。

[2] 《曾公遗录》卷七，《全宋笔记》第一编（八），第210—212页，大象出版社2017年1月版。

人。尤其在第一个皇子早夭后，再造新的皇子，是成功进阶皇后的刘妃和皇上共有的压力。而在皇上体力不支的状态下，急于"造人"的恶果是彻底摧垮了"圣体"的健康。

哲宗的落幕，是否意味着北宋政坛，又将面临一场新的地震？

君主制的一个重要特征是，一切政治走向、朝代兴衰，最终都取决于那个处在权力巅峰上的人，他的体力、智力、修养、思维、兴趣、爱憎、情怀……

其他人都是依附在这面高墙上的藤蔓。

卷五

诡异莫测的风云

争夺"定策之功"

在哲宗亲政期间，蔡京虽然扶摇直上，成为哲宗赏识的翰林学士承旨，但他的地位尚未蹿升为一线重臣，排在他前面的有章惇、曾布、蔡卞。

属于他的时代，已经为期不远了。

哲宗早崩，皇族嫡系中地位最高的就是皇太后，神宗的皇后——向太后了。

哲宗无后，但他的弟弟、神宗的儿子中尚有多位候选人可供挑选。谁来继承大位，在哲宗尸骨未冷时，就已经发生了一场争端，这场争端使章惇败处下风，也决定了他的宰相之路走到尽头了。

元符三年（1100）正月十四，大臣至福宁殿东阶，一道帘子垂下，都知以下大声宣告："皇太后已坐。"然后帘子里传出呜呜咽咽的哭泣声，太后问大臣："皇帝已弃天下，未有皇子，当如何？"

众多大臣尚未完全反应过来，不知该如何应答，章惇显然心中已有盘算，厉声说："依礼典律令，简王母弟之亲，当立。"章惇建议的人选简王，是与哲宗同母的弟弟。

对章惇做出如此快速应对，其他大臣也都"愕然"，不知该如何表态。这个章惇，平常看起来大大咧咧，关键处心思居然也很细密。混到这个份儿上，皆非等闲之辈啊！

向太后在帘后说："申王以下俱神宗之子，莫难更分别。申王病眼，次当立端王，兼先帝曾言：'端王生得有福寿。'"

不愧是神宗的皇后，在重大时刻也早有成竹在胸。关于继承人选问题，她心中肯定也盘算很久了。她征求大臣意见，只不过是个幌子。

她推翻章惇提议的人选，说得也很在理啊！可继承皇位的五位王子，都是神宗的儿子，虽不同母亲，但无必要以其母尊卑分等次，按长幼排列，申王最年长，但申王一只眼睛瞎了，难不成让一个眼睛有病的人当皇帝，再次就是端王了，而且先皇帝神宗对端王的评价甚佳，"有福寿"。天晓得神宗是否有此言？但她是神宗遗孀，具有最权威解释权，你信不信都无法推翻。

有了太后此番话，曾布立即附和："章惇并不曾与众商量，皇太后圣谕极允当。"蔡卞亦表态："在皇太后圣旨。"

于是章惇默然，心中肯定还有失望与沮丧。①

在策立新君这一重大事件中，章惇显然是有备而来。在宋哲宗病危时，其母朱太妃在病榻边曾进言："只十哥是姐姐肚皮里出来，你立即取十哥即稳便。"这里"姐姐"就是哲宗母亲本人自称。朱太妃希望哲宗留下立其同母弟简王的遗嘱，但诡异的是，处于弥留之际的哲宗，未能留下谁继承大权的口头或书面记录。但有迹象表明，朱太妃似乎是胜券在握，简王会成为继承者，她受高太皇太后压抑了很多年的太妃地位可以得到改变了，因为在此前，内侍梁从政将朱太妃寝宫中的椅子搬迁至福宁寝阁，欲以朱太妃取代向太后主事。另一迹象是从向太后口中道出，她认为

---

① 《全宋笔记》第一编（八），第212页，大象出版社2017年1月版；《续资治通鉴长编》卷五二〇，第12356—12357页，中华书局1992年3月版。

朱太妃与章惇间，就立位问题有相互传递信号的默契："他（章惇）初作相时，是蓝从熙去宣召，从熙是圣瑞（朱太妃）阁中人，说与惇云：'此命皇太妃之力为多，将来何以报答？'"

在关键时刻，章惇该如何报答，当然是明白的。[①]章惇甚至在向太后推举端王赵佶时，说了一句冒犯天颜的话：端王"轻佻不可以君天下"[②]。

章惇果真说过此言，那他看人的目光如炬赛过今日之核磁共振了！但这句"冒犯"之言，也注定了他在宋徽宗时代不复有翻转之日。

而在向太后发话后，曾布随即表态支持，也有特殊复杂的感情因素。从政治上考量，曾布当然不希望章惇在立新君上占据首功；其次，曾布与向太后家族有姻亲关系，曾布第三女嫁给了向子莘，向子莘之父向宗旦与向太后是堂姐弟关系。虽然拐了很多弯，但也总是与皇族有勾连。

围绕谁来问鼎最高权力大位，既有向太后与朱太妃的利益、地位争夺，也有新党内部各派系的角力。最终向太后的胜出，还是她的地位起了作用，同是神宗嫔妃，一个是太后，一个是太妃，话语权牢牢握在太后手中。

这个端王赵佶即宋徽宗。在位二十六年，连同他临时继位的儿皇宋钦宗，成为北宋灭亡前最后的皇帝。

---

① 《曾公遗录》卷九"元符三年月己酉"条，参见熊鸣琴《曾布研究》第95页，江西人民出版社2019年6月版。

② 《宋史》卷二二《徽宗本纪·赞》，第417—418页，中华书局1977年版。

太后宣谕端王入宫，与众臣至阁帘前。太后在帘下谕端王云："皇帝已弃天下，无子，端王当立。"

端王谦让："申王居长，不敢当。"

太后曰："申王病眼，次当立，不须辞。"

众臣也齐声劝进："宗社大计，无可辞者。"[1]

……

于是召翰林学士承旨蔡京起草哲宗遗制。这时出现了令蔡京若干年后仍得意扬扬的一幕：蔡京负责书写，给他呈上笔纸的是宰臣章惇，为他捧砚的是知枢密使曾布，为他磨墨的则是右丞蔡卞。在一个特殊情境下，蔡京负责完成了帝国的一件头等大事，而为他提供保障服务的则是三大重臣。

难怪蔡京此后常对人说起："始觉儒臣之贵也。"[2]内心的那份"自得"，犹如额面红光四射的气色，是不需要油脂来涂饰的。

宋徽宗也会牢牢地记住决定他命运的这份"遗制"的。他可以轻易地调阅这份"遗制"，欣赏其将自己推上高位的文字，同时欣赏其俊豪飘逸不亚于"二王"的书法艺术。对于爱好艺术、收藏的他来说，世界上大概没有比这更珍贵的藏品了。

在宋徽宗坐上那把龙椅时，悄声密语章惇曰："请皇太后权同处分事。"其他大臣听不到徽宗的声音，曾布说："臣等皆未闻圣语。"

于是章惇大声宣告："请皇太后权同处分事。"也就是请皇太后垂帘共同来处理军国大事。这个宋徽宗的确会做人，他懂得如

---

[1] 《曾公遗录》卷九，《全宋笔记》（一），第213页，大象出版社2017年1月版。

[2] 《铁围山丛谈》卷一，《宋人轶事汇编》（四），第1821页，上海古籍出版社2015年6月版。

何获得太后的欢心和好感。向太后之所以属意端王，就因为他的腿特别勤，经常去"娘娘"处问安，虽不是亲母，但表现出特别的敬重和亲近。靠着这张"感情牌"，端王在"五王"中胜出。他自己也绝料不到，这块天上掉下来的"馅饼"会砸到他的头上。

既然太后把当家的权柄交给他，他请太后垂帘、分享权力，以此方式来回报太后，真的是最讨太后欢心了。

其实，此时的宋徽宗已十九岁，按皇家通常礼制，太后无垂帘的必要。

宋徽宗告知群臣："适再三告娘娘，乞同听政。"

曾布云："陛下圣德谦挹，乃欲如此，然长君无此故事，不知皇太后圣意如何？"无以往成例，但可以破例。

宋徽宗回复："皇太后已许，适已谢了，乃敢指挥，兼遗制未降，可添入。"①

只好如此。必须如此！

在遗制宣告前赶紧添加。

风水轮流转

这一回担任哲宗葬礼山陵使的是章惇。

离皇上出殡尚有一段时间。在履行山陵使职命前，就有一支箭飞向章惇的心脏。

三月辛卯，上皇以即将到来的天象异变日食为由，下诏求朝

---

① 《曾公遗录》卷九，《全宋笔记》（一），第213页，大象出版社2017年1月版。

野百官进奉直言。筠州（今四川宜宾市筠连县）推官崔鶠上奏一疏，专劾章惇。小官弹大官，洋洋洒洒，可谓做足了功课：

臣闻谏争之道，不激切不足以起人主意，激切则近讪谤。夫为人臣而有讪谤之名，此谗邪之论所以易乘，而世主所以不悟，天下所以卷舌吞声，而以言为戒也。臣尝读史，见汉刘陶、曹鸾、唐李少良之事，未尝不掩卷兴嗟，矫然山林不返之意。比闻国家以日食之异询求直言，伏读诏书，至所谓"言之失中，朕不加罪"。盖陛下披至情，廓圣度，以来天下之言如此，而私秘所闻不敢一吐，是臣子负陛下也。方今政令烦苛，民不堪扰，风俗险薄，法不能胜，未暇一二陈之，而特以判左右之忠邪为本。臣生于草莱，不识朝廷之士，特怪左右之人有指元祐之臣为奸党者，必邪人也。使汉之党锢，唐之牛、李之祸将复见于今日，甚可骇也。夫毁誉者，朝廷之公议。故责授朱崖军司户司马光，左右以为奸，而天下皆曰忠。今宰相章惇，左右以为忠，而天下皆曰奸。此何理也？臣请略言奸人之迹。夫乘时抵巇以盗富贵，探微揣端以固权宠，谓之奸可也；包苴满门，私谒踵路，阴交不逞，密结禁廷，谓之奸可也；以奇伎淫巧荡上心，以倡优女色败君德，独操赏罚，自报恩怨，谓之奸可也；蔽遮主听，排斥正人，微言者坐以刺讥，直谏者陷以指斥，以杜天下之言，掩滔天之罪，谓之奸可也：凡此数者，光有之乎？惇有之乎？夫有实者名随之，无其实而有其名，谁肯信之！传曰："谓狐为狸，非特不知狐，又不知狸"。是故以佞为忠，必以忠为佞，于是乎有谬赏滥罚。赏谬罚滥，佞人徜徉，如此而国不乱，未之有也。光忠信直谅，闻于华、夷，虽古名臣未能过，而谓之奸，是欺天下也。至如惇，狙诈凶险，天下士大夫呼曰"惇贼"。贵极宰相，人所具瞻，以名呼之，又指为贼，岂非以其孤负主恩，玩窃国柄，忠臣痛愤，义士不服，故贱而名之，指其实而号之以"贼"邪！京师语曰："大惇、小惇，殃及子孙。"谓惇与其御史中丞安惇也。小人譬之蝮蝎，其凶忍害人，根乎天性，随遇必发。天下无事，不过贼陷忠良，破碎善类，至缓急危疑之际，必自反覆，蓄跋扈不臣之心。比年以来，谏官不论得失，御史不劾奸邪，门下不驳诏令，共持暗默，以为得计。昔李林甫窃相位十有九年，海内怨痛，而人主不知。顷邹浩以言事得罪，大臣拱而观之，同列无一语者，又从而挤之。夫以股肱耳目，治乱安危所系，而一切若此，陛下虽有尧、舜之聪明，将谁使言之，谁使行之！夫日，阳也，食之者，阴也。四月正阳之月，阳极盛阴极衰之时，而阴干阳，故其变为大。惟陛下畏天威，听明命，大运乾刚，大明邪正，毋违经义，毋郁民心，则天意解矣。若夫伐鼓用币，素服彻乐，而无修德善政之实，非所以应天也。[①]

---

① 〔明〕陈邦瞻《宋史纪事本末》（二），第467—469页，中华书局2015年8月版。

这支箭够凶够狠，最厉害处在将章惇与司马光做比较。但章惇并未因此而倒下，或许射的时机尚不成熟，虽然皇上"览而善之"，但并未对章惇立即动议惩处，只是将这个筠州推官调任至靠近京都的相州任教授，以示嘉许。

山陵使是皇帝葬礼的最高指挥官。但这个差事的结局似乎都不太美妙。在埋葬故皇的同时，常常是个人的政治生命也成了"陪葬品"。

不知章惇在履行山陵使职命时，有无这样的预感？

有人曾写词，描述章惇此时精神状态："草草山陵职事，厌厌罢相情怀。"[1]可见，其时章惇一贯所具的那种骄横"自肆"气场，如同葬礼的气氛，已处于死气沉沉的萎靡状态了。

果然，山陵使毕，章惇即主动上表请辞。徽宗表示挽留，章再上表，同时又有言官弹劾章惇：在哲宗出殡途中遇大雨，灵车陷泥沼中，过了一宿才抬出，出现此种意外事故，山陵使犯有不恭之罪。徽宗的挽留只是对待前朝大臣礼节性的姿态，既有言官助推，即批复了章惇的辞呈，同时满足了他去越州（今绍兴）的请求。

但台谏官丰稷、陈师锡、陈瓘不想让他这么舒服，持续上章弹劾，列数章惇之罪，穷追猛打，因此他的职位越贬越小，地方也越贬越远，乃至去了苏辙曾遭贬放的处所雷州。他在任时，苏辙被贬雷州，下令不许占官舍，苏辙只得找民舍寄住，而章惇认为这是强夺民舍，又下令所辖州官追民究治，苏辙出示租赁文

---

① 〔宋〕王明清《挥麈后录》卷二，《宋人轶事汇编》（三），第1517页，上海古籍出版社2015年6月版。

契，此事才算了结。待到他落职雷州时，也只得按他定的朝廷规矩寻找民舍寄住，但遭遇百姓拒绝："前苏公来，为章丞相几破我家，今不可也。"①

此所谓风水轮流转，害人亦害己啊！

"龟鹤宰相"

向太后垂帘，虽然只是"权同处分事"，但初登基的宋徽宗必然充分尊重太后的意见。甚至只要太后说了"一"，宋徽宗不会说"二"。

其中也有一个重要因素，尚未积累处理朝政大事经验的新皇帝，需要一位老练的人帮助他完成初期的过渡。

向太后与高太皇太后有一个很大的不同，即不贪恋权位，在垂帘之初曾自嘲："瞎字也不识，怎生理会他天下事？"这当然是自谦。据曾布记载，向太后"手诏文词甚美，虽外廷词臣亦不能仿佛"。

果真"瞎字不识"，岂能入宫成为神宗的女人？这个向太后下手诏表示："皇帝践祚之初，勉从勤请，非久便当退归房闼……"②正如她所承诺，向太后垂帘后当年六月二十八日即下手诏撤帘还政。

---

① 《自警编》卷九，《宋人轶事汇编》（三），第1517页，上海古籍出版社2015年6月版。

② 《曾公遗录》卷九，《宋人笔记》（八），第219、202、238页，大象出版社2017年1月版。

向太后未生子，但一直稳稳地坐在皇后、皇太后的座椅上，无人能撼动，自有她过人之处。她自正立中宫，从未与下争宠；再者，与神宗二十年夫妇从未红过脸。

向太后还政后六个月即"上仙"。

虽然她垂帘只有六个月，但北宋这一段时间的政治格局和趋向，应将她撤帘后、"上仙"前的六个月也计入。因为，只要她还健在，宋徽宗即使另有一套施政想法，也不敢放开手脚。情理很简单，向太后于官家有恩，有定策之功。宋徽宗的每一道诏令，不能不顾及太后的感受。

太后的理政思路与太皇太后高氏有共同处，但也有区别。她对新党执掌权柄后，彻底清除元祐党人的做法，乃至要废宣仁太后的做法显然极度反感，但也不想如元祐"更化"那般再来一次"大换血"。她引入部分元祐党人，试图调和两党，让两派人马在朝廷共同执政，形成一种相互制衡。而当下满朝皆新党人士，持续地引入元祐党人中声望较高、能力较强的重臣，是太后垂帘的第一个重要动作。

四月丁巳，太后派人赐赠药茶给贬放在（湖南）永州的范纯仁，并告知："皇帝在藩邸，太皇太后在宫中，知公先朝言事忠直，今虚相位以待。不知目疾如何，用何人医之？"范纯仁在元祐党人中一直以君子形象呈现在士人中，是名望甚高的最佳宰执人选。在表示慰问的同时，将范纯仁迁居至（河南）邓州。范公尚在道中，诏令又下达，被授观文殿大学士、中太乙宫使，诏令制词曰："岂惟尊德尚齿，昭示宠优，庶几鲠论嘉谋，日闻忠告。"纯仁闻使者宣读制书后，泪流满颊，叩谢皇上不弃之恩，表示一定尽死效责。但遗憾的是，范纯仁因身体缘故，只能"乞归养疾",无法履职。宰执之位,必须重新物色新的人选。①

太后垂帘当月,即批复三省,与枢密院议,推荐以往有执政经历的各个不同层级的大臣入朝。

太后一连串人事任用举动,都在昭示其改变新党独掌权柄格局的政治趋向,新党人士有些人心惶惶是必然的。难道当年那个高太皇太后死灰又要复燃了?新党人士又将面临一场新的噩梦?

当选人的诏令发出时,蔡卞提醒太后:"只是恐有人援引诋毁先帝之人,望皇太后主张照察。"而曾布则说了另一番话:"同是臣子,古人有言:'见无礼于其君者,如鹰鹯之逐鸟雀'……(其意为,用不着多虑,发现有不良之人,将之赶走就是了)"退朝后,蔡卞对曾布云:"公之言甚好,然外人已传召梁惟简归也,不可不虑。"曾布回答:"公但安心,苏轼、辙辈未必便归也。其他则未可知。"蔡卞为何如此忌惮梁惟简?梁曾是高太皇太后的近侍宦官。那个新党折腾了许久的"同文馆狱案",就是试图废掉高氏。此人回宫,岂不是往新党人士胸口插刀?

苏氏兄弟,是尚健在的元祐党人中最负声望的领袖人物。曾布凭什么敢断言他们不会再回中枢呢?此时的曾布既不同于章惇,也不同于蔡氏兄弟,因为帘前的"定策之功",显然自认为已是向太后可依赖的心腹之人了。②

宰执人选中,范纯仁因病不能视事,元祐党人老臣韩琦之子

① 〔明〕陈邦瞻《宋史纪事本末》卷四十八,第469—470页,中华书局 2015年8月版。

② 《曾公遗录》卷九"元符三年正月乙未"条,熊鸣琴《曾布研究》第 100页,江西人民出版社2019年6月版。

韩忠彦，被推荐为继任人选，此人是向太后的外甥。任命时，给事中刘拯以外戚不得为执政而驳回词头。但曾布力挺这一任命，他在宋徽宗面前攻击刘拯是蔡卞门下士，与蔡卞是一伙的，于是宋徽宗听从曾布建议，将刘拯黜知濠州。其后，韩忠彦顺利官拜右仆射，与尚未离任的章惇并相。待到章惇罢相，韩忠彦即升任左仆射，曾布升任右仆射。从表层看，在皇权以下，执掌府衙最高权力的是新旧两党人士。因两人身材体貌相差悬殊，韩忠彦高大伟岸，而曾布个矮瘦小，朝堂之上形成鲜明比照，被人们称为"龟鹤宰相"。[1]

乱箭横飞

一批曾被放逐的元祐党人，相继回朝。这是一批犀凶般凶猛的官员。并非他们天生具有犀凶的凶猛特性，而是长期在新、旧党交替倾轧浸泡中，滋养成了攻击型的人格。笔者觉得常常很难用正直或邪恶、小人或君子、庸官或能臣来界定他们。但有一点是共同的，他们是在腹中蓄满了仇恨的汁液，又被重新起用的。

相继回朝被任命到重要职位上的元祐党人有殿中侍御史龚夬、左正言陈瓘、右正言邹浩、侍御史陈师锡等。

被称为"小惇"的御史中丞安惇屁股坐不住了。当安惇向皇

---

[1] 〔宋〕庄绰《鸡肋编》卷上，转引自熊鸣琴《曾布研究》第103页，江西人民出版社2019年6月版。

帝提出："邹浩复用，虑彰先帝之失。"皇上驳回："立后，大事也，中丞不言，而（邹）浩独敢言，何为不可复用！"皇帝一表态，安惇两腿打战，不敢再发声。陈瓘马上把拉满弓的箭顺着皇帝的意旨射向安惇："陛下欲开正路，取（邹）浩既往之善，（安）惇乃诳惑主听，规骋其私，若明示好恶，当自（安）惇始。"于是，安惇被逐出御史台，移知潭州。①

龚夬可以称得上是言官中最凶猛的"枪手"之一，一上任，便迫不及待地首论章惇、蔡卞之恶："昔日丁谓当国，号为恣睢，然不过陷一寇准而已。及（章）惇，则故老、元辅、侍从、台省之臣，凡天下之所谓贤者，一日之间，布满岭海，自有宋以来，未之闻也。当是时，（章）惇之威势震于海内。此陛下所亲见。盖其立造不根之语，文致悖逆之罪，是以人人危惧，莫能自保，俾忠臣义士朽骨衔冤于地下，子孙禁锢于炎荒，海内之人愤闷而不敢言，皆以归怨先帝。其罪如此，尚何俟而不正典刑哉！（蔡）卞事上不忠，怀奸深阻，凡惇所为，皆卞发之，为力居多，望采公论，昭示显黜。"

但元祐党人似乎忘记了，正是他们把蔡确贬黜到岭南，开宰辅级大臣贬黜岭海之先例。

随后，台谏陈师锡、陈次升、陈瓘、任伯雨等紧跟弹劾，有的人数章连上。于是蔡卞被罢，出知江宁。台谏官仍觉处置太轻，继续穷追猛"弹"，蔡卞继被贬为秘书少监，分司池州。①

---

① 〔明〕陈邦瞻《宋史纪事本末》（二）卷四十八，第469页，中华书局2015年8月版。

章惇完成山陵使职事后，先被罢知越州，又被贬放潭州，再贬至雷州。他脚下的流放之地，竟深深重合着苏辙的足迹。

接下来在重获话语权的元祐党人眼中，新党人士中最可恶的该当是蔡京了。不仅是元祐党人想扳倒他，即便是以新党标识仍立根朝堂、深得向太后信任的曾布，也一直想把蔡京的头摁到河滨水下去。在他心中，蔡京跌落金明池，居然能抓住浮木自救，实在是一件不可思议的事。如果蔡京那一刻就此沉下去，他的从政路径上就少了一块又大又硬的石头。如此也就是天助其成了。

曾布也非等闲之辈，论才学和官场生存能力皆非一般人可比。但要与蔡京较量在殿堂、朝野上下左右腾挪的功夫，显然要逊色很多。如果概括两人最大的区别，那就是气场的强弱。蔡京是巨浪，曾布是微澜；蔡京是沙尘暴，曾布是梅雨天的淅沥小雨。

在曾布任相前，就与韩忠彦联手排挤蔡京了，正巧太原府缺知府，二人便在宋徽宗前推荐蔡京移外充任。虽然诏令已下，太后却仍留蔡京在京城续修史事。

但韩、曾引人的"群狼"不会放过蔡京，这正是曾布乐观其成的。侍御史陈师锡弹劾蔡氏兄弟，重心在蔡京，因为"卞"已离职："京、卞同恶，迷国误朝，而（蔡）京好大喜功，日夜结交内侍、戚里，以觊大用。若果用之，天下治乱自是而分，祖宗基业自是而斁矣。"随即龚夬上疏："蔡京治文及甫狱，本以偿报私仇，始则上诬宣仁（高太后），终则归咎先帝，必将族灭无辜，以逞其欲。

---

① 〔明〕陈邦瞻《宋史纪事本末》卷四十八，第470页，中华书局2015年8月版。

臣料当时必有案牍章疏，可以见其锻炼附会。愿考证其实，以正奸臣之罪。”此二人的弹劾皆未见效，史书上的说法是“未报”。[1]

可见，元祐党人在拔除蔡京这根“钉子”上遭遇了来自上方的阻力。按照常情判断，龚夬在“宣仁”太后废立一事上做文章，是可以获得向太后认同的，这是蔡京参与“同文馆狱案”，给自己挖的一个巨大的坑。

新任御史中丞丰稷在朝会上遇蔡京，蔡京主动示好：“天子自外服召公中执法，今日必有高论。”丰稷板着一张严肃的面孔说：“行自知之。（等会儿你就知道了。）”继之，丰稷论蔡京奸状，帝犹未纳。陈瓘、江公望等连续“弹”蔡，丰稷再论蔡京，用了有蔡无我、有我无蔡，二者必选其一的威胁性语气：“（蔡）京在朝，吾属何面目居此！”[2]

虽同属新党阵营，曾布对蔡京留京任职，似有一种恐惧感。因此曾布力逐蔡京离开京城。他在宋徽宗面前论蔡京：“怀奸害政，羽翼党援，布满中外，善类义不与之并立，若京留，臣等必不可安位，此必有奸人造作语言荧惑圣听。”

徽宗曰：“无他，皇太后但欲令了史事，以神宗史经元祐毁坏，今更难于易人尔。”

但曾布不肯让步：“臣等以陛下践祚以来，政事号令已至拔擢人才，无非深合人望，故虽朽，亦欲自竭一二，裨补圣政。中

---

① 〔明〕陈邦瞻《宋史纪事本末》卷四十八，第471—472页，中华书局2015年8月版。

② 同上。

外善人君子郁寒已久，自闻初政，人人欣庆鼓舞，若事变如此，善类皆解体矣，朝廷政事亦无可言者。"[1]

话虽婉转，几乎也是逼皇上表态，在留京与留布间做出选择。

宋徽宗把球踢给了向太后："但更与'帘'中（向太后）说。"

至"帘"前，曾布又将在帝前论蔡京不得留殿中语重述一番，但向太后不为所动。

曾布自恃在太后确立皇位一事上拥立有功，发出逼迫性的话语："如此则臣决不可安位。"

向太后态度强硬，反问："干枢密甚事？"

曾布说："君子小人不可同处。"

太后曰："先帝时亦同在此。" 太后言之有理啊，哲宗朝时，你们不是同处一朝吗？怎么现在就冰炭不相容了？

曾布仍喋喋不休，多少有点不知分寸了："此臣所难言。臣在先朝，尝有去意，今日以皇太后听政，皇帝践祚以来，政事皆合人心，臣以此亦欲勉强自竭。今事既一变，臣何可安？"

这个老谋深算的家伙，在哲宗朝何曾有过去意？他这一番美辞哪里忽悠得了向太后？向太后也是历三朝而见识广博、几乎成精的"老婆婆"了，太后曰："不变。"就是说，当下施政思路与先帝无本质变化。又反问："只是教他做翰林学士，了却神宗国史，干枢密甚事？"

太后的语气已经很不客气了，但是这个曾布真有点不识时务了，又要陈述自己的意见，太后不得不说了一句类似逐客令的话：

---

[1] 《续资治通鉴长编拾补》卷一五"元符三年四月戊戌"条，转引自曾莉《蔡京年谱》第96页，广西师范大学出版社2020年1月版。

"且奈辛苦。"

这是每次朝会，大臣退朝时官家的一句惯用客套话，用在这里等于说："不用再说，该退下了！"①

此时的蔡京尚未登上宰辅之位，他想做的很多事，受其他重臣的制衡，还很难实施。因此，说蔡京此时有多"奸"，也还没有太多足够令人神共愤的依据，曾布一心想挤走蔡京，主要还是权力之争。虽然此时曾布正当红，不日即登上相位，但仍感到蔡京不除，他的屁股就很难稳稳地坐在中枢高位上。蔡京是他的一块心病。

由于群臣竞逐，尤其是陈瓘言蔡京"交通近习"（与宫廷内侍有私密交往），蔡京的职位终于被撼动。帝先是将蔡京出知永兴军，又削职为端明殿学士，居杭州，又徙知扬州。

对蔡京的贬逐，为何遭遇来自宋徽宗和向太后的阻遏？这是一道待解之谜。蔡京利用草制机会，得以多次面见皇上，建议皇上坚持"绍述"（新政）的执政路线，（皇）上尝摇手示（蔡）京曰："朕尽解此，独母后之意未听。卿姑待焉。"②（朕明白卿的意思，只是现在与母后同执政，卿且耐心等待时机。）

向太后也不愿意将蔡京移放京外。笔者的理解是，向太后虽然主张调和新、旧党，为此引入元祐旧臣，形成"建中靖国"的

① 《曾公遗录》卷九"元符三年四月戊戌"条，《宋人笔记》第一编（八），第269页，大象出版社2017年1月版。
② 《皇朝编年纲目备要》卷二五元符三年四月，转引自杨小敏《蔡京、蔡卞与北宋晚期政局研究》第99页，中国社会科学出版社2012年3月版。

新格局，但也不希望朝堂之上，又都成了清一色的元祐人士，让政坛再来一次翻烧饼式的大震荡。

向太后的愿望固然非常好，但史实证明此路不通。如何让异见人士同处一堂？是在神宗当政时期就已面临的难题。这一难题的核心在缺少吸纳不同主张，最终形成有效决策的程序和机制。宋人尚无足够的政治智慧来解决这样的超级难题。

"龟相"的伸缩

当韩忠彦与曾布并列左右相时，人们从他们不同的体貌，戏言为"龟鹤宰相"。就曾布本人的个性和为人处世、对待政事的思维方式看，称曾布为"龟相"，倒也比较贴近。

风向对我有利时，就把头伸出来；风向对我不利时，则把头缩进去。

伸缩皆审时度势。

这样的人不会轻易地走极端，做好事做坏事，都不会下手太狠。与蔡京比，他是另一种官场人格。这样的人常常也能左右逢源，成为官场"常青树"。

因此，简单地用新党或旧党来界定他的从政立场，并不完全精确。

曾氏兄弟在北宋政坛也是有极大影响力的一个族群。与曾布同父异母的长兄曾巩，是唐宋古文八大家之一；而在政坛上则是曾布的职位最高，曾肇其次。曾氏兄弟出身江西南丰的名门望族。到了曾巩这一代，于嘉祐二年（1057），曾氏家族创造了可能是有宋一朝科考史上的神话，整个家族六人参加科考全部考中，成就"一门六进士"。

曾氏家族与临川王氏家族还有姻亲关系。王安石之妻吴氏与曾氏家族有血缘关系，曾巩的三妹嫁给了王安石之弟王安国。曾氏三兄弟崭露北宋政坛，既与他们的才识实力有关，也与王安石的引荐、重用有关。先是曾巩"少与安石游，安石声誉未振，巩导之于欧阳修"①，后王安石声誉日隆，拜相后力推变法，曾氏三兄弟中，曾布因坚定支持新法被迅速拔擢重用，成为新党的中坚人物之一。

请看王安石变法初期，曾布火箭式上升的速度：

熙宁二年（1069）九月二十一日，自海州怀仁县令转著作佐郎，闰十一月十六日差看详卹司条例；

熙宁三年（1070）四月五日，差编敕删定官，八月二十四日差编修中书条例，九月六日授太子中允、崇政殿说书，九月八日差权同判司农寺，九月十四日授集贤校理，九月二十三日差检正中书房公事，十月十四日差看详编修中书条例；

熙宁四年（1071）二月五日差直舍人院，二月八日检正中书五房公事，五月三日差详定编敕，七月十三日试知制诰。

不到三年时间，曾布从县令（七品）跃升为朝廷重臣试知制诰（三品）。难怪后来有监察官弹劾曾布，称："臣窃见曾布之贤能未显著于天下，天下之人止知其缘王安石姻家而进。"②

此言未必精当。曾氏三兄弟并未皆如曾布般飞速升官。其中

① 《宋史》卷三一九《曾巩传》，第10390页，中华书局1977年11月版。

② 《续资治通鉴长编》卷二二五"神宗熙宁四年七月丁酉"条，转引自熊鸣琴《曾布研究》第26页，江西人民出版社2019年6月版。

政治态度还是起了关键作用。神宗皇帝起用王安石力推变法时，遭到诸如司马光在内的一批老臣的强烈反对，连同与他们有师生之谊、引荐之功的年轻官员，形成反变法集团。王安石只得起用支持变法又有才干的年轻官员，在当时是再正常不过的现象。同时被王安石重用的还有吕惠卿、李定等一批"新进"官员。"新进"二字几乎成了一个形容变法派官员的敏感词，乃至苏东坡在知湖州任上的《谢表》中用了"知其愚不识时，难以追陪新进；察其老不生事，或能牧养小民"，让变法派官员读了两眼冒火，成为引发"乌台诗案"的触发点之一。而曾氏三兄弟中，除曾布外，曾巩及曾肇，由于对新法的态度比较暧昧，在仕途上就没有曾布那么显赫。

王安石曾说："吾行新法，终始以为不可者，司马光也；终始以为可者，曾布也；其余皆出入之徒也。"[1]

曾布虽成为王安石变法初始的心腹大臣，却也因卷入新党内部的矛盾漩涡，遭遇他仕途的第一次"折戟"贬黜。起因是参与根究市易务案。要弄清此案，先得了解一下《市易法》——

熙宁五年（1072）三月，颁行市易法。在此以前，同管勾秦凤路经略司机宜文字王韶曾在古渭城（后改名通远军，今甘肃陇西）设置市易司，借官钱为本，每年收商利约可一二十万贯。又有平民魏继宗上书建议在开封设置常平市易司，管理京市市场，物价贱稍增价收购，贵则稍减价出售，以便由官府掌握"开阖敛散之

---

① 〔宋〕陈善《扪虱新话》卷一，上海书店1990年版。

权"，达到"商旅以通""国用以足"的目的。中书据此制定市易法，在开封设置市易务，以内藏库等钱一百八十七万贯作本，控制商业。市易务根据市场情况，决定价格，收购滞销货物；待至市场上需要时出售，商贩向市易务贷款，以产业作抵押，五人以上互保，出年息二分，半年出息一分。商贩向市易务成批地赊购货物，也出年息二分，半年出息一分。后来陆续在杭州、成都、广州、扬州、润州（今江苏镇江）等几十个重要城市设立市易务，又将开封市易务升为都提举市易司，作为市易务的总机构。市易法在限制大商人垄断市场方面发挥了作用，也增加了朝廷的财政收入。[①]

《市易法》在执行过程中，不断有人控告负责提举市易务的吕嘉问多有违法行为。这个违法行为，史书上用了"掊克"二字，其含义是不正当的搜刮、聚敛民财。新法的本意是政府设机构参与商业活动，为的是利国利民，如果产生损民害民效果，那就与变法初衷背道而驰了。宋神宗诘问中书，仍无法获知事情真相，于是在熙宁七年（1074）三月丁巳（二十日），绕过王安石夜下手札，命曾布调查此事。曾布的调查初步结论是，确实存在"掊克"之情。王安石否认存在这一情况，要求增派吕惠卿共同核实根究市易务违法案。

对于是否存在"掊克"问题，曾布与吕惠卿得出截然相反的

---

① 邓广铭等著《百科名家中国史》第437页，中国大百科全书出版社2014年10月版。

结论。曾认为存在，吕认为不存在，居然弄成一个意见相左的"糊涂案"。当代学者熊鸣琴认为，根究市易务案，其主导者是神宗，由于久旱不雨，"天旱民饥"，反变法派不断挑剔、攻击变法带来的"弊病"，使得神宗欲罢市易务。而王安石是"执拗"的新法维护者，由此导致君权和相权的冲突，其中又夹杂着曾布与吕惠卿的权力争斗。

曾布没有理由与新法过不去，更没有理由与提携重用他的王安石过不去，但在宋神宗与王安石意见不一致时，他选择站在皇权一边，由此得罪了王安石。各方力量平衡的结果是，王安石坚辞相位，推荐吕惠卿接任，而曾布与吕嘉问皆遭到落职惩处。[1]

曾布落职知饶州，吕嘉问出知常州。

这一年曾布四十一岁。

其后八年，他皆任地方官。至元丰七年（1084）十二月官复翰林学士，第二年迁户部尚书。但随即神宗驾崩，北宋进入高太皇太后垂帘的元祐更化时代。

司马光执政时，谕令曾布增损免役法，遭到曾布的拒绝："免役一事，法令纤悉皆出己手，若令遽自改易，义不可为。"[2]

相比较蔡京的迅速"变脸"，曾布此时对待新法还是有底线原则的。于是，曾布这次又遭到元祐党人的贬黜，先知太原府，再知成德军，又知河阳、青州、瀛州……直至七年后，哲宗亲政，才重返中枢，成为新党党魁之一。这期间，元祐党人虽重拳打击新党，因曾布曾遭到新党的贬逐，久任地方官员，对他的打

---

[1] 熊鸣琴《曾布研究》第48—49页，江西人民出版社2019年6月版。
[2] 《宋史》卷四七一《曾布传》，第1371页，中华书局1977年11月版。

击还不算太狠。

经过长期的官场跌宕、权力争斗，曾布也修炼成了被称为"权谲自喜"、深通权谋之术的官场老手。他想左右逢源，有时却左右都不逢源；他企图在新旧党、君臣之间走平衡木，但发现这根平衡木颤颤悠悠，不知何时会"咔嚓"一声发生断裂……

他迎来了仕途的巅峰：位极人臣；没料到时间不久，又迎来了他仕途的又一次噩运。

梦断归途

在向太后垂帘与宋徽宗共同执政时期，苏氏兄弟与蔡氏兄弟的命运会不会又来一次彻底的翻转呢？

就如元祐时期高太皇太后垂帘听政那样。

从元祐元年（1086）至元符三年（1100），历时十五年，北宋政坛此一时彼一时矣！属于元祐党人呼风唤雨的风光日子已经一去不复返了！这一点对于局中人并无深切的感知。绝望中，他们也还存有"卷土重来未可知"的期待。

在向太后引入部分元祐党人时，蔡卞有顾虑，曾布就断言：类似元祐党人中的"党魁"级别人物，苏轼、苏辙不会再被起用。说到底，如果他们重返执政，曾布自个儿往哪里摆也是一个问题。向太后首先看重的是性情比较温和包容的范纯仁，而不是苏氏兄弟。

章惇子章援，顾虑苏轼被重新起用后，对其父重拳反击，写信给在北归途中的苏轼，信中云："迩来闻诸道路之言，士大夫日夜望尚书进陪国论。"其意在动轼之情，希望苏轼被进用之后"勿念其父旧恶"，使其父能"东归田里，保养垂年"。其时，确有岑象求等官员上书建言起用苏氏兄弟。曾布曾就此事探询宋徽宗内心的倾向，言："众人谋欲逐臣，聚其党与复行元祐之政……"徽宗乃言："安有是理，若更用苏轼、辙为相，则神宗法度无可言者。"①

而这些至关重要的信息，苏氏兄弟应该是一概不知的。他们从获准北归的诏书中，也许以为命运终于又一次逆转。

对于章惇子章援的来信，苏轼表现出极为宽厚的仁爱之心，在重病中给章援（字致平）回函：

> 某顿首致平学士。某自仪真得暑毒，因卧如昏醉中。到京口，自太守以下，皆不能见，茫然不知致平在此。得书，乃渐醒悟。伏读来教，感叹不已。某与丞相定交四十余年，虽中间出处稍异，交情固无所增损也。闻其高年，寄迹海隅，此怀可知。但以往者，更说何益，惟论其未然者而已。主上至仁至信，草木豚鱼所知也。建中靖国之意，可恃以安。又海康风土不甚恶，寒热皆适中。舶到时，四方物多有，若昆仲先于闽客、广舟准备，备家常药百千去，自治之余，亦可以及邻里乡党。又丞相知养内外丹久矣，所以未成者，正坐大用故也。今兹闲放，正宜成此。然只可自内养丹。切不可服外物也。

---

① 《长编拾补》卷十七建中靖国元年六月甲辰纪事，转引自孔凡礼《苏轼年谱》（下），第1410—1411页，中华书局1998年2月版。

舒州李惟熙丹，化铁成金，可谓至矣，服之皆生胎发。然卒为痈疽大患，皆耳目所接，戒之！戒之！某在海外，曾作《继养生论》一首，甚欲写寄，病困未能。到毗陵，定叠检获，当录呈也。所云穆卜，反覆究绎，必是误听。纷纷见及已多矣，得安此行，为幸！为幸！更徐听其审。又见今病状，死生未可必。自本月来，日食米不半合，见食却饱，今且速归毗陵，聊自愸。此我里，庶几且少休，不即死。书至此，困愸放笔，太息而已。[1]

东坡在回函中不仅安慰章惇，南海不似传言的那么可怕，适应那里的气候、生活，不会有太大问题，而且重叙四十年的交情，并提供自己在海南的养生药方，可谓情深切切。章惇子以及章惇本人看到信函是否有羞愧感尚不可知，悬在心中的石头应该是落地了。

在哲宗驾崩次日，朝廷大赦天下。

一个多月后（元符三年二月二十六日），苏氏兄弟接到旨令：苏轼移廉州安置，苏辙移永州安置。

同年四月二十日，因生皇子恩，苏轼获诏授舒州团练副使、永州居住；苏辙同时获授濠州团练副使，越州居住。接踵而来的诏令，似乎在传递政局对他们利好的信号。[2]

此年苏轼六十五岁，苏辙六十二岁。

① 《苏东坡全集》(5)卷一百一，第2659页，北京燕山出版社2009年12月版；孔凡礼《苏轼年谱》(下)，第1410—1411页，中华书局1998年2月版。
② 孔凡礼《苏轼年谱》(下)，第1326页，中华书局1998年2月版。

御風而不知其所止飄飄乎
如遺世獨立羽化而登僊
於是飲酒樂甚扣舷而
歌之歌曰桂棹兮蘭槳
擊空明兮泝流光渺渺兮
余懷望美人兮天一方客有
吹洞簫者倚歌而和之其
聲嗚嗚然如怨如慕如
泣如訴餘音嫋嫋不絕如
縷舞幽壑之潛蛟泣孤
舟之嫠婦蘇子愀然正

軾去歲作此賦未嘗
輕出以示人見者蓋一
二人而已
欽之有使至求近文
遂親書以寄雲雖
晨事
不出也又有後赤壁
賦筆倦未能寫當
俟後信軾白

北宋·苏轼《赤壁赋》（局部）

赤壁賦

壬戌之秋七月既望蘇子與
客泛舟游于赤壁之下清風
徐來水波不興
誦明月之詩

舉酒屬客
歌窈窕之章
少焉月出於東山之上徘徊

右繫文衍誤補三十六字

曾不能以一瞬自其不變
者而觀之則物與我皆無
盡也而又何羨乎且夫天地
之間物各有主苟非吾之
所有雖一毫而莫取惟
江上之清風與山間之明
月耳得之而為聲目遇
之而成色取之無禁用之
不竭是造物者之無盡藏
也而吾與子之所共食客喜
而笑洗盞更酌肴核
既盡杯盤狼藉相与枕

破竈燒溼葦那
知是寒食但見烏
銜帋　君門深
九重墳墓在万里也擬
哭塗窮死灰吹不
起
右黃州寒食二首

北宋·苏轼《寒食诗》（局部）

自我来黄州　已過三寒
食　年年欲惜春　春去不
容惜　今年又苦雨　兩月秋
蕭瑟　卧闻海棠花　泥汙
燕支雪　闇中偷負
去　夜半真有力　何殊病少
年　病起須已白
春江欲入戶　雨勢来

兄弟俩在不同的贬放地，开始了北归的旅程。

苏轼尚未移步，五月中新的诏命又至：量移廉州。启程前，苏轼赠儋州当地贤达友人许珏茶盂："吾以为清风明月之赠，茶盂聊见意耳。"后来这只茶盂不知从何途径，为枢密大臣折彦质所得。折彦质有诗谢许珏："东坡遗物来归我，两手摩挲思不穷。举室吾家阿堵物，愧无青玉案酬公。"①

不知这只伴随东坡度过儋州岁月的茶盂今何在？如有幸在哪家博物馆见到，笔者也要忍不住涕泪滂沱了！

东坡告别海南前，吟诗多首，这里兹录两首②：

别海南黎民表

我本海南民，寄生西蜀州。

忽然跨海去，譬如事远游。

平生生死梦，三者无劣优。

知君不再见，欲去且少留。

儋耳

霹雳收威暮雨开，独凭栏槛倚崔嵬。

垂天雌霓云端下，快意雄风海上来。

野老已歌丰岁语，除书欲放逐臣回。

残年饱饭东坡老，一壑能专万事灰。

---

① 孔凡礼《苏轼年谱》（下），第1329页，中华书局1998年2月版。

② 《苏东坡全集》卷四十三，第1085页，北京燕山出版社2009年12月版。

东坡先生用踏遍河山的脚印，拓展了自己的精神空间。此时的东坡已不仅仅是一位诗文词皆臻佳境的天才，更是一位俯仰天地、有博大情怀的精神巨子。儒释道渗透到骨髓中去了，它们相互融合，随着心态环境的转化而凸显。浩浩历史长河中能达此境界者，寥若珠峰；东坡先生实在是古今少有的诗歌天才。称其三步一诗说少了，应该说是一步三诗。在他眼中似乎没有不能入诗之物事。出口成诗如喷泉，且字字珠玑，佳句迭出，光耀千古！

东坡先生从琼州三更渡海，往日浪卷涛飞的海面，豁然朗月凌空，风静波平。苍天有眼，对这位文豪也特别眷顾！东坡毫无睡意，扣舷而歌："参横斗转欲三更，苦雨终风也解晴。云散月明谁点缀？天容海色本澄清。空余鲁叟乘桴意，粗识轩辕奏乐声。九死南荒吾不恨，兹游奇绝冠平生。"

病蚌成珠。东坡先生将他经历的一切磨难，皆凝结为天籁之音。

此时的东坡，已无当年"老夫聊发少年狂"的从政激情了。来自北方中枢的信号，似乎难以激荡起重返庙堂的冲动。苦难的海水让他由"咸"而转"淡"，一切皆可淡然处之了。

另一方面，东坡虽仅六十五岁，但老病缠身，生命的活力也大大地衰弱。在次年，先生途经江西拜访老友刘安世时，"……坐时已自瞌睡"，刘安世见其鬓发脱落，精力不济，"知其不永矣"。并语人曰：先生"浮华豪习尽去，非昔日子瞻也"。[1]那个元祐时初登"禁林"，"以高才狎侮诸公卿"、恃才傲物、气势如

---

① 孔凡礼《苏轼年谱》（下），第1367页，中华书局1998年2月版。

虹的东坡不见踪影了。而东坡则赞刘安世"铁石人也"。

刘安世，元祐时期曾任左谏议大夫。新党执政后初黜知安南军，再贬少府少监，三贬新州别驾，安置英州，徙梅州，"投荒七年"，"远恶地无不历之"。待到蔡京任相时，又迭遭贬斥至峡州羁管。时人谈蛮荒瘴疠之地有八："春、循、梅、新，与死为邻；高、窦、雷、化，说着也怕。"而八州恶地，刘安世历身有七，居然精神不衰，活到七十七岁，诚如东坡所赞，真"铁石人也"。

岂止是"铁石人"，此老在北宋年间还被称为"异人"。这个"异"，不是怪异，而是"奇异"、异乎寻常之"异"。即使在辞世后，江湖上仍然在流传他神话般的故事。他在元祐党人中，如同后文将写到的陈了翁，是典型的道德至上主义者，是舍身而求义者。虽然他心目中的"义"，在今天看来有极其荒唐的一面。

既然写东坡，笔墨滑到了此老身上，不妨顺记数笔。

元祐前，刘安世（字器之）一直任地方小官。元祐初因司马光的赏识和提携进入中枢。司马光问他："你知道我为何要推荐用你吗？"刘安世答："大概是我们很早就认识了吧？"刘安世父亲与温公是故旧，因此刘安世与司马光也早就有往来。司马光曰："非也！某闲居，足下时节问讯不断，某位政府，足下独无书，此某所以相荐也。"也即是说，我离开权力中心，闲居编书时，你寄信问讯不断；我回到中枢任官时，却独独不见你来信，这就是我赏识推荐你的原因。司马光从细微处见识了刘安世的人品，进而赏识他的才干。

刘某在司马光辞世后，官位益显，进入御史台任谏官。先后猛弹章惇及蔡卞，人谓之"殿上虎"。且不论刘某的政治立场和理念，但他不畏权臣、敢道真言的骨气和勇气，无疑是值得嘉许的。因得罪章惇、蔡卞，其后又在蔡京所列的"元祐党人碑"中处于显赫位置，此公不断遭遇贬黜，迁移地越来越远，几度命悬一线。在贬途中，奉老母行至一郡，郡守告之朝廷有使者杀气腾腾而来，让他做好料理后事准备。谁知刘公不动声色，谈笑自若。有宾客为他手心冒汗，他笑道："死不难矣！""朝廷要我死，怕又有何用？命不该死，怕又有何益？"这个朝廷使者，其主要使命是赴海南杖杀高太皇太后的内臣陈衍，顺道绕行此郡，就是为了吓吓像刘安世这样处于贬途中的元祐党人，让他们自行了断，而朝臣则不必承担杀士大夫的恶名。偏偏刘安世具有强大的抗威吓心理承受能力，在杯酒羽扇间，使臣已过郡而去。

某日，安世一家行至一座山中。因天气酷热，刘与老母倚在一棵大树荫下休息。忽闻不远处有"飕飕"风声，草木为之偃伏，随之见一巨蟒冉冉升起头颅，与刘安世对视。山民闻之，四散奔逃。刘某岿然不动。相视良久，巨蟒则伏地缓缓离去。村民纷纷拜服在地称："公，异人也！大蛇乃吾山神，见公来喜相迎耳！"

还有比这更"异"的奇事。

刘安世被贬逐英州期间，时任宰相的章惇很想撕去这头"殿上虎"的"虎皮"，苦于一时无从下手。有一曾任县尉捕盗的小官林某，专程往京拜谒章惇，自荐称："英州是荒野之地，目前尚无人任职官。我愿意到那里去，为公了断心事。"章惇喜甚，"太好了，你愿意去那里任职，完成使命后即可升任转运判官。"

带着宰相的使命，林某直奔英州。及至英州，即吆喝刀斧手包围了刘安世居住的山寺。当地有名孔目的官员与寺内道人友善，告知情状，说约三更钟鸣时，他们即会动手。道人执安世手垂泪大恸，让他尽快为自己保命设想，"不可坐等迫辱"。刘安世听到道人告知险情，反将道人数落一通："人之生死前定，何用惧？汝出家学道，见识乃尔！"刘安世喜食鸡粥，便对道人说，我要睡觉了，辛苦你帮我熬点粥，好了叫醒我。说毕倒下，呼呼入睡，喉咙里不断发出咕噜咕噜的鼾声。猝然听到钟鸣，鸡粥尚未熟透，道人急摇醒刘安世。刘安世起床，秉烛提笔写遗书。但蹊跷的是，过了三更，天色渐亮，并无杀人者闯入。原来这个奔着杀人而来的林某，在踏入州郡府衙时，忽仆地猝死。这该如何解释呢？或许是此人长途奔波，本已疲累，再加过度兴奋，导致心脏骤停？这也只是一种揣测。

用山寺道人的话解释：刘安世"异人"也，命不该死；"恶人"先倒，善人有报！

史书还有更为诡异的记载：刘安世在贬所（这个贬所在何地，无考），有当地土豪，走纳资入仕途径，获得一小小闲官。但此土豪心有不甘，便携大包金银珠宝，来到京都，托各路"神仙"贿赂章惇，欲由"闲"转"正"，正正经经地过一把"官瘾"。但章惇对金银财物不感兴趣，不知东西有未送达章府，反正久久见不到宰相尊容。土豪心生一计，用财物买通门人，给章惇递上一封信函。信中表示，他如果升任该地官职后，定将罪人刘某诛杀。他的"杀意"果然让章惇心动，终于接见了他，并给了他该路转运判官一职。于是土豪挥鞭策马，从京都径驱刘安世居住的贬所，企图用最快的速度兑现他的承诺。刘家人闻讯哭作一团，独刘安世饮食起居如常，无丝毫惧色。结果等来的不是新晋土豪判官的刀斧，而是土豪的死讯：该土豪在前一晚，竟已呕血而毙。忙着料理后事的不是贬臣刘安世家人，而是土豪判官宅中。

此类逸事见诸各种野史，风闻传说居多，真假难辨。确定的史实是此老虽历经险恶之地，却精神不衰，令东坡感佩。传闻或许能多少折射一点此老在公众心目中的人格形象。有人总结刘安世能屡屡逢"劫"化吉的原因："诚而已！"①

无数史实昭示一个常识：政治理念与人性善恶，常常并不完全同构。一个持有正确政治理念的人，未必是个善人；相反，一个思想保守的人，也未必是恶人。读人，须从他的实际所为细细考察。写在考卷或策论上的文字，都不足为凭。这里用得着一句闪烁着真理光芒的大白话："一切从实际出发！"否则，难免会看走眼。乃因人性太复杂，人心最难测！

在北归途中，东坡的心境是极度放松的，他并不急于要赶往目的地，最终的落脚地在何方也是茫然的。最初的旨令是永州居住。到了元符三年（1100）十一月初一日，新的旨令又来了：授苏轼朝奉郎、提举成都府玉局观、外州军任便居住；授苏辙太中大夫、提举凤翔府上清宫、外州军任便居住。②这道旨令最核心的内容是，除了京城，苏氏兄弟可以自主选择居住地。因此，他

---

① 《宋人轶事汇编》（三），第1542—1548页，上海古籍出版社2015年6月版。

② 孔凡礼《苏轼年谱》（下），第1357页，中华书局1998年2月版。

不必去永州了。至此朝廷也并无要任用的迹象，所以他沿途访友赏景，吟诗作文，走走歇歇，逍遥笃悠……

途中也有小灾难。船行广州时遭遇"舟败"。是船破漏水，还是船翻了？"败"到何种程度，无记载。其后果是"平生所宝皆尽"，四箧墨块全部落入水中。所幸人无恙。后来东坡写字用墨，全赖友人赠送的墨块。①

苏辙的北归速度比其兄快。建中靖国元年（1101）二月二十八日，苏辙已到离京都不太远的颍昌。他止步颍昌，静候新的旨令。也许苏辙对重返权力中心，仍存有期待。东坡不久收到其弟简，力劝东坡归颍昌居住，兄弟相伴。且颍昌有友人来信，告知可以给他提供"大第"（住宅）安居。东坡也动心了，改变原初落脚宜兴的想法，准备最终在颍昌与弟弟聚合。

可天不遂人愿啊！东坡的身体每况愈下，在酷暑高温的蒸腾下，"瘴疠"毒发病倒了。在真州（今江苏仪真）时，东坡尚能约米芾"舟中夜话"，从真州往润州（今江苏镇江）的船上东坡连日昏沉不醒。

就在当年六月，东坡自觉来日无多，上《乞致仕状》：

> 臣轼先自端明殿学士兼翰林侍读学士、朝奉郎、定州路安抚使。蒙恩落职，降授承议郎、知英州，道贬宁远军节度副使、惠州安置。经涉四年，又蒙责授琼州别驾、昌化军安置。又三年半，该陛下登极大赦，量移廉

---

① 〔宋〕陆游《老学庵笔记》卷五，第78页，中华书局1979年11月版。

州安置。又经皇子赦恩，移舒州团练使、永州居住。臣以老病，久伏瘴毒，顿赴道途。未到永州，复蒙圣恩，复授臣朝奉郎、提举成都府玉局观，外州、军任便居住。臣素有薄田，在常州宜兴县，粗了饘粥，所以崎岖万里，奔归常州，以尽余年。而臣人微罪重，骨寒命薄，难以授陛下再生之赐，于五月间至真州，瘴毒大作，乘船至润州，昏不知人者累日。今已至常州，百病横生，四肢肿满，渴消唾血，全不能食者，二十余日矣，自料必死。臣今行年六十有六，死亦何恨？但草木昆虫有生之意，尚复留恋圣世，以辞此宠禄，或可苟延岁月，欲望朝廷哀怜，特许臣守本官致仕。①

东坡在病重时，曾预作《遗表》。这个《遗表》不仅仅是了结个人身后事的遗嘱，也是按当时朝廷官员惯例，以此方式所作的奏议，"就朝廷兴革事宜，提出建议，身后上之朝廷，以备采择，以示忠荩"。

《遗表》曾在若干亲友间传写。该"表"一如以往奏文，"披肝沥胆"，直陈己见，原打算上之朝廷，但因政风又变，东坡感到表文"触忤权要，不独于个人，于子孙、于友人均不利，遂改变初衷，不欲上之，不欲传于世"。有友人来简，欲将《遗表》刻于碑石，东坡回简，嘱之勿刻。于是"其文遂不传"②。

笔者只能无奈长叹，东坡的《遗表》连同他的肉身，永远长

①　《苏东坡全集》（四），第2204页，北京燕山出版社2009年12月版。
②　孔凡礼《苏轼年谱》（下），第1414—1415页，中华书局1998年2月版。

埋于青山下，化作大自然的一部分，后人无法传诵，只能用心灵去感知了。

后来的政局态势，证明了东坡先生的明智，这份《遗表》若存世，不知要给他的后人徒增多少磨难？东坡对侍立于旁诸子的最后话语是："吾生无恶，死必不坠，慎无哭泣以怛化。"

东坡遗憾临终前不能与弟苏辙见一面。

本年七月二十八日，东坡卒，享年六十六岁。

苏辙最终的贬斥地在岭南的循州。时在元符元年（1098）八月。

在接到徽宗即位大赦天下、量移永州的诏令后，苏辙即启程北归。

苏辙在循州期间，发生了一件令苏辙和世人皆觉得不可思议的事。不该漏记。

至循州第二年正月，有一位自眉州家乡来的七十三岁的老人，徒步来循州拜访乡贤。这位老人名叫巢谷。

人一倒霉，亲朋避之唯恐不及，连鸟雀也不会飞到屋场柴门来找谷粒。

"达"在朝堂有远亲，"贬"在江湖无人问。

这位年过七旬的老人居然徒步一千七百多公里前往二苏贬逐地拜访，被某些人称为"疯子"。

这是一位义薄云天的伟大的"疯子"！

这么远的距离，巢谷要徒步前往，大概用不了多久，就会倒在道侧了。但巢谷老人的心愿，居然实现了一半。他将心愿化为现实的奇迹。

元符二年（1099）正月某日，苏辙忽接巢谷先生自梅州来信，称："我万里步行见公，不自意全，今至梅矣。不旬日必见，死无恨矣！"苏辙见信，惊喜莫名："此非今之人，古之人也。"在今日笔者看来，不只是古之人，大概去外星球也难觅如此重情重义的人。这位老人世代为眉山农家，少时勤学苦读，曾赴京师参加进士考试。但临时改变主意，放弃文科，改习武艺，从此未能中举。又曾去西北边境结交骁勇善战的豪杰之士，晚年回乡间教书。听闻乡贤苏氏兄弟落难遭贬，决意徒步探访。两人相见后，"握手而泣"，日日促膝而谈了一个多月。巢老先生又执意要渡海去儋州探访苏轼。苏辙看他老弱多病，已非年轻时那般豪壮，且囊中只剩几千钱，劝其不必再徒步千里渡海去海南，但老人坚执要实现他的愿望，苏辙只得勉力凑了些钱资助他。没料到巢谷在途中钱袋行李被劫，老人贫病交加，客死荆州。

巢谷老人倒在前往儋州的途中，他的魂魄跨海飞向了他的乡贤东坡处。不知东坡先生的心弦有未感应到来自远方的拨动？

有关巢谷老人的形迹，苏辙有文《巢谷传》述其事。此文是苏辙代表作之一，收入各种版本的文选中，堪称精短人物传记的千古名篇。①

凡人巢谷永远消逝在无尽的虚空与尘埃中，而苏辙则用精美、精致的文字，在世人心中为他树了一块不倒的碑。

在这一年十一月初一日，苏辙接到授大中大夫、提举凤翔府

---

① 《苏辙集》第173页，中州古籍出版社2010年4月版。参见孔凡礼《苏辙年谱》第576页，中华书局1998年2月版。

上清宫、外州军任便居住的诏令，加快了北归的速度。在年底前即抵达颍昌。此时范纯仁在颍昌处病危状态，老友"同归颍川，白首相向。问疾于床，执手无言"。

从此，苏辙的脚步止于颍昌，不再向京都接近。他不知道新任皇帝（包括向太后）对他究竟是什么态度，目前只是"任便居住"，尚无复职任用的迹象。

建中靖国元年（1101）向太后崩，政治风向进一步向"绍述"（新党）转向，苏辙重返执政已绝无可能。苏辙比其兄小三岁，又多活了八年，在"靖康之难"降临前辞世。其间目睹了北宋政坛晚期种种风云变幻：潮起潮落，云卷云舒……涉及他本人的各种不良"刺激"，带有各种羞辱性的信息，不断撞击着他的脑幕。但这一切，对于年过六旬、宠辱皆忘的苏辙，已见惯不惊了。老先生闭门谢客，对时事不发一语，意在让朝堂彻底忽略他的存在。闲时著书、赏花、饮酒、吟诗，过着"心远地自偏""处事百欲轻"的陶渊明式的闲适书生日子，虽常常贫窘无下酒菜，或花开无酒，总的来说生活还算平顺。最主要的是居住地颍昌未再变更，无远途颠踬之苦。手中有书，笔下有诗，膝下有儿孙缠绕，温暖的亲情滋润着老人日渐枯竭的身心。

有蜀地乡人来拜见苏辙，在舍外等候十数日仍不得见。有熟悉苏辙生活习惯的人向他透露，宅南修竹茂密处有一小亭，风和日朗时，苏公喜欢去那里赏竹散心。你可在那里等候，总能一见。果然，某日访客终于在小亭子处见到苏辙。寒暄数言后，苏辙说："先生在此稍等，我去换件衣服。"而这一去，则不再回亭复见。不是苏辙待客冷漠，而是害怕稍有动静，再度招来贬惩之祸。

政和二年（1112）十月三日，先生仙逝，享年七十四岁。

苏氏兄弟临终病象，皆与腹疾有关。

我想这很可能与他们在元祐之后，屡遭贬斥，不断迁移居住地有关。他们的足迹从北到南，又从南到北，要适应不同的水土、气候、燥湿、温差，肠胃要消化不同地域的粗粝食物，这对人的健康无疑是一种折磨。假如他们能在安居乐业状态下生活，或许享寿更长。

"政治"这个东西有时实在害人不浅。二苏所热衷的"政治"并未能累积提升他们人生的高度，相反，他们不那么在意的诗文却烛照千年，成为一个民族乃至世界最珍贵的瑰宝。

我们可以不需要"政治家"的苏轼、苏辙，但我们不能没有天才级的文豪苏轼、苏辙！

借"刀"杀己

建中靖国元年（1101）正月十二日向太后崩。连同垂帘、撤帘（太后权同处分政事），向太后在哲宗崩后活了一年。这一年向太后试图调和两党，改变新党或旧党"一党"执政的局面，但如同太平洋与大西洋的交接处，两片不同海域的海水，始终保持各自颜色，绝不交融。

曾布发现，一批元祐党人进入政坛，并未能成为依附于他的同类。"弹"走了章惇等人，弓箭手们开始瞄准他了。

这一回，担任向太后出殡山陵使的是曾布。屁股在相位上尚未坐热，他的心脏已经开始"扑通扑通"心律不齐了。担任山陵使的宰相，按照唐代以来就有的传统，完成职命后应该主动辞去宰相职位。至于该宰相是否还继续留任，那就要看新皇的脸色了。也许在曾布看来，有"定策之功"的他，不至于重蹈前两位山陵使蔡确、章惇的命运轨迹。

曾布在太后下葬前就开始探皇帝口风，对宋徽宗说："众论皆以为，臣出使之后，必有合谋并力为倾摇之计者，愿陛下察之。"宋徽宗则说了一句含混的话："渠辈待人如此，岂有此理也！"就是说，那些人都是受过你的照拂，有的是你直接引荐上位的，按照常理，他们怎么可以这么做呢？[1]

但宋徽宗本人对曾布是何态度？很暧昧。向太后崩后，他可以无所顾忌地行使皇权了，他的态度才是决定曾布命运起降的最重要的一票。

元祐党人右正言任伯雨，就任半年间，接连上弹劾奏章一百零八道，可谓北宋年间最勤勉的言事官了。此人瞄准哲宗掌政年间的新党大臣，一个个"骂"过来，有人劝其稍敛锋芒，但他不予理睬，且"抗论愈力"。他对曾布欲调和元祐、绍圣之人持相反意见："人才固不当分党与（同党之人），然自古来未有君子、小人杂然并进可以致治者。盖君子易退，小人难退，二者并用，终于君子尽去，小人独留……"那么，曾布这样的人是算君子还是小人呢？在他眼中，大概推行"绍圣"的新党无一不是"小人"了。因此，曾布也就成了他攻击的靶标之一。

---

[1] 《续资治通鉴长编拾补》卷十七"建中靖国元年四月壬寅"条，转引自熊鸣琴《曾布研究》第106页，江西人民出版社2019年6月版。

在他准备上呈弹劾曾布的奏章时，曾布预闻其事，先将之降为"度支员外郎"逐出京都。①

在山陵使职事尚未完成时，不等曾布上呈那份程序性的辞相报告，就有谏官陈祐连上六道奏章，要将曾布"踢"出相位。宋徽宗在向太后崩后，有继承父皇神宗推行新法之意，除了曾布尚无更合适的人选，因此陈祐的弹劾未奏效，反将自己"弹"出了京城，被移知滁州。

有当代学人认为，北宋晚期新、旧党人士出现了两类人：新党出现了一批行政能力极强的"理财专家"，蔡京是代表性人物；而旧党中出现了一批"道德狂人"，陈瓘（号了翁）应是其一。其人在徽宗朝任右司员外郎，以直言敢言、知无不言著称，在士人中享有极高名望。曾布很想将之纳入自己的阵营，屡次向徽宗引荐，并使人谕意，"将大用之"，而这个陈瓘却不领情，对其子（正汇）曰："吾与丞相议多不合，今乃欲以官相饵。吾有一书将遗之，汝为我书。"且曰："郊恩不远，恐失汝官，奈何？"其子不怕丢官，愿为父书，瓘喜。次日，瓘持书至都堂，有同僚见书，惊诧咋舌。曾布见之大怒，却不怒形于色，反嬉笑谓曰："此书他人得之必怒，布则不然，虽十书不较也。"既如此，这个陈瓘索性录其疏及文《日录辨》《国用须知》，"状申三省"，广而告之，弄得朝堂内外沸沸扬扬，让曾布如同坐在一只刺猬身上。

陈瓘的弹劾奏书及《日录辨》《国用须知》，核心内容是"骂"曾布"尊私史而压宗庙，缘边费而坏先政"。所谓"私史"

---

① 〔明〕陈邦瞻《宋史纪事本末》（二），第457页，中华书局2015年8月版。

即指修撰《神宗实录》时摘用《荆公日录》，"缘边费"是指耗用巨额边费，使得国库匮乏，边塞并未因此而安宁。[1]其弹劾内容仍是涉及新法与元祐废法之争，用今人眼光审视，如一团乱麻，有扯不清的学理纠缠。

陈瓘在上疏中，以一种不惧得罪权相的大无畏精神表示："乞敷奏早行窜黜。"这样的人，你能奈他如何？他已经卷好铺盖准备走人了。宋徽宗满足其所"乞"，将之流贬泰州。

出现这样始料未及的局面，连宋徽宗也觉得这有违常理，在曾布临朝时曰："瓘如此报恩耶！"又问："卿一向引瓘，又欲除左右史，朕道不中，议论偏，今日如何？"

曾布满面愧色，无言以对。[2]

人与人之间的隔膜，常常如同中间横亘着一座无径可攀爬的山。曾布对陈瓘有引荐之恩，但陈瓘却觉得不能因私情而弃公论。而那陈瓘的"公论"恰恰又是褊狭的缺少包容的陈腐之论。生活中充满了类似的悖论！

在此事上，宋徽宗又撑了曾布一把。当然，其深层次因素是，原也想不分党派、让各路能臣共处朝堂、为社稷效力的皇上，已感到此路不通，正快速地转向绍述新法。因而进入朝堂的元祐党人在向太后归天后，又接连被"窜黜"。有史学家认为，破坏"调和"局面的恰恰是元祐党人。既然互不相容，冰炭不同器，那么只能看谁的铁腕更"铁"。与此同等重要的是，看谁有

---

① 〔宋〕岳珂撰《桯史》卷十四《陈了翁始末》，第158页，中华书局1981年12月版。

② 同上。

能耐持久地左右皇上的政治趋向。

宋徽宗的政治态度从"建中靖国"向"崇宁"（崇尚熙宁）转，既与元祐党人的不配合有关，也与大臣邓洵武的有力推动有关。《宋史·邓洵武传》中有一段邓洵武对徽宗的进言："陛下乃先帝之子，今相（韩）忠彦乃（韩）琦之子。先帝行新法以利民，（韩）琦尝论其非，今（韩）忠彦为相，更先帝之法，是忠彦能继父志，陛下为不能也。"

此言可谓一箭双雕，既激将宋徽宗继承父志推行新法，同时也给予元祐党代表人物左丞韩忠彦狠狠一棒。

引"狼"入室

韩忠彦是向太后属意范纯仁而无法遂愿的元祐党人的"替代物"，是一个平庸的宰相。元祐党人中的顶尖人物苏轼、苏辙偏激，不能起用，相比较温和中正、名望很高的范纯仁，因病又无法视事，与太后有姻亲关系的旧党老臣韩琦之子韩忠彦，便登上职权与能力完全不匹配的高位。

"龟鹤宰相"并处朝堂，像"鹤"一样高大的韩某完全不是身形虽矮瘦而心机万变、久历官场的"龟相"的对手。因此朝政大权，基本旁落于曾布手中。现在眼见新引入的元祐党人——那些本是韩忠彦一个党派的拥戴者，几乎被清除一空。韩忠彦失去依傍，更感到如芦苇般摇摇欲折了。

关于韩、曾的权力角逐，在向太后"上仙"后愈显激烈。《邵氏闻见录》记载："钦圣太后上仙，布为山陵使。布与内臣刘瑗交通，多知禁中事，就陵下密谕中丞赵挺之，建议绍述以迎合上意。"

曾布同时玩了一个小花样，将韩忠彦倚重的元祐大臣范纯礼从朝中移放出去了。曾布告知驸马都尉王诜："上欲除君枢密都承旨，范右丞不以为然，遂罢。"王诜曾想谋取这一职，但被皇太后挡掉了："王诜浮薄，果使为之则坏枢密院……"曾布妄言是因范纯礼的反对，导致王诜加恨于范。"（王）诜馆伴大辽使，妄称范右丞押宴，席间语犯御名（直呼上皇名字），辱国。右丞不复辩，以端明殿学士出知颍昌府……"

《邵氏闻见录》乃元祐旧党后人邵伯温的著述，书中多偏袒元祐党人而诋毁新党，真假难辨。但史实的确是建中靖国元年（1101）五月十六日，皇太后下葬永裕陵后一个多月，范纯礼即被出知颍昌府。[①]

推动宋徽宗坚定绍述理念的，还有邓洵武上呈的一幅图，名曰《爱莫助之图》。此图仿史书年表，分左右两档，列出朝中大臣的名字。左档为"绍述"，右档为"元祐"。在左、右中又分成自宰执、台谏至馆阁学校等七个不同的等级。在"绍述"这一档，宰执中仅温益一人，以下等级也仅数人，而右档主"元祐"的公卿、执事有上百人。这张图向宋徽宗展示了两党人士在朝中各部门的不同阵容，是告知宋徽宗，如要推动"绍述"，首先要做人事大调整。

这张表对曾布极不利，因为未将曾布列入"绍述"的宰臣之中，而是另推荐蔡京任相，以为欲推行"绍述"新政，"非相蔡

① 熊鸣琴《曾布研究》第111—112页，江西人民出版社2019年6月版。

京不可"。

宋徽宗在向曾布出示这张图时，有意将左档"绍述"一位官员名字揭去，曾布询问何人，帝曰："蔡京也。洵武谓非相此人不可，以与卿不同，故去之。"布曰："洵武既与臣所见异，臣安敢豫议？"①

曾布如此说，证明蔡京入相，已势难挽回了。

而左丞韩忠彦出于私心考量，也试图引新党人士中执政和权力角逐能力比曾布更强的蔡京进朝，借助蔡京之力扳倒曾布，因此也进言支持任用蔡京。

宋徽宗原本就喜欢蔡京，于是绕过曾布，先提拔蔡京为学士、知大名府，在蔡京过阙谢恩之际，将蔡京留在朝堂。

曾布夹在新、旧两党间，成了两头都不讨喜的风箱老鼠。北宋政坛上属于他的那盏灯该熄灭了。

更为让人觉得滑稽可笑的是，在蔡京即将入京时，韩忠彦遣其子到郊外恭迎；而这个曾布则遣子至更远的二十里外迎候，真正把脸面都丢光了。此时曾布好赖仍是位极人臣的宰相，怎会窝囊到此种地步？

以此方式会获得蔡京的好感吗？

难道他不明白？此时决定他起落的倒还不是蔡京，而是圣上。是刚二十多岁、春秋正盛的赵佶，不想与他这个成天喋喋不休于国事、毫无趣味可言的糟老头子"玩"了。

---

① 《宋史》卷三二九《邓洵武传》，转引自曾莉《蔡京年谱》第117—118页，广西师范大学出版社2020年1月版。

宋徽宗推行新政，需要有强大手腕的新党人物。蔡京则是圣上眼中的最佳人选。

曾布，唐宋古文八大家之一的曾巩之弟。虽满腹经纶，但长期浸泡在官场中，在大势已去时，仍贪恋权位，有意或无意中往自己本就污浊的羽毛上，再自泼一盆污水，不由得让人作千古一叹！

《宋史》将曾布列入"奸臣传"，后人多有为之鸣不平者。有学人钱潜认为："《宋史·奸臣传》（南宋大臣）宜进史弥远、史嵩之，而出曾布。"清代学者缪荃孙在编录曾布《曾公遗录》撰写的"跋"中认为："布权谲自喜，议论多偏，然时以元祐、绍圣均有所失，欲以大公至正消释党祸，较之惇、卞之徒，究属天良未昧。"①

有更多的人，经过官场浸泡，已不知"天良"为何物，或早已把"天良"塞到裤裆里去了！

朝堂之上的政敌双方，都想引蔡京这头"狼"扑倒对方，没有料到双方都倒在了蔡京的"狼爪"下。

秘密通道

如果某些野史的记载属实，宋徽宗对蔡京的好感，早在蔡京任开封府尹时就开始了。

正值炎夏高温天气，整个京都成了一口"大炖锅"，炖煮得

① 《全宋笔记》第一编（八），第322页，大象出版社2017年1月版。

身为开封府尹的蔡京常常汗湿衣衫，连小妾透过薄纱扭来扭去的美臀，也懒得瞄一眼了。幸得两位门人小吏连日不停地给他摇扇，摇得蔡大人心生恻隐之心，就将他们手中的扇子取来，蘸上笔墨，在扇面上题写了两首杜甫的诗。无几日，蔡京上朝时临出门发现，两位门人衣衫一新，颇有点"富贵气"了。

蔡京颇意外，问他们如何"富贵"了，两位门人连连拱手做感恩状："多谢老爷恩赐，在小的扇上题了字，昨天我们把扇子卖了，卖了两万贯钱呢！"

是谁出手这么大方，肯花两万贯买我的扇子？蔡京心中甚喜，居然有人肯花大价钱收藏他的墨宝，就问门人买家是何人。

门人回答："仆人不知，只知道是被一个王爷买走了。"

若干年后，蔡京任相成为宋徽宗的宠臣。某日，宋徽宗故弄玄虚地拿出两把扇子，问："爱卿，你看这是何物？"

蔡京一看，这不就是当年门人卖出去的两把扇子吗？买家原来是当年的端王，当今皇上。如此因缘巧合，可见这对君臣前世有缘啊！蔡京连连叩首感谢圣恩。

宋徽宗称，当年要获得爱卿的字，颇费周折。这两把扇子，依然是他珍爱的藏品。[①]

一位是写得一手好字的天才书法家，一位是痴迷艺术、书画的皇帝，这两人碰到一起，有天然的亲近感，有说不完的话题，常常就分不清咱俩谁是谁了。

---

① 〔宋〕蔡絛《铁围山丛谈》卷四，第52页，上海古籍出版社2012年12月版。

蔡京被贬放到杭州提举洞霄宫。这个职位是一个只享受一定俸禄而不必履行公务的闲职，最适合无权力欲望只有艺术雅好的人。对于蔡京这样在权力场呼风唤雨惯了的官员，虽有艺术雅好，也难免感到郁闷。但不必担心，蔡京这样的人，绝不会纠缠在负面情绪中。他是一个擅长把"嚼菜根"的日子，过成天天如同吃"鲍鱼"的人。

余杭有一名沈野的人与一杨姓道士，皆擅长命相之术，经常在一起切磋交流。某日蔡京邀沈野前往他的宅子，归来后沈野对杨道士说："余尝观翰林风骨气宇，皆足以贵而定不入相。" 杨道士则徐徐道来："子目力未至，此人面如美玉琢成，百体完就，无一不佳者。是人当作二十年太平宰相位，但其终未可尽谈也。"

这是野史所载的民间高人对蔡京命运的预测，是事后诸葛亮，还是真有其事，姑妄听之。但有一点可由此获知，蔡京其貌应该是气宇轩昂、仪表堂堂，确有高官儒臣之气质的。①

如果以为蔡京从一闲官再度咸鱼翻身，仅仅是外力推动的结果，那就太小看蔡京的"内功"了。从曾布力逐蔡京，而向太后坚执留蔡京在都城修神宗史；到蔡京趁制敕之便，私语宋徽宗坚持"绍述"父志，而宋徽宗请他姑且等待，已可见蔡京在官家心中的地位。

机遇又来了，也许真的是蔡京尚未到该灭灯的时候。蔡京从中宫"线人"处获得信息，宋徽宗亲侍宦官童贯至杭州天竺观音

---

① 《春渚纪闻》卷三，《宋人轶事汇编》（四），第1822页，上海古籍出版社2015年6月版。

寺，为皇上烧香求子嗣。此前蔡京不识其人，闻此信息便在天竺恭候。二人一见如故。一为皇帝近侍，身份特殊，蔡京从来不敢怠慢此等人物；一为前翰林学士承旨，文采笔墨皆大名鼎鼎，童贯也绝对不敢轻瞧了此类"潜力股"。童贯从京城远道而来，蔡京倾力尽东道主之谊，忙完了烧香的皇家"公务"，遂置酒宴招待。

席间蔡京问："祷圣嗣，以何为佛事？"其意是为圣上求子嗣，用了哪些物品来做供品？

童贯据实以告，蔡京听后，大为吃惊："富人家求子，亦不至如是之薄。"看来童贯手中钱物不多，用于烧香的"供物"比较寒酸，起码有失皇家之气派。

童贯叫苦："宫中何从得钱？"

蔡京又叹曰："朝廷乃如此不应付耶！国家府库如山如海，皆（皇）上物也。"为何不能调配开销呢？童贯将蔡京语传回京城内，宫内近侍、嫔妃、宦官等皆口口相传赞誉蔡翰林，恨不得他即日登上相位。[1]

童贯赴杭州的另一重要使命是为皇上搜罗各种书画、古玩等珍奇藏品。酒席间蔡京获此信息，不仅为皇上呈奉个人创作的书画作品，而且将自己收藏的前朝名家珍品拿出来献上。童贯喜出望外，不断将雅玩珍品快速呈送宫中，并每每附言：此乃蔡京呈奉。此举不断给官家带来良性刺激，蔡京的形象在官家心中益发丰润可亲了。

---

[1] 《家世旧闻》卷下，《宋人轶事汇编》（四），第1822页，上海古籍出版社2015年6月版。

童贯"留杭累月","蔡京与之游，不舍昼夜"。①

在蔡京的全程陪同下，童贯每日吃好、喝足、玩够、拿足，圆满完成皇上交给的事务，回京邀功请赏了。当然，童贯绝对不会忘了为蔡京进奉无数的美言。

对于蔡京来说，好消息的到来只是迟早的事。

---

① 〔明〕陈邦瞻《宋史纪事本末》第479页，中华书局2015年8月版。

卷六

权力的魔杖

"好官"与"好人"

好风凭借力，送我上青云。

建中靖国元年（1101）十二月十二日，蔡京接到了新的任命：复龙图阁学士，知定州。这年蔡京五十五岁，经验、学识、才干、手腕皆备，正是一个男人可以施展拳脚的年龄。

"天堂"的休闲日子好虽好，哪有皇城更有吸引力呢？青山绿水可以养眼，俏丽佳人可以怡情，美食佳肴可以养胃，笔墨珍玩可以提神，而权力带来的快感，是可以让男人全身心处于亢奋状态的。而其他，皆可视作权力的附属品。

北上，北上。蔡京心情大好，估计是一路哼着小曲前往第一个目的地定州的。他知道，一道道新的任命还在后面。躺在轿子里的蔡京，双目微微合拢，眉梢溢出快意。曲调节拍与轿子的"吱吱"声在同一频谱上……

此时的蔡京，犹如一头"风口上的猪"，在强力的推动下，无人能遏止他的飞升。正所谓好运来了，挡都挡不住。

二十二日，蔡京途经吴门，太守吴伯举设宴热情款待。恰好吴太守新修南双庙落成，恭请大学士为之作记并书。这文章是要用来刻到石碑上，矗立在寺庙内的。蔡京夸赞吴太守敬神安民，功德无量，欣然应邀，挥洒那一笔俊逸而又雄豪、曾给当今皇上登位写过制词的好字，为之作《重修南双庙记》，记曰：

今天子即位元年，爱重黎庶，慎简牧守，诏以左史吴公为直秘阁、知苏州。公至期岁，政化大洽，奸盗屏斥，牒讼疏简，民用康靖。公曰："噫嘻！先成民而后致力于神，古之善经也。今俗且治矣，其录境内神祠废坏者，以公帑所余毕修之。使安定休正，无有祟厉，为吾民忧。"吏白："城西南隅有旧庙二，荒陊当完。按图经暨州县版祝所称，一为永昌武大王，一为福顺贤德王。而邦人由闾阎市井及学士大夫，自昔相传，皆以为伍子胥庙。岁时祭享甚盛，杂然同辞，莫可夺也。或言，故隋将陈果仁尝以阴兵助钱氏伐淮寇有功，钱氏崇报之，请于梁朝，封福顺王。又使诸郡皆为建庙，则福顺之号为果仁无疑。至永昌之称，杳邈不可稽考，不知为何时人。今邦人独以子胥之故，愿众私出力，以卒营缮，协谋齐虑，鸠工类材，填郭溢郭，奔走相属，惟恐其后。故月不更朔，而庙已告新。今或称号仍旧，殆恐无以安子胥之灵，而失邦人所以完庙本意，敢以为请。"公曰："然。"昔吴濒海建国，恃水作险，内虞泛滥，外阙守御，蛙黾之与渚，而鱼鳖之与居。肇自子胥，相土味水，筑置城郭，实仓廪，治兵库，辟门二八，以象风卦，始能启塞有时，疏导无壅，除昏垫荡析之虞，而存抱关击柝之警，更祀几百，历载踰千，其城域门号至今因之而不变。是子胥尝能安吾民也。不顾小义，卒雪大耻，勇于纳谏，以至殁身，二者皆人之所难。昔日之不死，盖以为吾父；今日之死，盖以为吾君，由前足以教人之为孝，由后足以教人之为忠。忠孝之迹，昭著前史，殊尤卓绝，震暴耳目。匹夫匹妇可以与知，及其久也，宜胥化焉。

故后汉太守麋豹按行属城，问风俗所尚，其功曹唐景曰："处家无不孝之子，立朝无不忠之臣。倘非渐渍余风，被服成俗，畴能臻此哉？是子胥尝能教吾民也。既能安之，又能教之，由父传子，由子传孙，绵绵联联，以至今日，厥德茂矣，宜当血食此地。而庙貌不立于城阓，乃至斯民凭假它祠以崇敬奉，此殆畴昔守职者之阙。吾敢不勉？"《祭法》曰："法施于民，则祀之以死，勤事则祀之以劳，定国则祀之以非。此族也，不在祀典。"今福顺虽有功异代，事迹仅存，民弗敬慕，盖托子胥获享不替。而武氏名字功德阙然埋灭，无所考证。使子胥不忘斯民，实鉴临之，则武亦安敢正宁而飨也。礼固有以义起者，吾将于天子，冀正英烈之号，以嘉庙额，而用丕承民志，殆或可乎？武林元时敏曰："好恶靡常，莫能自克，惟民为然。"古之君子因民所好之善而导之，反民所好之非而禁之，好恶得正而其治成矣。郑人欲祀伯有，子产从而封焉。邺人欲祭河伯，西门豹从而禁焉。二子岂异意哉？顾民好恶，有当否也。今吾民愿祀子胥甚勤，是知有功之不可忘，而忠孝之可劝也。因而导之，使成于善。此所谓不严而治者，顾岂俗吏之所能为耶？今公一举废事而顺于民，安于神，又足为天下之劝，三善备矣，不可不书也。于是乎书。建中靖国元年十二月二十二日记。[1]

---

[1] 据曾枣庄、刘琳主编《全宋文》卷二三六三（一〇九册），上海辞书出版社2006年9月版。

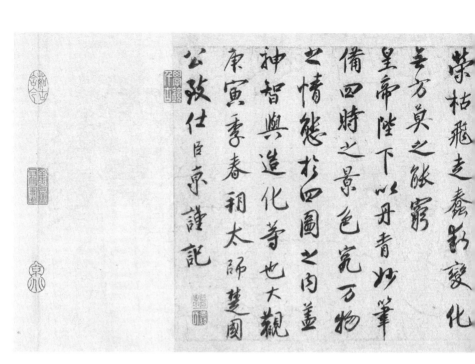

荣枯飞走万变化
姜方莫之能穷
皇帝陛下以丹青妙笔
备四时之景色兑万物
之情态于四图之内盖
神智与造化等也大观
庚寅季春朔太师楚国
公致仕臣京谨记

北宋·蔡京《跋雪江归棹图卷》

奎文藻焕非骚人墨世
愤懑之词真
圣人兄友挌物之义以
彼方此以
今观昔其事则同其
德其言则异猶日月之
揭霄壤之殊非臣敢私
也政和五年四月望书
师鲁国公蔡京谨题

北宋·蔡京《鹡鸰颂题跋》

臣伏觀

御製雪江歸棹水遠

無波天長一色羣山皎

潔行客蕭條鼓棹中

流片帆天際雪江歸棹

臣聞唐有天下不能

追迹先王甚政之所施

與士之所學皆同乎流

俗合乎汙世其文鄙朴

無復風雅閎允中業

魏為趍沿西遺風餘烈

無可稽考世梅明皇

脊令頌錄為翰墨文

章之美伏蒙

宣示真蹟其書札詞

吾台一室所作二人

文章洋洋洒洒数千言，但读起来过于沉滞，论气韵、灵动、境界与范仲淹《岳阳楼记》、苏东坡《赤壁赋》远不在一个等级上。记得曾布曾在哲宗面前非议蔡京文笔不及某某官员，也不无道理。也许蔡京的书法掩盖了文章本身的文采了。如果刻到碑上，相信第一眼还是让人觉得这翰林学士承旨书法好生了得，至于文章估计没几个人能仔细读下去。

蔡京对太守吴伯举印象甚佳，因此在蔡京任相后，首先力荐吴伯举破格提拔任用，连迁三官，从一个地方小官进入中书省成为起草诏令的中书舍人。但这个吴伯举在中书舍人任上，干了一件让蔡京格外窝火的事。蔡京要提拔四位"郎官"，吴伯举在接到起草诰命指令后认为，此四人的资历太浅，皆知县级别，按照旧例，不当任用，于是"封还词头"（拒绝起草诏书）。结果是蔡京将其逐出中书省，改知扬州。

蔡京就是这样的人，喜欢你，赏识你，可以给你开辟"绿色通道"、骑最快的汗血宝马，从地方直达中枢；不喜欢你，一巴掌将你打回原形。手段霹雳，爱恨绝不含糊。

后有宾客对蔡京称赞吴伯举有才，且是蔡相一贯赏识的人，不应该长久在外任地方官，显然是为吴伯举说情。

蔡京曰："既作好官，又要作好人，两者岂可得兼耶！"[1]

此可谓是蔡京关于"作官"与"作人"的经典之论了。是耶，非耶，这里且不做评论。但我们可以借此理解蔡京在官道上的所作所为。

---

[1] 《曲洧旧闻》卷六，《宋人轶事汇编》（四）第1823页，上海古籍出版社2015年6月版。

走"马"换"牛"

蔡京复龙图阁学士，知定州诏命下达不到两个月，即又被任命为端明殿学士知大名。同时蔡卞被移任扬州。

一个月后，复蔡京翰林学士承旨，兼修国史。

至此，蔡京已官复原职，离相位仅一步之遥了。

崇宁元年（1102）四月十一日，官家召见蔡京，征询其施政之策，此可看作皇上对拟任宰相的一次"面试"，对谈的时间不可能太长，蔡京首论二事：一事为神宗史的修复，他认为，神宗史在元祐年间被元祐党人掺入大量诋谤之语，须令史官恢复其本来面目，"崇宁"方有所依；其二为元祐时期，朝堂置"诉理所"，为那些在推行新政时被贬逐的官员昭雪。绍圣时期，圣上命安惇、蹇序辰校正，这是名正言顺的事，但二人却遭到除名，等于承认元祐"诉理"是对的，这两位大臣的罪名不除，如何推行"崇宁"新政呢？[1]

官家深以为然。

随后一系列官员岗位调整，如走马灯般频繁了。

首先是蔡京临朝入对后不到一个月，左仆射兼门下侍郎韩忠彦以观文殿大学士出知大名府兼北京留守。韩忠彦未被贬黜到边远之地去，是因为蔡京被召，韩忠彦曾助力。韩忠彦被罢相，一说是韩忠彦请辞；一说是遭到左司谏吴材等人的弹劾，论其"变

---

[1] 〔明〕陈邦瞻《宋史纪事本末》第479页，中华书局2015年8月版。

神考之法度，逐神考之人材"。大势所趋，韩忠彦应自知不可能留职，皇上特地把年号从"建中靖国"改为"崇宁"（崇神宗熙宁变法），他这个元祐党人韩琦的"官二代"，怎么可能继续坐在相位上呢？

如果说韩忠彦引蔡京入朝，以更强势的新党人物来挤压曾布，是一出昏招。但这一昏招也给他带来好处，即被贬黜的流放地不至于过远过惨。即使在蔡京大肆排贬元祐党人时，宋徽宗、蔡京对他还是手下留情了，韩忠彦在《谢表》中称："转徙风波，独安于近地；归还里闾，最早于他人。"宋徽宗读后曰："我固怜忠彦，今观其表，忠彦亦自知我也。"①

本年六月十二日，一批新党人士提升晋职或调任新职：

蔡京授尚书左丞；

许将加门下侍郎；

温益加中书侍郎；

赵挺之除尚书右丞；

张商英除尚书右丞；

……

而元祐党人则持续被贬黜：

六月十二日，尚书左丞陆佃（陆游祖父）出知亳州；

七月四日，集贤殿修撰、知颍昌府陈次升落职；

……

面对蔡京咄咄逼人的上升气势，曾布该如何自处呢？他这位

---

① 《曲洧旧闻》卷八，转引自曾莉《蔡京年谱》第125页，广西师范大学出版社2020年1月版。

老牌的新党人士能否与蔡京共处朝堂？此时的曾布已彻底萎缩，每次朝会，对于蔡京所论奏，曾老先生"不曰'京之言是'，则曰'京之言善'"①。

一个官场中人，如果到了此种扭曲求生、不知进退的地步，通常就只会自取其辱了。

没过几日，蔡京抓到一个弹劾曾布的把柄：曾布向官家推荐陈祐甫任户部侍郎，嗅觉高度灵敏的蔡京立马弹劾陈祐甫与曾布有姻亲，"以爵禄私其所亲"。陈祐甫子陈迪，乃曾布之爱婿也。曾布控制不住自己的情绪，声色俱厉地在皇上面前为自己辩护。但怎么说，曾布荐人挟带私情，与陈祐甫有亲家关系是"辩"不掉的。面对曾布的失态，中书侍郎温益大声呵斥："曾布，上前安得失礼！"

宋徽宗虽静观双方争执，但满脸不悦。

蔡京不愧是一流的书法家，他深谙手中笔墨何处该方，何处该圆，何处该先方后圆，何处该先圆后方，何处方圆兼济。他用笔看似随心所欲，却处处藏着不露的心机、锋芒、狡诈与智慧。可以柔软如羊毫，也可钢硬似铁刷。

崇宁元年（1102）六月九日，曾布被罢相，出知润州。翰林学士郭知章负责起草罢相制词，请示官家：用语褒贬的分寸该如何拿捏？上云："但用美词，以全体貌。"②

毕竟曾布在官家继位一事上，有拥立之功。不想用其人，但

① 《朱子语类》第八册"自熙宁至靖康用人"，第2360页，崇文书局2018年8月版。

② 《挥麈后录》卷六，转引自曾莉《蔡京年谱》第128页，广西师范大学出版社2020年1月版。

也得让他在一片悦耳的赞美声中体面地离场。

据《挥麈后录》卷一载，曾布的失宠在宋徽宗亲政时即已开始了。有人告知曾布"禁中放纸鸢落人间"，其意是宫廷内有人放风筝飘到宫外去了。曾布上朝奏告其事，宋徽宗曰："初无之，传者之妄也，当令诘所从来。"宋徽宗否认有此事，并要派人查核是谁散播此种谣言。曾布则阻止官家要进一步究治的冲动，认为："陛下即位之初，春秋方壮，罢朝余暇，偶以为戏，未为深失。然恐一从诘问，有司观望，使臣下诬服，则恐天下向风而靡，实将有损盛德。"言之有理啊！若因此事而制造出一个冤狱来，岂不有损官家形象？

"（皇）上惮服，然失眷始于此也。"虽然皇上采纳他的谏议，但对这个古板无趣的老头子也难免有几分厌烦。[1]

蔡京入相

崇宁元年（1102）七月五日，超擢蔡京为相。

说"超擢"是因为自尚书左丞直接拜相，算是越级任用。此前北宋宰相中只有元祐中苏颂享受过此种待遇。因此，对蔡京的破格拜相，官家也援引苏颂为例，其时有人献诗曰："磊落仪形真汉相，阔疏恩礼旧苏公。"[2]

蔡京的拜相制词，由新任翰林学士张商英起草，极尽溢美之

① 〔宋〕王明清《挥麈录》第48页，上海书店出版社2009年4月版。
② 〔宋〕王明清《挥麈录》第18—19页，上海书店出版社2009年4月版。

言，如果仅凭制词对蔡京的评价，作为其人定论，蔡京几乎就是古今第一"贤相"能臣了：

门下，文昌万物之源，源清而流洁；仆射百僚之表，表正而景端。若昔保邦，敷求俊德。肆予共政，厥有旧人。咸造于廷，明德朕训。中大夫、尚书左丞蔡京，才高而识远，气粹而行方。蚤逢圣旦之有为，遍历儒林之妙选，徊翔滋久，趣超益醇，出殿侯蕃，入居翰苑。适草元符之末命，预闻翼室之多艰，去就甚明，忠嘉具在，人之艰矣。动以浮言，天实临之，赉予良弼，是用延登右揆，总领西台，超进文阶，增陪并赋。慨念熙宁之盛际，辟开端揆之宏基，弛役休农，尊经造士，明亲疏之制，定郊庙之仪，修义利之和，联比同之政。国马蕃乎汧渭，洛舟尾乎江淮，周卿率属以阜民，禹迹播河而入海。经纶有序，威德无边。而曲士陋儒，罔知本末，强宗巨党，相与变更。凡情狃于寻常，美意从而蠹坏，赖遗俗故家之未远，有孝思公议之尚存。慎图厥终，正在今日。于戏！武王继志，昭哉文考之功；曹参守规，斟若萧何之迹。其辅台德，永孚于休。可特授通议大夫、守尚书右仆射。①

"才高而识远，气粹而行方。蚤逢圣旦之有为，遍历儒林之妙选……"如果你是官家，此时不用蔡京你用谁？

---

① 《宋大诏令集》卷五八，第292—293页，中华书局1962年10月版。

制下之日，官家召见蔡京，赐座延和殿，问曰："神宗创法立制，中道未究。先帝继之，两遭帘帷（垂帘听政的两位太后）变更，国是未定。朕欲上述父兄之志，今特相卿，卿何以教之？"

京顿首谢曰："敢不尽死！"[1]

蔡京以无法阻遏的气势，登上了宰相之位。

先是右相，时隔数月〔崇宁二年（1103）正月二十七日〕，又转拜为尚书左仆射兼门下侍郎。

对蔡京其人，一位大臣曾有一句精彩而又精到的评语。大观四年（1110）蔡京被罢相后居杭州。宋徽宗见一些大臣对蔡京恨之入骨，感到不理解，就询问："蔡京到底是个怎样的人？"户部尚书、同知枢密事侯蒙认为："如果蔡京心术比较正，虽古代的圣贤也无法与之相比！"

简而言之，此人能力超强，惜乎心术不正。

当这样的人位极人臣之后，会给国家带来什么样的后果呢？

到了南宋时期，官家把北宋"靖康之难"的灾祸，一股脑儿推给"六贼"，而蔡京是"六贼"之首，显然完全推卸了赵家人应负的责任。

官家和大臣各有各的不可推卸的罪责。

从某个角度说，不可救药的"苟且文化"、享乐主义毁掉了北宋，最终也毁掉了南宋。南宋诗人林升写的那首著名的诗，何时读都会让人感慨万千：

---

① 〔明〕陈邦瞻《宋史纪事本末》第482页，中华书局2015年8月版。

山外青山楼外楼，

西湖歌舞几时休？

暖风熏得游人醉，

直把杭州作汴州。

南宋淳熙十三年（1186），六十二岁的陆游被任命为严州知府。在等待皇上召见前，仍然上书宋孝宗赵昚，雄心勃勃，愿率兵北伐，收复中原。孝宗劝陆游放弃念头："严陵，山水胜处，职事之暇，可以赋咏自适。"

呜呼！有为之臣遇上苟且之君，其奈若何？

当然，无论怎么客观评价蔡京，其人"巨奸""巨贼"的罪恶是洗刷不掉的。

元祐党人碑

蔡京任相，无疑是元祐党人的噩梦。

此时的蔡京，面对政敌并无更多选项。要不听任"群狼"伺机反扑，使自己追随蔡确踏上赴岭南的险恶之途；要不重拳出击，打得元祐党人趴伏在地，满地找牙，不复有喘息反扑之机。

蔡京最擅长的是把权力用足。他要把元祐党人彻底连根拔掉，让他们绝无卷土重来的可能。蔡京是不会让蔡确被贬逐岭南的悲剧在自己身上重演的。

那个半年上奏章一百零八道，凶猛弹劾新党的任伯雨不是说"自古未有君子、小人杂然并进可以致治者"吗？

说得太好了！在元祐党人眼中，新党皆"小人"，而在新党人士眼中，元祐党人皆"小人"。或者换一种角度，谁掌握了话语权，本党皆"君子"，异党皆"小人"。到了蔡京掌握宰执大权，可谓非"蔡党"者皆"小人""奸人""奸党"了。

　　就在蔡京任相后的崇宁元年（1102）八月二十四日，对元祐党人的进一步清算开始。宋徽宗下诏：

　　"司马光、吕公著、王岩叟、朱光庭、孔平仲、孔文仲、吕大防、刘安世、刘挚、苏轼、梁焘、李周、范纯仁、范祖禹、汪衍、汤戫、李清臣、丰稷、邹浩、张舜民的子弟，一律不得在京城做官。"

　　这里司马光、苏轼在内的元祐党人有的早已辞世，有的不久前辞世，这道诏令是为了阻遏他们的子弟在京城任职。"子弟"应该包括他们的后代和门生。

　　同月，徐彦孚、朱彦、陈察、向纠、刘唐老、欧阳棐、钟正甫、许端卿、李昭玘、陈瓘、周鼎成等十一人，因"论变法罪"，被进一步降官落职。[①]

　　九月十三日，中书省通过检核元符三年（1100）大臣的奏疏，以疏中对变法派人士的政治态度为标准，将上疏大臣、小官分类为正上、正中、正下，邪上、邪中、邪下六等。

　　进入正类的人数极少——

　　正类上等，有钟世美、乔世材、何彦正、黄克俊、邓洵武、李积中六人；正类中等，有耿毅等十三人；正类下等，有许奉世

① 《十朝纲要》卷一六，转引自林金岱《蔡京与"党人籍"事件》，《蔡京史论选编》第94页，中国文史出版社2011年12月版。

等二十二人；

进邪类人数众多——

邪类上等特别邪恶的，有范柔中等三十九人；邪类上等，有梁宽等十一人；邪类中等，有赵越等一百五十人；邪类下等，有王革等三百一十二人。

而这些人的奏疏都交付蔡京。蔡京又转付其子蔡攸及其亲信死党强浚明、叶梦得，对正、邪的分类名录及奏疏内容"看详"（再度审定）。

确认为"邪类"人员"计五百八十二人"，这个统计数字与中书省提供的人数相等。[1]

列入正类的，则根据等级不同获得擢用。属于正类的强俊明的弟弟强渊明，同为蔡京死党，因参与了正、邪"看详"及对"邪类"定罪，得以"亟迁秘书少监、中书舍人、大司成，翰林学士"[2]。

列入邪类的则分等级定罪，给予不同程度的惩处。范柔中等三十八人被责逐远方。梁宽等四十余人受到降职贬黜。

在严厉打击和排斥元祐党人这一政治取向上，官家与蔡京高度一致。也许唯一有细微差别的是，随着对元祐党人的持续贬斥和打击，蔡京已经模糊了党派的边界，凡异己者，皆在打击和贬斥范围。

这里用得着一句使用频率很高的成语：顺我者昌，逆我者亡。

---

① 《东都事略》卷一〇二、一〇五，曾莉《蔡京年谱》第134页，广西师范大学出版社2020年1月版。

② 《宋史》卷三五六《强渊明传》第11209页，中华书局1977年11月版。

仅隔四月（九月十七日），宋徽宗御笔批示中书省："应系元祐责籍并元符末叙复过当之人，各具元籍定姓名人数进入，仍常切契勘不得与在京差遣。"①其意为所有在元祐朝名列贬谪之籍而在元符末年恢复官职不当的人，各查明原来登记确定的姓名上报，仍然不许在京城差遣职事。

中书省遵旨核定的人数约有一百一十九，其中有——

> 文臣执政官有文彦博、吕公著、司马光、安焘、吕大防、刘挚、范纯仁、韩忠彦、王珪、梁焘、王岩叟、王存、郑雍、傅尧俞、赵瞻、韩维、孙固、范百禄、胡宗愈、李清臣、苏辙、刘奉世、范纯礼、陆佃等二十四人；

> 待制以上官员有苏轼、范祖禹、王钦臣、姚勔、顾临、赵君锡、马默、王汾、孔文仲、朱光庭、吴安持、钱勰、李之纯、孙觉、鲜丁伏、赵彦若、孙升、李周、刘安世、韩川、贾易、吕希纯、曾肇、王觌、范纯粹、杨畏、吕陶、王古、陈次升、丰稷、谢文瓘、邹浩、张舜民等三十五人；

> 余官程颐、谢良佐、吕希哲、吕希绩、晁补之、黄庭坚、毕仲游、常安民、孔平仲、司马康、吴安诗、张耒、欧阳棐、陈瓘、郑侠、秦观、徐常、汤戫、杜纯、宋保国、刘唐老、黄隐、王巩、张保源、汪衍、余爽、常立、唐义问、余卞、李格非、商倚、张庭坚、李祉、

---

① 《续资治通鉴长编拾补》卷二〇，第247页，上海古籍出版社2006年4月版。

陈祐、任伯雨、朱光裔、陈郭、苏嘉、龚夬、欧阳中立、吴俦、吕仲甫、刘当时、马琮、陈彦默、刘昱、鲁君贶、韩跂等四十八人；

内臣有张士良、鲁焘、赵约、谭扆、杨偁、陈询、张琳、裴彦臣等八人；

武臣有王献可、张逊（亦作巽）、李备、胡田等四人。

为强化朝廷对这些元祐文武官员不得在京差遣的处置，宋徽宗御笔录其名，差工匠刻到石碑上，竖立于端礼门。这就是史上著名的"元祐党人碑"。[1]

北宋端礼门位于文德殿门外，是官员参加朝会或拜见皇上"端履整衣处"，是入朝官员必经之所。

所有大臣经过这里，浏览一下官家显赫的御笔碑刻名单，就会明白该干什么、不干什么。该提拔哪些官员不清楚，该打压哪些官员这里写得清清楚楚。如果有人打算逆官家和蔡相意志而动，先得做好脑袋撞碑的准备。

到了此时，说满朝上下皆蔡京党羽，应该是一个客观事实。

又有臣僚提出：元祐初互相勾结成朋党，变更熙宁、元丰政令的元祐党人，朝廷最近已作了处置。所有在元符末期，互相勾结成朋党，又变更政令恢复元祐做法的那些人，也伏望详细考察给予惩罚。

宋徽宗采纳其议，下诏：周常、龚原、刘奉世、吕希纯、王

---

① 林金岱《蔡京与"党人籍"事件》，《蔡京史论选编》第95页，中国文史出版社2011年12月版。

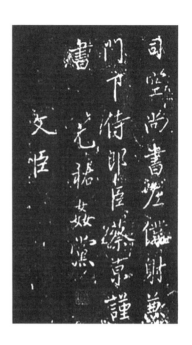

北宋·蔡京书《元祐党籍碑》（局部）

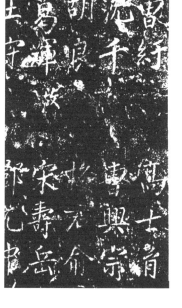

觌、王古、谢文瓘、陈师锡、欧阳棐、吕希哲、刘唐老、晁补之、黄庭坚、黄隐、毕仲游、常安民、孙平仲、王巩、张保源、陈郛、朱光裔、苏嘉、余卞、郑侠、胡田全部撤销虚职供养的祠禄。每个人都从本州迁到别的州、军居住。

且诏令：

所有受安置和编管、羁管处罚的人，所在的州、军依照元符敕令经常监督检查，不许放他们到城外去。[1]

断掉他们的口粮，迁往陌生的居所，限制他们的行动……

赵家王朝虽有所谓"不杀士大夫和言事官"的"家规"，惩罚做到这一步，与"杀"有多少区别呢？

到了宋徽宗与蔡京君臣联手共治的北宋年代，将元祐更化以来打击、排斥不同党派及异己文人的手段几乎用尽，与其他朝代比，就差株连九族、押赴刑场了。

元祐党人子弟不仅不能在京"差遣"，即便为探亲访友也不得进入京城；

皇室子弟不得与元祐党人子孙及五服之内的亲戚通婚，已有约定但未正式行礼的一律终止；

严禁以元祐朝的学术思想授徒，一经发现，立即严惩；

毁掉景灵西宫中吕公著、司马光、吕大防、范纯仁、刘挚、范百禄、梁焘、王岩叟八人画像；

禁毁苏洵、苏轼、苏辙、黄庭坚、张耒、晁补之、秦观、马涓等人的文集，范祖禹的《唐鉴》、范镇的《东斋纪事》、刘

---

① 林金岱《蔡京与"党人籍"事件》，《蔡京史论选编》第97页，中国文史出版社2011年12月版。

放的《诗话》、僧人文莹的《湘山野录》等书的印刷刻板，须全部焚毁……

两份《遗表》

宋徽宗和蔡京，要从精神层面彻底抹掉元祐党人痕迹和历史遗存。从实际情况看，不可能完全做到。三苏和苏门弟子的诗文词赋皆已广为流布，加上宋代印刷业的发达，读书人家中大概都会珍藏他们的著作。如果真的被全部禁毁，我们今天就看不到他们天籁般的文字了。有部分流失是必然的。诸如苏东坡临终前的《遗表》，当时只在部分亲友间传阅，因苏东坡先生意识到政治风向的改变，《遗表》可能会祸连子孙和他人，阻止友人印刻，导致《苏东坡全集》中《遗表》的缺失。在这一点上，证明了东坡先生的政治敏锐和远见，但也给今人留下了无法弥补的遗憾。

令人感到椎心的是，范纯仁的那份《遗表》居然上演了一出"范纯仁遗表案"的悲剧。

此前笔者曾写到，向太后参与垂帘权分同处朝廷大事时，欲虚相位以待的第一人选，便是在士人中极具名望的范仲淹之子范纯仁。范纯仁因身患重疾无法履职，为表忠心写了一份《遗表》，以"八事"建言献策于朝堂。其"八事"大意是：

> 盖尝先天下而忧，期不负圣人之学，此先臣所以教子，而微臣资以事君。

惟宣仁之诬谤未明，致保佑之忧勤不显。

未解疆场之严，几空帑藏之积。有城必守，得地
难耕。

……①

获悉范纯仁死讯，宋徽宗"诏赙（范家）白金三十两，敕
许、洛官给其葬，赠（范纯仁）开府仪同三司，谥曰忠宣，御书
碑额曰'世济忠直之碑'"。

皇上御赐白金、谥号和亲书碑额，范纯仁死后可谓备极哀
荣了。

没料到皇帝的脸比川剧脸谱的变化还快。范纯仁棺椁尚未入
土，其后人、子弟祸患就开始降临了。

更让人感到诧异的是，范家后人对此居然预有准备。可见不
断肆虐的北宋政坛暴风雨，已经让那些官场中人几如惊弓之鸟
了。其子范正平做了三件理智而令人称道的事：一是让郡守撤掉
那块御赐的碑额。郡守为范纯仁建"忠直坊"，取御赐"世济忠
直"碑额欲竖之，范正平未同意，曰："此朝廷所赐，施于金
石，揭于墓隧，假宠于范氏子孙则可；若于通途广陌中为往来
之观，以耸动庸俗，不可也"，"异时不独吾家诒笑，君亦受其
责矣……"说得好啊！受圣上恩宠还是低调一点好，没有必要
弄得路人皆知；其二，范纯仁的《墓志铭》请曾肇撰写，其中涉
及《遗表》一笔带过，仅言"既病，口授诸子遗奏数百言，读者
益叹其忠"，不及其他；其三，将《遗表》备录一份，缴申颍昌

---

① 《宋史》卷三一四，第10292页，中华书局1977年11月版。

府，盖府印寄军资库存档。

在范纯仁《遗表》所论"八事"中，最要害的内容是关于诬"宣仁"之谤要弄清楚，还"宣仁"一个清白。"宣仁"即垂帘听政、力主元祐更化的高太皇太后，她是元祐党人的总后台。哲宗亲政后，继述父志，新党重返朝堂，章惇、蔡卞、蔡京等，在"同文馆狱案"中曾企图把高太后卷进去，废掉她老人家的谥号，推倒元祐党人曾经的靠山。实际情形是因后宫太后的阻止，再加上证据不足而作罢。

在新、旧两党中，这无疑是一根敏感的神经，现在又被范纯仁的《遗表》所触碰。而范纯仁是元祐更化期间两次任相的重臣。到了崇宁时期，从"建中靖国"又转向绍述，如何对待范纯仁及《遗表》成了宋徽宗和蔡京都无法绕行的一块石头。

欲加之罪，何患无辞？

有人言范正平矫撰其父《遗表》，也就是说范纯仁压根儿就未写过《遗表》，是他的儿子借父之名编撰出来的。

又有人言，范纯仁门人李之仪所述《纯仁行状》中写到的二圣派中使蔡克明传达虚相位以待的圣意，是"妄载"其事，也就是此事本就不曾发生。

这还了得，两项指控如属实，都是要削脑袋的欺君之罪。这冤案制造得确实太离谱了。

真个是"假作真时真亦假，无为有处有还无"。真假全凭上下嘴唇两张皮。

御史府将相关人员范正平、中使蔡克明、李之仪逮捕入狱。据《宋史》卷三一四《范正平传》记载，被逮之人，受"捶楚甚苦"，几乎就要按冤案制造者需要的"供状"画押了。但中使蔡克明坚持申明：按照规章，凡传达圣语，必"受本于御前，请宝印出，注籍于内东门"，他提供了传宣圣语的盖有御宝的文案，又与注籍于东内门的圣旨相对照，白纸黑字写着，于是"妄载"一说被推翻，而范纯仁的《遗表》有盖上府印的副本存颍昌府军资库，御史府取出验核，可证非范正平矫撰。

于是，"狱遂解"。

尽管此案不成立，但范正平及其家人仍受到严厉的惩处。范纯仁的谥号被追废，御赐碑额被敲毁。范正平被羁管象州，李之仪被羁管太平州，随范正平被流放的"家属死者有十余人"。①

范纯仁死后备极哀荣，紧随其后则是家人备受祸害。

《遗表》建言成"遗祸"，一生忠直反成"奸"。北宋政治生态恶化到此种地步，让人唏嘘、捶胸，直将清泪洒山河。范纯仁立根朝堂，始终怀有一颗正直慈悲之心。从他谕子的一段话中可窥其为官之道、为人之境："人虽至愚，责人则明；虽有聪明，恕己则昏。苟能以责人之心责己，恕己之心恕人，不患不至圣贤地位也。"②

元祐党人碑"扩大化"

"元祐党人碑"事件从崇宁元年（1102）九月，宋徽宗御书刻碑立于端礼门开始，持续折腾至政和三年（1113）八月结束，

---

① 《宋史》卷三一四《范纯仁传》，第10293页，中华书局1977年11月版。
② 《宋史》卷三一四《范纯仁传》，第10293页，中华书局1977年11月版。

历经十一年。

这一事件朝两个方向"扩大化"：一是立碑地域"扩大化"；二是入碑名单"扩大化"。

崇宁二年（1103）九月二十五日，有大臣上疏说："臣最近出差到开封府，陈州的士人有人向臣打听端礼门元祐党人石碑刻的名字，他们的姓名虽然曾经下达公布过，但对于御笔刻石的名字，还不完全清楚，近在京畿的地方尚且如此，何况四方边远之地。请求特别降发圣旨，将御笔亲书，刻石端礼门的元祐奸党姓名下达京城以外各路州、军，让监司长吏厅立石刊刻，以昭示万世百姓。"①

此谏议正中蔡京下怀！元祐奸党碑立于端礼门和文德殿，毕竟只有少数朝中大臣看到，那些外州、军的府衙和百姓很难一一知晓，应该遍竖各州、军。

宋徽宗采纳其议，令御史台重新核定名单。这一次，御书的名单中减去了武臣、内臣和部分已于崇宁元年出籍的人，共有九十八人。

这些人的名单皆随诏令下发到各州、军，令府衙指派刻工刻于碑石。崇宁三年（1104）六月十七日这份名单重新核定扩展至三百零九人，涵盖了各个时期（元祐、元符等）"邪类"人员名单，他们是：

文官曾任宰相、执政官员的有司马光、文彦博、吕

① 林金岱《蔡京与"党人籍"事件》,《蔡京史论选编》第98页, 中国文史出版社2011年2月版。

公著、吕大防、刘挚、范纯仁、韩忠彦、曾布、梁焘、王岩叟、苏辙、王存、郑雍、傅尧俞、赵瞻、韩维、孙固、范百禄、胡宗愈、李清臣、刘奉世、范纯礼、安焘、陆佃（以上并元祐人），黄履、张商英、蒋之奇（以上并元符人）等二十七人；

曾任待制以上官员，有苏轼、刘安世、范祖禹、朱光庭、姚勔、赵君锡、马默、孔武仲、吴安持、钱勰、李之纯、孙觉、鲜于侁、赵彦若、赵高、王钦臣、孙升、李周、王汾、韩川、顾临、贾易、吕希纯、曾肇、王觌、范纯粹、吕陶、王古、丰稷、张舜民、张问、杨畏、邹浩、陈次升、谢文瓘（以上并元祐人），岑象求、周鼎、徐绩、路昌衡、董敦逸、上官均、叶焘、郭知章、张康国、龚原、朱绂、叶祖洽、朱服（以上并元符人）等四十九人；

其他官职，有秦观、黄庭坚、晁补之、张耒、吴安诗、欧阳棐、刘唐老、王巩、吕希哲、杜纯、司马康、宋保国、张保源、孔平仲、汤戫、黄隐、毕仲游、常安民、汪衍、余爽、郑侠、常立、程颐、唐义问、余卞、李格非、陈瓘、任伯雨、张庭坚、马涓、孙谔、陈郛、朱光裔、苏嘉、龚夬、王回、吕希绩、欧阳中立、吴俦（以上并元祐人），尹材、叶伸、李茂直、吴处厚等共一百七十七人；

武臣有张巽、李备、王献可等二十五人；

内臣有梁惟简、陈衍、张士良等二十九人（均元符人）；

为官不忠曾任宰相的有王珪、章惇。①

各类史书中对这份名录，有多种记载和评述：

《挥麈录》卷一称："蔡元长相矣，使其徒再行编类党人，刊之于石，名之云：'元祐奸党'，播告天下。但与元长意异者，人无贤否，官无大小，悉列其中，屏而弃之，殆三百余人。有前日力辟元祐之政者，亦饕厕名，愚智混淆，莫可分别。元长意欲连根固本牢甚，然而无益也，徒使其子孙有荣耀焉……"②

《梁溪漫志》卷三记载：刘元城（宣和六年十月六日）曾对友人说："元祐党人只是七十八人，后来附益者不是。"他说此话时，实际上存世的元祐党人只剩下刘元城一人了。

特别令人感到荒唐可笑的是，将王珪、章惇、曾布、张商英也列入这份广义上的"元祐奸党"名录。此四人皆新党中赫赫有名的大臣，王珪、章惇、曾布皆位列新党宰辅级别，而张商英则是蔡京任相时，为蔡京书写制词的人。那份制词对蔡京极尽溢美之词，在蔡相听来肯定也是声声悦耳的"颂歌"。虽说制词以圣上名义宣读，但文案却是由时任翰林学士的张商英完成的。张商英也因此而先升任尚书右丞，再转迁尚书左丞。此人鲜明的政治立场标识当属新党，而非元祐党。"元祐党人碑"的名号，应改为"异己党人碑"。

张商英的飞升和坠落，值得我们给予特别的关注。

---

① 林金岱《蔡京与"党人籍"事件》，《蔡京史论选编》第100页，中国文史出版社2011年2月版。

② 〔宋〕王明清《挥麈录》第51页，上海书店出版社2009年4月版。

张商英，蜀州新津人，体魄高大健硕，自负有卓异之才，早年任通川主簿。渝州边民发生叛乱时，张商英凭一条三寸不烂之舌，降伏了叛民酋长，因此声名初振，被调任知南川县。章惇奉命治夔夷，"狎侮郡县吏，无敢与共语"。部使者想到了张商英，觉得只有他的才干，足以与同样魁梧而又"自肆"的章惇抗衡。张商英见章惇时一身道服，"长揖就坐"，看上去低调有礼，但从容自信写在脸上，章惇每说出一条意见，张商英即条分缕析，娓娓道来，识见明显高"章"一筹，这一招把章惇征服了。这家伙职位不高，但才识非同寻常啊！

章惇赏识其才，将之转荐于王安石，以检正中书礼房擢监察御史。在哲宗亲政时期，攻元祐大臣也可谓不遗余力。"论内侍陈衍以摇宣仁（高太后），至比之吕、武；乞追夺光、公著赠谥，仆碑毁冢；言文彦博背负国恩，及苏轼、范祖禹……诸人，皆相继受谴。"①至蔡京任相时，又曾草拟美辞飞扬的制词，这样的人，蔡京又有何理由整他？又怎会成了"元祐奸党"？史书上称，张商英与京"同在庙堂，议事多不合"。商英言蔡京奸邪，有"身为相国，志在逢君"之语。②张商英是在何种场合批评蔡京之奸的，又有哪些更具体的论述？未见记载，但有这八个字，足够让蔡京翻脸不认人了。过去你颂扬我，我重用你；如今你不附我，那就与那个吴伯举享受同等待遇，一巴掌打回原形。

---

① 《宋史》卷三五一《张商英传》，第11095页，中华书局1977年11月版。

② 《东都事略》卷一〇二《张商英传》，转引自曾莉《蔡京年谱》第152页，广西师范大学出版社2020年1月版。

但惩处张商英这个级别的人，采取的手段要稍稍复杂一些，对此不同史书有相似记载：

> 张丞相（商英）媚事绍圣，共倡绍述，崇宁二年，遂为尚书左丞。会与蔡元长异论，中执法（御史中丞）石（豫）、殿中御史朱（绂）、余（深）以风旨将劾奏之，而无以为说。或言其在元祐中，尝著《嘉禾篇》，拟司马文正（光）于周公；且为开封府推，当其薨时，代府尹为酹祭文，有褒颂功德语，因请正其罚。[①]

蔡京派人授意御史台的党羽们弹劾张商英，但几位弹劾官一时不知从何下手。终于有人找到张商英在元祐初期，颂扬司马光的文章《嘉禾颂》及司马光死后代开封府尹写的祭文。原来这个给蔡京写过溢美制词的人，也曾给元祐党人的"魁首"司马光写过颂扬的文章，"论议反复，贪冒希求……岂容在列"。于是落职亳州，名入元祐党籍。

人真的是非常复杂的动物，看似水火不容的言行却也能集于一身。颂扬司马光与颂扬蔡京，看似矛盾，但从"贪冒希求"，为个人谋求更大的权位这个向度去寻找根由，也就不难理解。只要许以美官，写"颂扬"文章，对于饱读诗书又有文学才华的张商英来说，是一件倚马可待的事，只要把那些曾读过的经、史、

---

① 〔宋〕岳珂《桯史》卷七"嘉禾篇"条，参见沈松勤《北宋文人与党争》第164页，人民出版社1998年12月版。《宋史纪事本末》第485页，中华书局2015年8月版。

子、集中用烂了的词汇，拎出来重新整合一下即成。

张商英后来的仕途轨迹，与蔡京起落成反方向运动。蔡京走红，他落拓；蔡京下沉，他上升。有一度时间，在蔡京罢相后，他也曾被宋徽宗重用，登上相位。因此他的故里，是以出了一位北宋宰相而倍感荣耀的。从这个角度说，张商英批评蔡京，又何尝不是一种策略。

这份阵容庞大的"元祐奸党"名单，立于朝堂的碑刻由圣上宋徽宗御笔书写；立于各郡、县的碑刻名单，则由蔡京书写。

两位都是北宋时期，也是中国艺术史上声名显赫的大书法家。撇开政治，只论艺术，他们的作品都很优秀。果有他们的真迹传至今日，在艺术品拍卖市场上会拍出天价。

惜乎此时他们的墨迹，散发的不是"墨香"，而是"血腥气"；经过精心研磨而出的"墨汁"，成了害人害国的"毒汁"。

"党人碑"按照朝廷旨令要遍立各郡县。各地官员接到名单便找当地有名的刻工来刻碑。九江有一位名李仲宁的刻工，擅长碑铭，其刀工在当地颇有名气。太史黄某派人请他来刻元祐党人碑，刻工看了这份名单说："小人原本贫窭，生活困窘，只因有人请我刻写苏内翰（苏轼）、黄学士（黄庭坚）的诗词文章，才让我得以温饱。今日以奸人之名，让我刻写他们的大名，实在下不了手啊！大人还是免了我这差事吧！"黄太史为之感动，曰："贤哉！士大夫所不及也！"从其所请，且馈酒若干坛以示敬意！

在各类野史中，可读到多条有关刻工拒刻党人碑记载。可见正、邪，善、恶，百姓心中自有一杆秤啊！

陈了翁之"了得"

陈了翁即陈瓘，字莹中。了翁是其号。闽人。年十八登进士甲科。此前文字已屡次提及陈某大名，相信读家已不陌生。

在北宋晚期历史上，此人不该被忽略。甚至在中国、世界文化史上，也不该被忽略。在蔡京党羽禁毁元祐诸贤著述中，此人干了一件非常漂亮的事。如果不是此人以身挡箭，司马光编著的史学巨著《资治通鉴》，可能就化为一缕青烟，只能在各类史籍中存目以备忘了。

要知道三苏及其门生诗文皆已广泛流传于民间，要尽毁他们的著作，可谓难于上青天。可是要毁掉卷帙浩繁、藏于馆阁，很难在民间广为镂版印刷的《资治通鉴》，那可是一件轻而易举的事。

就在这部伟大的史学著作命悬一线时，陈瓘（陈了翁）先生"横刀立马"，遏止了蔡京党羽罪恶而愚蠢的行为。

在此前，我们已经略知陈瓘弹劾蔡京、曾布的大气凛然的形迹。这是一个特立独行、油盐不进、一身浩然正气的家伙。

陈了翁之父与另一位名儒潘良贵之父是亲密好友。某日潘父对陈父说："吾二人官职、年龄种种相似，独有一事不如公，甚以为恨。"陈问之。潘答曰："公有三子，我乃无之。"陈笑笑说："吾有一婢，已生子矣，当以奉借。他日生子即见还。"这位被慷慨出借的婢女，即陈瓘之母。婢女至潘家不久即生潘良贵。后来，婢女为照看儿子，往返于两家。婢女在家中似乎地位不高，但一女生两名儒，一时成为佳话。这位婢女成了世所罕见的伟大的母亲。[①]

陈了翁登进士第后出任颖昌府教官，太守韩持国设宴招待宾客，按习惯应该在举杯前，由艺人讲一段"乐语"（带有祝贺、赞誉宾客的话），但书面文字应由相关文臣为之。[②]守令传达至了翁，了翁婉拒："朝廷师儒之官，不当撰俳优之文。"太守闻之，不以为忤，反觉此人有个性，屡屡荐之于朝廷。[③]

陈了翁任职越州金判时，蔡卞知越州，见了翁"学识卓异"，对之特别关照、优厚。而了翁感觉到，蔡卞礼遇加厚，意在将他引为同党，便常常以生病寻医为由，故意疏远之。在常人看来这是向上攀缘的机会，了翁却敬而远之。[④]

对于北宋政坛出现的朋党相争的弊端，了翁表现出异于常人的洞见。绍圣初，朝廷诏章惇回京任宰相，道经山阳，了翁随众人一起去拜见这位正春风拂面的拟任宰相大人。此时了翁人品才识在士人中已具有相当名声，因此章惇另眼相待，给了他特殊的礼遇，独请了翁一人登上自己的船，询之以当时政务。

---

① 《齐东野语》卷十六，《宋稗类钞》卷一，参见《宋人轶事汇编》（三），
第1552—1553页，上海古籍出版社2015年6月版。

② 燕筠《宋"大宴"中的"乐语"》，《中华读书报》2020年9月23日。

③ 《能改斋漫录》卷十三；《云庄四六》余话等。《宋人轶事汇编》（三），
第1553页，上海古籍出版社2015年6月版。

④ 《自警编》卷二，《言行规鉴》卷二，《宋人轶事汇编》（三），第1554
页，上海古籍出版社2015年6月版。

了翁说了这么一番话：

"请以所乘舟为喻，乘舟偏重，其可行乎？移左置右，其偏一也，明此则可行矣。"

要掌控好全国大局，需要像行船一样，保持船体左右的平衡。如果你把重量压到船的一侧，这船恐怕不仅不能正常行驶，一不小心还会翻船的。了翁以左右来比喻朝廷的两股势力，不希望再出现一边倒的状况。应该说是对症下药的金玉良言啊！

章惇默然，不置可否。

了翁进一步反问章惇心中打的是什么算盘：

"（皇）上方虚心以待公，公必有以副上意者，敢问将欲施行之叙，以何事为先，何事为后？何事当缓，何事当急？谁为君子，谁为小人？谅有素定之论。"

章惇沉思良久，曰：

"司马光奸邪，所当先辨，无急于此。"

了翁对曰：

"相公误矣，此犹欲平舟势，而移左以置右也。果然，将失天下之望矣。"

章惇心中所想的，正在了翁的意料之中。也许章惇完全明白了翁是对的，但满怀复仇之心的章惇，已经无法控制自己了。当一个人完全为一种复仇"快感"所缠绕，是无所谓理智的。所谓更高的境界和更阔大的胸怀，是为那些圣人级别的贤臣准备的。

章惇是能人，但不是圣人，甚至也不是君子。

章惇随后对司马光辅助高后，大肆更改先帝之法，说了一番严厉谴责的话，认为司马光如此误国，不是"奸邪"是什么呢？

而陈了翁对熙、丰、元祐之事，发表了一番高屋建瓴的宏论，认为司马光用"母改子之说"，"行之太遽"，导致天下纷纷，固然有需校正之处，但"为今之计，唯当绝臣下之私情，融祖宗之善意，消朋党，持中道，庶乎可以救弊……"了翁的一番高论，章惇虽然并未全盘接纳，但也颇觉惊骇，果真是"才识卓异"，名不虚传啊！

章惇到京任相后，召了翁为太学博士。但了翁闻章惇与蔡卞正如其所料，将船的重心完全倾压在另一侧，对元祐党人开始清算，"遂以婚嫁为辞"，推迟很久乃赴任。章惇知其"道"不同，三年中未调整他的官职。①

章惇妻曾劝其"无修怨"，妻子死后，章惇哀痛不已，了翁讥刺道："公与其无益悲伤，曷若念夫人平生之言？"章惇听了心里不舒服，只是不重用这位太学博士，倒也未施以惩贬手段。

到了蔡京党羽奉命要焚毁司马光编著的《资治通鉴》印版时，这位陈了翁挺身而出，让经办官员薛昂、林自不敢下手。他采取的对策是抬出神宗为《资治通鉴》所作序文做挡箭牌，在策士题中引用了这篇序文，以明"神宗有训"。

林自骇异，问："此岂神宗亲制耶？"（这是神宗亲自写的吗？）

了翁怒目反问："谁言其非也？"（文章署的是上皇的大名，经过神宗御览授意，谁敢说这不是神宗写的？）

---

① 《宋名臣言行录》后集卷十三，《宋人轶事汇编》（三），第1554页，上海古籍出版社2015年6月版。

林自又曰："亦神宗少年之文耳。"（至多是神宗年少时写的文章吧?）

了翁义正词严予以驳斥："圣人之学，得于天性，有始有卒。岂有少长之异乎?"（皇上所撰文章，岂可以年少加以菲薄?）

林自辞屈愧叹，将了翁之语转报蔡卞，"卞乃密令学中敷高阁，不复敢议毁矣"[①]。

不能不佩服这位了翁可谓有胆有识有智啊!

对于新党，神宗序文是一根"高压线"，谁敢毁了有神宗序文的《资治通鉴》，了翁一支箭射上去，治他个不恭之罪，不被拘入牢狱，也要被流放到岭海去!

他用神宗序文守护了一部中华史学瑰宝，免于被毁，惠泽千秋万代，青史岂能疏忽这一笔!

前些日子，笔者翻读了海外汉学家唐德刚先生的一篇精彩演讲稿《我与"通鉴"》，文中讲到他的治学之根，完全得益于"通鉴"。熟读"通鉴"彻底改变了他的命运。受他的文字诱惑，笔者毫不犹豫下单买了一套最新的精装版《资治通鉴》，连同王夫之的那部《读通鉴论》也一并购入。

伟哉! 陈瓘、陈莹中、陈了翁。

对于陈了翁这样油盐不进、独立不羁的"硬骨头"，当然不能奢望其有美妙的结局。

很多当代写作者只看到宋代"不杀士大夫与言事官"的家

---

① 《清波杂志》卷九，《宋名臣言行录》后集卷十三，《宋人轶事汇编》（三），第1555页，上海古籍出版社2015年6月版。

规，但没有看到文人备受折磨的一面。

从章惇、曾布到蔡京、蔡卞，了翁几乎把当朝大臣全部得罪了。

——弹劾章惇：章惇在昆山强买民田，使一些百姓因失田而无家可归，引发民愤。对此案州县监司不敢受理，户部获情不敢论治，御史台亦不敢弹劾，而了翁揪住此事连章上疏：

"按惇抱死党之志而济以阴谋，蕴大奸之才而辅之残忍，因缘王安石、吕惠卿之党，遂得进用，而造起边隙，侥幸富贵。在先帝时已坐买田不法，尝罢执政。蔡确引用，再叨大任。陛下嗣位，擢置上枢，而内怀奸谋，沮毁圣政，以至悖慢帷幄之前，殊无臣子之礼。及以家难退归里闾，而敢凭恃凶豪，劫持州县，使无辜之民流离失业。乞特赐窜殛，仍委台臣置院推劾，其昆山，苏州及本路监司亦乞并行黜责。"

朝廷发运司究治，结果是对章惇处以罚铜十斤。了翁再上书，声言责之太轻，难伏公议。长长的奏疏，几乎列数章惇之"恶"，大声疾呼："愚民冒犯，犹有常刑，惇为大臣，天下所望，而亏损名教，绝灭义理，止从薄罚，何以示惩？圣人制法，惟务至公，若行于匹夫而废于公卿，伸于愚民而屈于贵近，此乃姑息之弊，非清朝之所宜行也。"[①]

——弹劾蔡卞：徽宗即位，了翁除右正言。"论蔡卞修《（神宗）实录》，增加王安石《（荆公）日录》，紊乱神宗大典，请改修。"随后了翁迁右司谏，了翁又弹劾蔡卞："假托经

---

① 《自警编》卷六，《宋人轶事汇编》（三），第1555页，上海古籍出版社2015年6月版。

义，倡为绍述，重诬我神考，轻欺先帝，倡为国是，以行其私。卞之所是，谓之国是；卞之所非，论之流俗。尊安石而薄我神考，不可为国是。"了翁因此弹劾，被罢监扬州粮料院，又改知无为军事。

虽然被贬，但宋徽宗却密遣人赐了翁黄金百两。也许因为皇帝推新政，虽然不能接纳他的弹劾，但对了翁的敢言直言，从心里还是尊重的。[①]

——弹劾蔡京：某日朝会，皇上晚到，朝阳当空，众臣立班等候，无人能仰观火辣直射的阳光，只有蔡京能直面观之，眼睛一眨而不眨。了翁见之，对同僚曰："此公真大贵人也。"同僚感到诧异，问他："你既然看出蔡京乃非同一般人士，有富贵相，为何还要贬议批评他呢？"了翁略加思索，吟了一句杜甫的诗："射人先射马，擒贼先擒王。"此前，了翁任地方官时，曾对人言："蔡京若秉钧轴，必乱天下。"在蔡京任翰林学士承旨时，了翁已对人言："治乱之分，在京用否。""京小人也，尤好交诸宦者，京得志，则宦者用；京与宦者得志，天下何以不乱！"任谏官后，了翁更是屡屡对皇上建言：蔡京、蔡卞不可用，用之决乱天下。此人也就成了蔡京欲除之而后快的一块又大又硬的石头。蔡京曾派亲信至了翁处，既为自己辩解，又传达对了翁的美言，希望能友好相待。而了翁不吃这一套，"攻之愈力"。蔡京奈何不得此人，因名气太大，宋王朝又有不杀言事官和士大夫的家规，因此除了将了翁连连窜谪，似乎一时也无更毒辣的手段。

---

① 《名贤氏族言行类稿》卷十一，《宋人轶事汇编》（三），第1556页，上海古籍出版社2015年6月版。

机会来了。了翁儿子在京师，因议论蔡京之非被逮捕入狱。更具体原因史料记载不详。儿子有罪，了翁也被牵连，于是御史台派悍吏至明州逮捕了翁至京城监狱。离开明州时，当地百姓立于道侧泣送。入狱后，了翁见到其被捆绑着的儿子，笑着说："这个不肖儿子惹麻烦，让我也到京城跑一趟。"

审讯了翁的是酷吏李孝寿。此公坐在大堂，前垂一道帘子，"列五木于庭"，吆喝狱卒将了翁带上来。

"五木"，古代束身的刑具。是用硬木做成的器械，用于夹住受刑者的各个肢体。如果犯人不服，则收紧"五木"，可使犯人肢残骨碎。这是一种令人闻见即毛骨悚然的残酷刑具。

面对酷刑侍候，了翁面不改色，从容应答："蔡京之罪，某实知之，不肖子不知也。"蔡京干了什么坏事，有什么劣迹，我最清楚。我这个不肖儿子其实很无知。请多拿一些笔墨纸张来，我会一条条写下来昭告天下。我死都不怕，还怕几块夹木吗？这个被称为"酷吏"的李孝寿胆怯了，担心把事情闹大，以"莹中为不知情，即日放归"，而其子被发配至海南。①

了翁著有《尊尧集》。贬谪台州时，新任知州石悈派兵吏至其住所，搜检其行李，无所得，又将了翁押至郡堂。石悈陈狱具于大堂，威逼了翁交出《尊尧集》副本。了翁这才知道，官兵搜检行李，原来冲《尊尧集》而来。于是问知州："今日之事，是

---

① 《野老记闻》《尧山堂外纪》卷五十五、《宋臣言行录》后集卷十三、《邵氏闻见录》卷十五等，《宋人轶事汇编》（三），第1557—1559页，上海古籍出版社2015年6月版。

否奉旨行而来？"石悈未想到，了翁冷不丁会提出这个问题，慌乱中应答："有尚书省劄子。"向了翁出示了尚书省文书，劄子内容大意是《尊尧集》系诋毁之书，要上缴销毁。了翁问："尚书省是代表了朝廷的旨意吗？他们揪住这本著述不放意欲何为？"了翁侃侃而谈，等于给这位新任知州上了一课：

"君知《尊尧》所以立名乎？盖以神考（神宗皇帝）为尧，而以主上（当今皇上）为舜。助尧尊舜，何谓诋诬？时相（蔡京）学术浅短，名分之义，未甚讲求，故为人所劫使，请治《尊尧》之罪，将以结党固宠也。（没弄明白我的书写的什么，就盲目地来治我之罪，这不是结党营私又是什么？）君所得于彼者几何？（你从中获得了多少好处？）乃不畏公议，干犯名分乎！（你不怕天下公众议论笑话你吗？）请具申瓘此语，瓘将显就诛戮，不必以刑狱相恐。（请将我的话转达至朝廷，我已准备立即引颈就戮，就不要弄这些刑具来吓唬我了！）"

石悈不等他把话说完，就连连作揖退堂。①

了翁被贬谪地甚多，最远处是廉州（治所在今广西北海市合浦县廉州镇）。了翁为人作碑文，他常落款自称"除名勒停送廉州编管陈某撰"。

看到网上有自媒体作者介绍廉州，称其"有得天独厚的地理位置和环境气候，古今文人墨客喜会于此"，把今天的地方宣传广告语，套到古代受难文人头上，简直就是无耻至极了。那时的

---

① 《宋名臣言行录》后集卷十三，《宋人轶事汇编》（三），第1560—1561页，上海古籍出版社2015年6月版。

廉州是远离京都的荒僻之地，是宋代文人的流放地，无论是陈了翁还是苏东坡，他们乐意"会于此"吗？这样的写作者，应该把他送到北宋去，享受一次被发配到廉州"喜会"的待遇。

史载了翁"好读书，至老不倦。每观百家之文，及医卜等书，开卷有得，则片纸记录，粘于壁间，环座既遍，即合为一编，前后凡数十册。"[①]

有一则轶事，近乎神话。了翁贬谪合浦期间，生活极其窘迫，钱粮维持温饱难以为继。一日昼寝，梦神人来问："何以度日？"了翁曰："正有朝夕之忧。"神人曰："天帝以汝忠直，故遣来授汝针法，以救合浦之人，且可自给。"了翁拜受教，神就其身指示曰："某病针此，某病针此。"既觉，红斑满体，急起录之。在合浦累年，赖以此给衣食。[②]

说了翁靠针灸行医，既利他人，自己也赖此获得生活之资，是因有神人相助，可能是稗官史家虚构出来的，也或是一种民间神话。我更相信，了翁是靠钻研中医之术，而获得此种利民自救的技能。

了翁宣和六年（1124）卒，享年六十五岁。

因与蔡京、蔡卞为敌，了翁一生不得安宁。死后诸子无荫官。到了南宋绍兴二十六年（1156）时，宋高宗某日心血来潮，

---

① 《吹剑三录》，《宋人轶事汇编》（三），第1562页，上海古籍出版社
2015年6月版。

② 《湖海新闻夷坚续志》后集卷二，《宋人轶事汇编》（三），第1558页，
上海古籍出版社2015年6月版。

读了翁《尊尧集》，感其忠直之心，特授谥号曰："忠肃"。

了翁的政治理念因其历史局限，我们未必都认同，但此人的骨头无疑是坚挺的。他最为了不起的功绩是守护《资治通鉴》，免其毁于党争之"火"，是名垂青史的中华历史文化遗产的保护功臣！

祸延李清照

在"元祐奸党"碑上刻着一位名声不太显赫的名字：李格非。这位"奸党"曾任礼部员外郎。

他有一部笔记体著作《洛阳名园记》，在今日的古籍出版物中仍不断被刊印。笔者案头就有一部，由当代学者孔凡礼整理，收入上海师范大学古籍整理研究所主编的《宋人笔记》第三编第一卷。

这位李格非先生也是苏轼弟子，有一定文名。但他有一位女儿好生了得，是进入中国文学史第一序列大家的词人李清照。世人大多知李清照，不知其父李格非。而在当时李清照的名声肯定不及她父亲。李清照的名气，是伴随她的词名而日益彰显的。在南宋文人为李格非《洛阳名园记》写的序言中，有这么一段话："文叔（李格非字）在元祐官太学，丁建中靖国，再用邪朋，窜为党人。女适赵相挺之子，亦能诗，上赵相救其父，云'何况人间父子情'，识者哀之。"[1]这一段话是说，李格非的女儿嫁给了曾任宰相的赵挺之的儿子。李清照在父亲被

---

① 《全宋笔记》第三编第一卷，第162页，大象出版社2008年1月版。

列为元祐党人遭受贬黜之际，向公公（丈夫赵明诚的父亲）求情，希望他在朝上援手救父亲一把。赵挺之当时是门下侍郎，尚未任相，但也是处于上升期的红人，后来在蔡京罢相时，曾被宋徽宗推到相位上。儿女姻亲两家，分属不同的党派，确实是一个非常痛苦的境况。

对于赵挺之的官声，史书上有一些属于"差评"的记载。《宋名臣言行录》续集卷一称："赵挺之为中丞，公（任伯雨）言挺之始因章惇进，既谄事蔡卞，及卞黜责，又谄事曾布，出入门下，殆无虚日，故士论以其观望险诈，号为'移乡福建子'……"任伯雨是对新党要人无所不"骂"的人，这一段话是说赵挺之看谁掌权就"谄"谁，一步步登上高位的。也可以说，这是一种典型的"官场人格"。置身官场，你不攀附，如何生存？从一棵树，跳到另一棵树，这是官场技巧之一。但赵挺之攀靠的都是新党权要，并未在两党派间跳跃，应该说"投机"行为在当时还不算太过分。

赵挺之上朝回到家，刚卸掉官服换上家居服饰，只见儿媳妇李清照进屋，"扑通"跪下，涕泪横流，请公爹为父亲李格非被贬黜说情。为何丈夫赵明诚不出面，而让自己夫人出面？赵明诚生性太懦弱了，见了老父屁也不敢放一个。为救父亲，李清照只好自己出面。赵挺之似对此早有思想准备，用一脸冷漠拒绝了她的请求。是否说了些什么，未见史书记录。这类翁媳间极其私密的事，除非当事人回忆，他人也难以见证。只知为此李清照伤心欲绝，后曾在诗中表示不满："炙手可热心可寒""何况人间父子情"。这两句诗，散见于同时代他人文章中，全诗已不存。

对此，站在赵挺之的角度，也有可以理解的一面。以当时党争的凶险情势，赵挺之如果为李格非说情，不但救不了李格非，且会把自己卷进去，将其子与元祐党人的姻亲关系暴露于朝堂之上，为同党的敌手提供攻击把柄。想在官场混的赵挺之，岂会做无谓的牺牲？人无情，乃因官场太无情。

崇宁元年（1102），李格非先是由礼部员外郎外放为京东提刑，随后又被罢免京东提刑之职。按照新的规定，元祐党人不得在京城居住，李格非只得携家人回归山东故里。

汴水河翻卷的波浪，撕碎了在河边为父母送行的李清照层层的倒影。车轮卷起片片尘土，遮蔽了父母远去的苍老的背影……

可以想象，罪臣逆党的女儿李清照，在新党大臣赵挺之家做媳妇的日子是多么难熬。她只能像一件文物一样，把自己藏起来，每日面对书卷和纸墨度日。幸好有丈夫赵明诚相濡以沫，夫妇可以在一起赏玩金石字画，聊以消磨时光。即便这样的日子也难以持续，关于排斥元祐党人的新的规章又来了：元祐党人的子弟，除了不得在京城任官、不得在京城居住，其他官员不得与元祐党人联姻。如果定了亲，只要未聘娶，必须退亲。

为了不连累丈夫和公婆家，李清照提出回明水故里省亲，赵家立马准行。在此后的几年里，她与丈夫只能人为地分离，在各自的地域，面对如烟如云、诡异难测的未来……

　　花自飘零水自流。一种相思，两处闲愁。此情无计可消除，才下眉头，却上心头。

崇宁四年（1105）三月七日，赵挺之自门下侍郎加右银青光禄大夫、尚书右仆射兼中书侍郎，成为右相，登上了他仕途的巅峰。在任门下侍郎时，赵挺之即利用与官家议事的机会批评蔡京的种种行为。《宋史》上称"与蔡京议多不合"，任相后，他与蔡京的分歧浮到桌面上来。他的第一个与蔡京分庭抗礼的动作是"极言当十钱不便"，令福建、广西毋行用，并令荆湖南北、江南东西、两浙并以折十钱为折五……"当十钱"是蔡京推行的一种大额货币。废掉蔡京所行之法，等于是摸老虎屁股了。赵挺之显然因获重用，而忽略了蔡京"扫荡"敌手的能力。蔡京党羽遍插朝廷上下，赵挺之岂是蔡京对手，于是任相才两个月便罢相。[①]

崇宁五年（1106）正月十三日，因星变，宋徽宗罢蔡京相，同日特进赵挺之为尚书右仆射兼中书侍郎，赵挺之第二次任相。这一次，赵挺之又一次错估了政局，以为自己独相，无蔡京阻遏，可以大刀阔斧地行使权力了，没料到"星变"一过，蔡京再次复相，从罢相至复相仅隔一年时间，在此情形下，赵挺之不得不再次罢相。赵挺之的官位忽上忽下，如巨浪中颠簸的小帆船，如果没有强大的心理承受能力，逃不脱要脑梗死，一头栽倒在上下朝的道途上。

赵挺之其子赵明诚、儿媳李清照的生活和命运，也随着他的地位变化而跌宕起伏。赵任相时，赵明诚被授予鸿胪寺少卿，李清照也回到京城与夫君团聚。

赵挺之在第二次辞去相位后即一病不起了。毕竟是年近古稀之人，哪经得起如此刀光剑影、明争暗斗的官场折腾。罢相五天后，赵挺之便一"挺"身子，驾鹤西去。当日皇上临幸，夫人郭

---

① 曾莉《蔡京年谱》第174—177页，广西师范大学出版社2020年1月版。

氏哭拜，请恩泽三事，其一，在给丈夫的谥号中带"正"字。其余二事皆允，惟谥号一事，官家的回答是："待理会。"从字面看，"待理会"是"让朕再考虑考虑"，实际就是不许之意。后赐赵挺之的谥号为："清宪"。①

蔡京并未因赵挺之的离世而停止对他及家人的反扑。先是使人诬告赵挺之多年前在青州任职时有贪污行为，将有关人拘捕入狱，虽严刑逼供，却终未抓到把柄；又诬赵是元祐党人刘挚推荐提任，因此赵极力庇护元祐党人……总之，赵挺之在蔡京及同伙构陷下也成了罪臣，徽宗赐予的"司徒"称号也被撤销。赵明诚兄弟三人也被以贪污罪逮捕，经查证，罪名不成立，但所有的官职皆被剥夺。

经历了九死一生的赵明诚，于父亲病故当年秋，携妻李清照踏上了回归青州故里的旅程。

告别京都政坛的腥风血雨，另一波凄风苦雨正在等待着他们。

盛世"妖人"

赵挺之本来有一个可以扳倒蔡京的机会，却因信息闭塞而错失。说到底，他还没有建立起自己的情报网络。

就在崇宁与大观期间某日，蔡京与赵挺之并相之时，赵挺之接到一个名范寥的人递上来的状子，称有道人张怀素与若干官员

① 《老学庵笔记》卷四，《宋人轶事汇编》（四），第1845页，上海古籍出版社2015年6月版。

相勾结，欲谋反。这还了得，这类人只要被朝廷获知，立马就会被逮捕归案砍掉脑袋。

这一重大事件，曾让蔡京提心吊胆，坐卧不宁。

这个密告张怀素欲谋反的状子，初只送到了右仆射手中，赵挺之告知了蔡京。蔡京据案喝问范寥：

"何故忘了司空耶？（为何状子不同时送给我呢？）"

范寥大声应曰："茅草书生，不识朝廷仪。（不懂朝廷的规矩。）"

蔡京怒目嘻笑曰："汝不识朝廷仪！"

"怒目嘻笑"，这是一种什么表情？"怒"与"笑"如何同时集聚在一张面孔上？这件事何以让蔡京的表情如此怪异？原来这个张怀素也曾是蔡京的门上客，与蔡氏兄弟多有信札往来。发生此案，显然对蔡京立朝带来凶险危机。蔡京想闷下此案不予处理肯定是不行了，这样会让右仆射赵挺之和知道此案的大臣产生重大疑问。于是只得派吏人将张怀素等一干官员逮捕入狱。

这个自号"落拓道人"的张怀素，是北宋晚期滋生出来的一大"妖人"。此人原为舒州（今安徽潜山一带）小寺庙里的僧人，在元丰末年客居陈留。常插花满头，自称"戴花和尚"。一个光头和尚，头上怎么插花呢？大约是将花编成一圈，套在脑袋壳上故意招摇过市吧！

在庙里当一个普通僧人，一辈子也不会混出个人样来，一装神弄鬼，行止异常，马上就有人开始注意了，于是从者如流，获得一大批信众，且传闻"戴花和尚""言人休咎（吉凶）"颇验，就靠这个在当地被传为"神人"，混吃混喝，居然风生水起。知县仲游获知，怒斥其妖言惑众，将其擒至廷下，索其度牒，杖责一百，判令其还俗，并驱逐出境。

此后"戴花和尚"摇身一变，成了长发飘髯的"落拓道人"，四处游荡，"初以占风水为生，又以淫巧之术走士大夫门"，弄得风声太大，又在真州城西一个道观里被府衙捉拿，发现其"室中有美妇人十余"。这个"落拓道人"，一点也不"落拓"啊，可谓声色犬马，样样皆有。这回不知"落拓道人"被杖责了几百，反正不久又被放出，游荡到新的地界，满血复活地继续从事"落拓"大业。

元祐六年（1091），张怀素不知怎么与朝散郎吴储勾搭上了，他对吴储说："公福似姚兴（后秦第二个皇帝），可为关中一国主。"吴储自谦道："储福弱，岂能及姚兴？"怀素云："但说有志不说福。"这个张怀素鼓动吴储在关中称王，显然有谋反之嫌。到了绍圣四年（1097），张怀素进入京城，又与吴储密议其关中称王事宜。而吴储又将此谋告知其弟吴侔。

张怀素在京都游走于众多权贵门庭，将一大批高官忽悠得神魂颠倒。这些高官包括蔡京、蔡卞、吕惠卿等，很多是宰辅级的人物，可见其神通之广大，连蔡京也佩服得不行，曾对陈莹中（陈瓘）称："怀素道术通神，虽飞禽走兽能呼遣之。"[1]吕惠卿是王安石罢相后的继任者，其人品饱受士人诟病，但论智商，绝对也是一等一的人物。张怀素与之交，居然照样将吕某忽悠得眼花神乱。张怀素与吕惠卿见面，常于香盒或茗盒中抓起一颗圆药，然后将圆药旋转于桌面上。此圆药飞速旋转，转着转着转成

---

[1] 〔宋〕周辉撰，刘永翔校注《清波杂志校注》卷十二，第504页，中华书局1994年9月版。

了小人的模样，又跳到地面上，然后渐渐长成真人大，近趋前看，此人竟乃怀素也。真是神奇得令人难以置信。此刻张怀素一拂袖，大笑而去，如天降之神，飘然消逝。吕惠卿见此，目瞪口呆。[①]

还有比这更玄乎的。张怀素常对人言："当年孔子诛少正卯，我曾谏以为太早。""汉、楚交战相持于成皋，我曾登高观战。"简直让人如堕云雾，不知其人是从多少年前穿越过来的，他是哪个朝代的人氏。但如此呓语，名公贵卿居然信者众多。

这个名动京城的"妖人"，靠着一张大嘴巴和神奇的"幻术"，吃香的喝辣的，呼风唤雨，美姬成群，成为一道奇特的怪象，惜无人像当初那位知县仲游一样识破其妖言惑众的伎俩。但不久，张怀素的"克星"来了，不是府衙的大臣，而是另一位民间"怪人"，名叫范寥。

这叫卤水点豆腐，一物降一物。

这个范寥的行止，常常也有诸多令人"惊愕""惊诧"之处。其人来自蜀地，史称"负才豪纵不羁"。年轻时从叔叔处获得一笔财产，但一月即被范某挥霍一尽，然后就成了四处游荡的闲人。自称将参加科举，获取功名。有人表示怀疑："此人以往未见入塾师习经史，怎么可能考中？"范曰："我第往。"（意为"看我的"）居然被成都府以第二名荐送。但考取功名的路径未能持续，因此人有一个致命的恶习：酗酒。某日醉酒后与人斗殴，将人打死，

---

① 《梁溪漫志》卷十，《宋人轶事汇编》（四），第1951页，上海古籍出版社2015年6月版。

不得不改名"花但石"，逃亡至外郡，躲避政府的缉捕。

初藏于某富豪家当园丁，但技痒才露，书一诗于园中亭上，主人见之，大惊"若非园丁也"。赠以白金半笏，将他送出府去。范某又自称进士，谒某仕宦之家。主人与之交谈后，感到其人不凡，请他到书房做儿子的塾师。谁知此范先生每日傍晚必出门喝酒，喝得酩酊大醉后，便殴打其子。主家不得已，将此人辞退。

其后，范某"椎髻野服"，又游荡至另一州，向太守递上状子，求聘书吏。范某的一笔绝妙好字打动了太守翟某，即召见其人，欲留之。退堂后，站立在太守之后的下官问："刚才的道人是何人？"太守告知："不清楚来历，只知其书精绝，欲留下任书吏。"下官提醒："某观其眸子，非常人，宜诘之。"（从此公眼神判断，求职道人非等闲之辈，还是弄清楚背景来历为好。）太守听其言，召范至室，询其所以来。范寥皆据实告知。太守问他读的是什么经书，答曰："主治《易》《书》。"太守出了五道题，试试他的学识，不一会儿范寥全部回答完毕，且"文理高妙"，太守父子皆大为惊异，肃然起敬，在太守退归南徐时，将范寥举荐给当地州学教授。

不久，州学教授来书告知，自范某留州学，所有学士皆被折腾得不得安宁，只得付百千路费，将其打发走了。为何会让州学之士皆不得安宁？史书未道明，大概不外乎又是酗酒和斗殴之类。太守翟公病逝，忽有一人哭声震天动地，从远处往灵帷而来，翟公子默念："此必范寥。"果然是。吊唁完毕，翟家人怜惜范某远途而来，过于辛苦，留其宿。蹊跷的是，第二天天刚微明，范寥不辞而别，而陈列于翟公灵帷的所有白金器皿全不见踪影。让家人困惑的是，灵帏内外婢仆甚多，不知范寥是如何神通广大地尽掠珍器而去的？这一去，范寥又往广西投山谷（黄庭坚），相从山谷了很长一段时间。山谷辞世后，范寥将身藏掳来的器皿拿到集市上卖掉，用所得钱币为山谷办理了后事。再后，又转投某道庙的老僧为师。老僧知其为人，问："汝来何为？"答曰："欲出家耳。""能断色欲之念乎？"曰："能。"于是老僧收留，赐名恪能。老僧死后，范寥又前往茅山，投到"落拓道人"张怀素门下。

写到这里，读家大致知晓，范寥既非书生，也非农商之人，也非静心于寺庙修行的出家人，而是一个虽有怪异之才，却无正业，又放浪形骸，混迹于社会的浪荡之人。他投奔到张怀素门下时，张怀素正与吴储、吴侔图谋不轨。吴储、吴侔见到范寥，听其言，察其行，深感留此人在身边要坏事，就私下对张怀素言：

"此怪人，胡不杀之？"

范寥不知从何渠道获知这一信息，但并未立即逃离。某日，吴储、吴侔又与张怀素议谋反之事。张怀素夜观天象曰："未可。"其实对张怀素来说，未必真的敢谋逆，只是以此为幌子，在吴储、吴侔处混口饭吃而已，"天象"是一个推托的借口，而吴氏兄弟却真以为命中有称王的福分。

这个精滑绝顶的社会"混混"范寥，既已预知他们要将自己除掉的杀人信息，又听闻他们蓄谋叛逆，就借口说："某有密藏遁甲文字在金陵，此去无多地，愿往取之。"张怀素一听有这等宝贝，就同意他前往金陵取东西。范寥从这伙人处逃脱后，本欲径往京城密告，但缺少路费，便到一个名汤东野的太学生那里借钱，时汤不在家，汤母"与之万钱"，于是直奔京城，向朝廷递上了那个将张怀素、吴储、吴侔一干人送上断头台的状子。

"落拓道人"张怀素既能通神，怎么就不能察觉另一个同样"落拓"的道人范寥的告密之举呢？可见，自造之神只能忽悠他人，却救不了自己。

负责审理张怀素等人的是中丞余深、知开封府林摅。

蔡京与吴储、吴侔之父吴安诗为僚婿，因此蔡京父子也曾借此结识怀素，并与怀素有大量书信往来。蔡京恐因此受到株连，遣人传话给办案的余深、林摅，"若能使不见累，他日当有以报"。意为若此事处理得当，不把我牵进去，我会报答你们的。

余深、林摅心领神会。翌日，二人将怀素、吴储、吴侔与各类人的往来信札，令人统统堆积在案几上，问吏人："此何文也？"（这都是些什么文字？）

吏人答："皆与怀素等交通之书也。"

余深不屑地扫了一眼，大声道："怀素等人的罪状明明白白，他人与他的书信往来不过是相互寒暄罢了，与谋反有啥关系？放着这些东西，白白浪费我等的精力，还是赶紧烧掉吧！"于是，那些累积于案牍的信札，皆化为灰烬。此举不仅使蔡京父子免受株连，而且有一批曾与怀素有书信往来者，也幸免于被牵连。不久，余深、林摅皆升官，余深转迁左丞，林摅迁中书侍郎。①

怀素案具结。在将其押赴刑场时，范寥前往观看。怀素见范寥，曰："杀我者乃汝耶？"

---

① 〔宋〕曾敏行《独醒杂志》卷九，转引自曾莉《蔡京年谱》第195页，广西师范大学出版社2020年1月版。

范笑曰："此朝廷之福尔！"

怀素对行刑者称："汝能碎我脑盖，乃可杀我。"

行刑者用刀砍其脑壳，砍不碎，又用铁椎敲击，也不碎，只能坐等其死。[①]此类描述见之于野史，其中难免有民间传说添油加醋为茶余饭后佐料的成分。但蔡京为避免株连，以美官许诺办案官员，应该是可信的。

受到怀素案牵连被惩处的有一大批官员。同案犯吴储、吴侔、山阴县尉邵禀、将士郎杨公辅等被处死，吴储之父吴安诗被除名、勒停，编管潭州。吕惠卿、蔡卞也被连坐贬黜。借此被蔡京贬黜的还有曾与蔡京关系密切的中书侍郎邓洵武，其罪是张怀素有徒弟与邓家联姻，而内在原因则是蔡京姻家宋乔年父子与邓洵武有隙，宋乔年女嫁蔡京子蔡攸。[②]

在此案中，蔡京不仅暗通办案大臣，免于自身被牵连，而且借力打力，顺手除掉了亲家的政敌。

这个邓洵武，曾向宋徽宗进呈《爱莫助之图》，助推蔡京登上相位。昔日的"恩人"，如今成了将之踢出殿堂的"仇敌"。

尤其令人惊诧的是其弟蔡卞也因此受到牵连，由知河南府降为奉外祠（食禄闲职）。此时，蔡京并未动用权术施以援手。政和八年（1118），蔡卞回乡祭祖，病死道途高邮，享年六十九。

---

① 〔宋〕曾敏行《梁溪漫志》卷一〇，参见曾莉《蔡京年谱》第196页，广西师范大学出版社2020年1月版。

② 《宋史》卷三二九，参见曾莉《蔡京年谱》第196页，广西师范大学出版社2020年1月版。

卷七

『丰亨豫大』

"丰亨豫大"，其意为形容富足兴盛的太平安乐景象。典出《周易》。张居正在为小皇帝编纂的教科书《帝鉴图说》中，将蔡京倡"丰亨豫大"作为反面案例列入。[1]

以玩好之具荡"君"志

政和五年（1115）八月，蔡京为持续巩固自己的权力地位，"以大食国琉璃酒器，罗列宫廷"，献呈太子。太子因此而怒火中烧，曰："天子大臣，不闻以道德相训，乃持玩好之具荡吾志耶！"于是太子命左右，将那些散发着珠光宝气的酒器，"咣当咣当"全部击碎。[2]

这还得了？太子不吃他这一套，意味着一旦太子即位，他的凶象必然会来临。

蔡京觉得蹊跷，太子年纪轻轻，咋会有此种不爱珍宝的境界？他怀疑是太子詹事陈邦光从中煽动太子情绪，挑动太子与他的对立。于是，蔡京暗令御史台党羽交击之，将其逐出

---

① 〔明〕张居正《帝鉴图说》第281页，江西教育出版社2016年6月版。

② 《皇朝编年纲目备要》卷二八第713页，转引自杨小敏《蔡京、蔡卞与北宋晚期政局研究》第365页，中国社会科学出版社2012年3月版。

内宫。

但在此前，宋徽宗则完全被蔡京洗脑了。或者说，宋徽宗本就有追求奢侈享受的强烈欲望，蔡京起到了投其所好、加柴添火的作用。

在张居正编纂的《帝鉴图说》第二部分"狂愚覆辙"中，第三十六则故事"任用六贼"，讲述的就是蔡京如何倡"丰、亨、豫、大"之说，坏人主心术，导致"靖康之祸"的。

蔡京被谏臣列为"六贼"之首。

应该说，宋徽宗即位亲政之初，对节制宫内奢华生活，尚有一定警醒，诸如斥逐内侍郝随、刘友端营造劳民伤财的豪华宫苑："禁中修造，华侈太多，墙宇梁柱，涂金翠毛，一如首饰。又作玉虚，华侈尤甚。"甚而下令将其拆毁。为修造内殿，侍臣用了金箔五十六万七千片。宋徽宗斥责道："用金箔以饰土木，一经靡坏，不可复收，甚亡谓也。其请支金箔内臣，令内侍省重行责罚。"①

恰如温水煮青蛙，人性的沉沦常常在不知不觉中。人性中"魔鬼"的因子，也往往经不住诱导。随着蔡京主持的变法新政，持续不断地将搜刮来的钱币、珍物源源不断地输入内藏府库，宋徽宗面对堆积如山的财货，一方面佩服蔡京的理财能力，另一方面也觉得帝国财富猛增，到了该享受的时候了。

---

① 《皇朝编年纲目备要》卷二五第620—621页，参见杨小敏《蔡京、蔡卞与北宋晚期政局研究》第319—320页，中国社会科学出版社2012年3月版。

在举办宫宴时，宋徽宗把玩着所用的玉盏说："此器似太华美。"此时的官家对酒器过于精美，深惧人言，尚有些犹抱琵琶半遮面的犹疑。但蔡京的一席话，摧毁了他心中那一丝丝脆弱的防线。蔡京说："陛下贵为天子，当享天下的供奉，区区玉器，何足计较。"此时蔡京灌输给官家的理念，已经与老子倡导的"以百姓心为心"、范仲淹所抒发的"先天下之忧而忧，后天下之乐而乐"的圣人理念，完全背道而驰了。那个曾将范仲淹《岳阳楼记》倒背如流的书童蔡京与如今位极人臣的蔡京，还是同一个蔡京么？但宋徽宗仍有顾忌，说："先帝曾造了一座小台子，被很多言事官批评。"蔡京打消他的顾虑："凡事只管做自己该做的，何必在乎他人怎么说呢？"于是宋徽宗的防线彻底崩断，开始日益放纵自己的贪欲。

不受制约和监督的皇权，会给"天下"带来什么样的祸害呢？

虚幻的祥瑞之气

如果要追责"靖康之难"的责任，蔡京坏人主心术，当然是难以洗刷的重大罪愆。

为让宋徽宗心安理得地享受太平盛世的奢侈生活，蔡京不断喷涂各种虚幻的祥瑞彩虹。

政和三年（1113）十一月五日，蔡京上神宗、哲宗谥号于太庙，册文由蔡京撰。神宗的谥号为："体元显道法古立宪帝德王功英文烈武钦仁圣孝皇帝"，哲宗的谥号为："宪元继道世德扬功钦文睿武齐圣昭孝皇帝"。

仔细琢磨这叠床架屋式的谥号，就不难看出，无非是将汉语言文字中所有赞颂美好品格的词语，如琉璃砖瓦般一块块堆砌上去，而且面对不同的帝祖，要堆出不同的花样来，将此种颂圣文化的符号推向极致。

第二日，徽宗率百官隆重举行郊祀。蔡京儿子蔡攸奏有天神降临，"羽卫多士，奉辇武夫，与陪祝官，顾瞻中天，有形有象，若人若鬼，持矛执戟，列于空际，见者骇愕"。这是天帝护卫皇家的吉兆啊！蔡京乞付史馆记载。

此时的蔡攸有一大堆头衔：龙图阁直学士、提举礼泉观、兼侍读、编修《国朝会要》、详定《九域图志》、编类御笔、礼制局详议官。弄不明白这些职衔的含义不要紧，只要知道蔡京子此时也已是权倾朝野的高官就行。父子俩相互配合，一唱一和，甭管你是否见到天帝降临，他俩说降临了就必然降临，于是录于史册。①

政和五年（1115）三月三日，蔡京率百官称贺南安军出现祥瑞朱草。太师蔡京奏："伏蒙宣示南安军所生朱草，正类珊瑚，分枝共干，体柔色朱，实火德政平之应。臣等不胜大庆，欲率百僚拜表称贺。"有此等好事，官家喜不自胜，岂有不从之理。②

政和五年十月十三日，蔡京拜表称贺，"臣等伏睹台州宁海县佃户何保所种禾内有一秎三米（秎，稻壳。一秎三米，意为一粒稻壳内长出三粒米）"，乃祥瑞之象。③

---

① 曾莉《蔡京年谱》第257—258页，广西师范大学出版社2020年1月版。

② 《宋会要辑稿》瑞异一，第2604页，上海古籍出版社2014年6月版。

③ 《宋会要辑稿》瑞异一，第2605页，上海古籍出版社2014年6月版。

政和五年（1115）十一月十一日，蔡京等拜表称贺开封府监狱的上空呈现祥瑞景象："道场有甘露降于右狱柽柳窠上，夺目耀日，灿如珠玑。"此瑞象来自开封府尹的奏章报告。①

政和六年（1116）正月十五日，太师鲁国公蔡京拜称：湖南有名芦荻冲的地方，偶然掘得金一块，其形状类似灵芝祥云，重九斤八两，其后又陆续掘得碎金多块。已经派官员赴湖南府将灵芝状金块押运至京城，不日将进奉。平地掘得形如灵芝祥云的金块，会不会是当地官员派人先将金块埋入土中，再派人去埋金处挖掘，然后上报蔡京，转由蔡京再奏报官家？制造此类虚假游戏，不需要太高的智商。②

政和六年十一月一日，蔡京上奏有多种祥瑞景象呈现："六十二处并降甘露，二十处木并皆连理，四处牡丹皆骈生一萼，二处生芝草，二处芍药双头，二处祥云见，三处并现豪光祥烟，郓州有仙鹤约二百只飞鸣，梅州枯木再生枝……"③

政和八年、重和元年（1118），此年蔡京七十二岁。闰九月二十四日，明堂举行祭祀先皇的典礼，据报夜有鹤飞旋应门之上，蔡京率诸臣拜表称贺。④

……

在这种蔡京主导的营造太平盛世、祥瑞捷报频传的气氛下，

---

① 《宋会要辑稿》瑞异一，第2605页，上海古籍出版社2014年6月版。

② 《宋会要辑稿》瑞异一，第2606页，上海古籍出版社2014年6月版。

③ 《宋史全文》卷一四，曾莉《蔡京年谱》第278页，广西师范大学出版社2020年1月版。

④ 《宋会要辑稿》瑞异一，第2606页，上海古籍出版社2014年6月版。

各地官员挖空脑袋，不断人造祥瑞之物，以获权臣和官家欢心。乃至有官员名李蟠者，以竹钉竖芝草于蟾蜍背上献呈；有名梁子野的官员，所进呈嘉禾是用胶黏纸粘，这简直是糊弄三岁小儿啊，但官家明知造假，并不责罚。就连太师蔡京居然将腊月之雷指称为瑞雷，将三月飞雪，称之为瑞雪，那么外地臣僚即便虚报瑞祥信息、虚造瑞祥之物也是可以体谅的了。

官家被一团团不断升腾的瑞祥之气所缭绕，每天似乎驾着祥云在飘荡，如同浸泡在窖藏了数十年的封缸酒水中，完全进入了"墙走人不走"的状态。至于真伪，已毫无兴趣甄别。反倒是一旦这虚幻的祥瑞之气散去，会觉得不自在，这时候如有人用木柴烧出烟雾来，也会觉得这正是他需要的瑞气。

于是，整个殿堂内外充塞着一片片拜贺瑞祥景象的乌烟瘴气。

疯狂的石头

如此盛世，君臣除了安享太平、追求感官和精神的无度荒嬉，似乎已经不需要再干别的了。

史载："宣和末，都城起建园囿殆无虚日，土木之工盛冠古今。如撷芳园，山庄、锦庄、筠庄、寿岳……曲江、秋香谷、檀乐馆、菊坡、万花岗、清风楼等处不可举，皆极奢侈，为一时之壮观。""自蔡京倡'丰亨豫大'之说，王黼开应奉享上之门，专以淫侈蛊上心，奢靡蠹国用。土木之工，穷极盛丽。花石之贡，毒遍东南。甚至内庭曲宴，出女乐以娱群臣。大臣入侍，饰朱粉以供戏笑。于是荒嬉无度而朝政大坏矣。"[1]

这里所说"大臣入侍，饰朱粉以供戏笑"是何意？在《宋史纪事本末》中有一处描述，为此记载提供了具体案例。蔡京子蔡攸，在娱上方面可谓远超乃父。蔡攸与王黼经常被邀参与"宫中秘戏"或内宴。二人皆着"短衫窄袴"类休闲装，脸上如戏曲杂耍艺人般涂抹着脂粉，杂在"倡优""侏儒"中，用低俗、恶俗的"媟谑浪语，以献笑取悦"官家。[2]

对于官家大兴土木工程、营造园囿，追求无度嬉荒之欢，蔡京父子皆有坏人主心术的"名句"：

蔡京对宋徽宗曰："陛下无声色犬马之奉，所尚者山林竹石，乃人之弃物。"石头、野树，这些无人当作珍宝的"弃物"，纳入宫苑用作装饰，有何不可呢？官家心安理得了。[3]

蔡攸对宋徽宗曰："所谓人主，当以四海为家，太平为娱。岁月能几何，岂徒自劳苦！"岁月苦短，人生几何？四海皆皇土，不尽情享受，当这皇帝有何乐趣可言？[4]

就在这一片荒嬉无度的氛围中，出现了几个投上所好、术有专攻的"娱乐大师"级的人物——

① 〔宋〕张知甫《可书》，〔宋〕真德秀《西山先生真文忠公文集》，参见杨小敏《蔡京、蔡卞与北宋晚期政局研究》第324页，中国社会科学出版社2012年3月版。

② 〔明〕陈邦瞻《宋史纪事本末》（二），第500页，中华书局2015年8月版。

③ 《长编纪事本末》卷一二八，参见杨小敏《蔡京、蔡卞与北宋晚期政局研究》第323页，中国社会科学出版社2012年3月版。

④ 〔明〕陈邦瞻《宋史纪事本末》，第500页，中华书局2015年8月版。

政和三年闰四月一日賜希孟年十八歲昔
在畫學為生徒召入禁中文書庫數以
畫獻未甚工
上知其性可教遂誨諭之
親授其法不踰半歲乃以此圖進
上嘉之因以賜臣京謂天下士在作之而已

ᘒᘒ 北宋·蔡京《千里江山图》题跋

吟徵調商竃十桐
松間疑有入松風
仰窺低審含情客
以聽無絃一弄中
　　　臣京謹題

聽琴圖

北宋·蔡京题宋徽宗《听琴图》

朱勔父子："善致万钧之石，徙百年之木"；

宦官梁师成："善理百工之绝艺，辨九州之珍产"；

宰执王黼："奉人君之嗜好，忽天下之安危"；

……

当然，这些"大师"在"太师"蔡京门前，都必须称"老师"。

从太湖搬一块石头至京都，需要超常的功夫吗？确实非凡人俗夫所能为。在那个年代，绝不仅仅是个力气活，还有很高的技术含量。如果仅从难度系数上考量，皇上怎么奖励都不过分。

朱勔的父亲朱冲，是吴中一带的"常卖人"。古称所谓"常卖人"，即为走街串巷，大嗓门吆喝，卖一些日常小杂货的卖货郎。某日朱冲的吆喝声被虎丘的高僧听到了，有些怪异，便出门观之，见"常卖人"朱冲正在寺廊边休歇，于是"设茶"以礼相待，并对他人言：此人在他日必贵。

在蔡京被罢相，暂息平江时，朱冲携子朱勔拜见，因得以出入蔡京的门下。由此可见，朱冲父子自有过人之处。他们在蔡京落难时巴结他，而不是在蔡京权势熏天时奔走权贵之门。如果再奉上一些蔡京喜欢的珍宝器玩，必然会博得蔡京的好感。人在落魄时，你给他一把米，他会视作一桶金；人在显贵时，你给他一桶金，在他看来不如一把米。给他送"金"的人在门口排成长队，何缺你一个？

因此蔡京再相后在苏州设应奉局，首先想到了朱冲父子。朱冲父子也很卖力，源源不断地将奇花异木、珍器巧石输往京城。一船一船相连，被称之为"花石纲"。①

---

① 《云麓漫钞》卷七，《宋人轶事汇编》（四），第1874页，上海古籍出版社2015年6月版。

宣和五年（1123），朱勔在太湖发现了一块巨大而又奇特的石头。这块石头有多大呢？《墨庄漫录》称"长四丈有奇，广得其半"，《枫窗小牍》记载："高广数丈"。这块石头的奇特还在于上面有窍穴百千，即便人工穿凿，也难雕尽其妙，一旦巨石在运输中损坏了这些窍孔，则奇妙之美必然大打折扣。这块巨石，如果用"山"喻之，那么只是个小山丘。但要把这山丘整体移至京都，按照当时普通货船的承载力，以及汴河的河深尺度，几乎是不可想象的，但是朱勔做到了。

这很容易让人想到那则"愚公移山"的典故，如果像"愚公"那样，巨石被"挖"成若干块或敲成一堆碎石，那就毫无价值可言。朱勔不是"愚公"，不会做此等蠢事。为了保护石头上的那些窍孔，他采取的方法是先用胶泥将那些窍孔填实，用麻筋包裹起来，再糊上泥晒干。将石头运到京城后，将之浸入水中，让胶泥溶化，则石上窍孔完好无损。[1]

如何将巨石运往京都，是一大难题。史称，朱勔"造巨舰"，千人牵引，沿途河道浅淤，先令人疏浚河道，"载以大舟，挽以千夫，凿河断桥，毁堰拆闸，数月乃至"。[2]可以想象，此石所经之处，几乎皆要经历龙卷风般的扫荡。

巨石抵达京都后，宋徽宗对所有役夫各赐"银惋（碗）"，朱勔的四位助手皆赐官（承节郎）及金带，朱勔赐官为威远军节度使。就连石头也获得了官爵："盘固侯"。

---

① 〔宋〕周密《癸辛杂识·前集》第15页，中华书局1988年6月版。

② 《墨庄漫录》卷一、《枫窗小牍》卷上，《宋人轶事汇编》（四），第1874—1875页，上海古籍出版社2015年6月版。

这块石头被置于艮岳（又称"万岁山"），御笔赐名："神运昭功敷庆万年之峰"，时人莫不争睹。

大约于发现巨石的同时，朱勔于华亭悟空禅师塔前还发现了一棵高若干丈的桧树。有诏令朱冲移送京都。朱冲父子在打造巨船时，一共造了两艘，一艘运石，一艘运树。因树太高，无法从内河运行，只好"泛海出楚州以入汴"，但遇大风，船翻树伏，舟与人全部沉入海底。

朱勔立此大功，被赐以官爵，益发恃宠骄横。几乎如螃蟹般要横着走了。官家的宠爱，成了他炫耀并欺压地方小官及乡人的资本。宋徽宗曾用手抚摸朱勔锦袍，朱勔特意将官家手印绣到锦袍上，以此示人：这是皇上留下的手印；朱勔被邀约出席皇家内宴，宋徽宗亲切地用手握着他的手臂并私语。说了些什么不知，朱勔则用黄帛将官家握过的手臂处缠上，与人相见，此臂不举，以示对官家的无限崇敬之情。[1]

朱勔的这番自我"包装"，当然不仅仅是表达对皇上的崇敬之情，也是炫示他与官家的特殊关系，抬高自身的价码，以便获得更多的利益回报。

朱勔父子从各地以多种名目搜罗来的珍宝玩物，用于进奉的才万分之一，其他珍物或中饱私囊或贿赂权贵近侍，以获恩宠。

时人称朱勔宅第为"东南小朝廷"。

故勔建节旄，子侄官承宣观察使，下逮厮役，日为

---

[1] 《宋稗类钞》卷一，《宋人轶事汇编》（四），第1875页，上海古籍出版社2015年6月版。

横行。媵妾亦有封号。勔与其子汝贤、汝功，各立门户，招权鬻爵。上至侍从，下至省寺，外则监司以至州县长吏官属，由其父子以进者甚众。货赂公行，其门如市。于是勔之田产跨连郡邑，岁收租课十余万石。甲第名园几半吴郡，皆夺士庶而有之者。居处园第，悉拟宫禁，服食器用，上僭乘舆。建御容殿于私家，在京则以养种园为名，徙民居以为宅所，占官舟兵级月费钱粮供其私用。[①]

什么叫坏事做尽？这就是了！

朱冲死后，朱勔看中了一块依山傍水树木葱茏的风水宝地，欲买来做其父墓地。恰巧此地块是为潘兑祖坟所在地。这个潘兑也是一个鼻孔朝天、行走用肚皮开道的人物——"祐陵侍从"，也就是宋徽宗身边的侍从官。虽说官阶不高，但属皇家内宫人员，对普通官员都不会正眼相看的。朱勔想买其地葬父，派人与潘兑沟通，遭到潘的拒绝。而朱勔虽以"熏天之势"强压，潘兑也不予理睬。在潘兑看来，你朱勔算老几？不就是靠搬石头获宠的"暴发户"嘛！也敢到我头上来拉屎拉尿？但潘兑低估了"暴发户"干坏事的爆发力。潘兑不肯让步，而朱勔则志在必得。角力的结果是，朱勔通过内宫线人获得官家御笔，强夺其地。随后，朱勔又买通御史官员，诬告潘兑有罪，褫其官职。

① 《王照新志》卷三，参见杨小敏《蔡京、蔡卞与北宋晚期政局研究》第354—355页，中国社会科学出版社2012年3月版。

朱勔之"恃恩自恣"，由此可见一斑。[1]

朱勔葬其父时，以一女奴一男童殉葬。女奴和男童被装饰得珠光宝气，他们不知将成殉葬品，忻忻然走入墓穴，突被天降土石压埋于墓穴中。"靖康之难"时，乡人怨毒朱家，掘其坟，碎其尸骨。[2]

金人将袭京都前，朱勔随宋徽宗南逃，并欲邀官家至其豪宅安顿。钦宗采纳御史言，削去朱勔所有官职，放归田里，籍没其资财。朱勔的资财，仅田产就有三十万亩。御史官继续上书弹劾，认为处置太轻。钦宗诏令将其羁押于衡州，随后又贬逐至韶州、循州，朝臣仍不解恨，遣使将其斩首于流放途中。

正如老子所言：

"金玉满堂，莫之能守；富贵而骄，自遗其咎。"

曾经的走街串巷的"常卖人"，其贵也忽，其亡也忽！

关于石头的奇闻逸事，野史还有多种记载。但是否可信，只能姑妄录之。《挥麈录》载：灵璧县上贡一巨石，高二十余丈。用巨船载至京都，拆毁水门楼才得以进。欲遣千夫移石至艮岳，但巨石岿然不动。有人说："此石为神物，宜皇上下旨赐号，给予特别礼遇，方可移之。"于是宋徽宗御笔书："庆云万态奇峰。"并用一条御赐金带挂于石上，石乃可移，省去一半人力。

---

① 〔宋〕王明清《挥麈余话》卷二，《挥麈录》第234页，上海书店出版社2009年4月版。

② 《吴中旧事》，《宋人轶事汇编》（四），第1875页，上海古籍出版社2015年6月版。

此事甚怪诞。朱勔移四丈余太湖石，已经地动山摇。又来一块二十余丈的巨石，以那个年代人所具有的运力如何运至京都？实在无法想象。灵璧县在今安徽境内，路途遥远，几乎是移一座山至汴京，非人力所可为，只能借助"神力"了。①

短命的"万岁山"

宋徽宗造艮岳的最初动力来自道士，后来工程越做越大，恨不得将天下奇石名木皆移置苑内，当然得之于蔡京等人营造"丰亨豫大"气象的催化了。

茅山道士刘混康，是深获宋徽宗宠信的道士之一，斯时名震政、道两界。此人在哲宗时即已混迹京城，其间曾返回茅山，在哲宗驾崩后又回到京城。他的最为人所信服的是用法箓符水为人祈禳，且善逐鬼神。就连王安石病重时，王安石夫人吴氏也曾让女婿蔡卞往茅山拜访刘混康，请其为荆公卜生死。刘曰："公之病不可已。适见道士数十人往迎公，前二人执旛，旛面有字，若金书然。左曰'中函法性'，右曰'外习尘纷'。"②关于荆公薨前的怪异之事记录颇多，此是一说。野史总是喜欢拿名人来博眼球。古今皆同。

刘混康能够征服宋徽宗，是因为他的一番预言，果然应

---

① 〔宋〕王明清《挥麈录》第234页，上海书店出版社2009年4月版。

② 《墨庄漫录》卷二，《宋人轶事汇编》（三），第1226页，上海古籍出版社2015年6月版。

验。在宋徽宗登极之初，"皇嗣未广"。据这一说法，不能说是生不出皇子来，而是"广种薄收"，不能尽如人意。官家是很在意子嗣是否繁盛的，否则就要步哲宗后尘，在驾崩后将皇位旁落他人座下了。刘混康称，经过对京城地势风水堪舆，宜将东北地势稍稍垫高，会有多男之祥。于是官家令人在宫苑东北某处堆砌了几座数丈高的"岗阜"。不久，后宫怀孕喜讯不断，皇子公主接踵临盆。于是宋徽宗对刘混康的建言深信不疑。既然几座数丈高的小山包，就能让他子嗣兴旺，那么将山包垫得越高，岂不是子嗣就越发地多？"遂竭国力而经营之，是为艮岳。"[①]

政和七年（1117）始建艮岳，于宣和四年（1122）告成，历时六年。宋徽宗特地亲自撰文，名曰《艮岳记》，以记其盛：

京师天下之本。昔之王者，申画畿疆，相方视址，考山川之所会，占阴阳之所和，据天下之上游，以会同六合，临观八极。故周人胥宇于岐山之阳，而又卜涧水之西。秦临函谷、二殽之关，有百二之险。汉人因之，又表以太华、终南之山，带以黄河、清渭之川，宰制四海。然周以龙兴，卜年八百；秦以虎视，失于二世；汉德弗嗣，中分二京。何则？在德不在险也。昔我艺祖，拨乱造邦，削平五季。方是时，周京市邑，千门万肆不改，弃之而弗顾。汉室提封五方，阻山浮渭，屹然尚在也，舍之而弗都。于胥斯原，在浚之郊，

① 〔宋〕王明清《挥麈录》第57页，上海书店出版社2009年4月版。

通达大川，平皋千里，此维与宅。故今都邑广野平陆，当八达之冲，无崇山峻岭襟带于左右，又无洪流巨浸，浩荡汹涌，经纬于四疆。因旧贯之居，不以袭险为屏，且使后世子孙，世世修德，为万世不拔之基。垂二百年于兹，祖功宗德，民心固于泰、华；社稷流长，过于三江、五湖之远。足以跨周轶汉，盖所恃者德而非险也。然文王之囿方七十里，其作灵台，则庶民子来，其作灵沼，则于牣鱼跃。高上金阙，则玉京之山，神霄大帝，亦下游广爱。而海上有蓬莱三岛，则帝王所都，仙圣所宅，非形胜不居也。传曰："为山九仞，功亏一篑。"是山可为，功不可书。于是太尉梁师成董其事。师成博雅忠荩，思精志巧，多才可属，乃分官列职，曰雍、曰琮、曰琳，各任其事，遂以图材付之。按图度地，庀徒俶工，累土积石，畚插之役不劳，斧斤之声不鸣。设洞庭、湖口、丝溪、仇池之深渊，与泗滨、林虑、灵璧、芙蓉之诸山，取瑰奇特异瑶琨之石，即姑苏、武林、明、越之壤，荆楚、江、湘、南粤之野，移枇杷、橙柚、橘柑、椰栝、荔枝之木，金蛾、玉羞、虎耳、凤尾、素馨、渠郍、末利、含笑之草，不以土地之殊，风气之异，悉生成长，养于雕栏曲槛。而穿石出罅，岗连阜属，东西相望，前后相续，左山而右水，后溪而旁陇，连绵弥满，吞山怀谷。其东则高峰峙立，其下则植梅以万数，绿萼承跗，芬芳馥郁。结构山根，号萼绿华堂。又旁有承岚、昆云之亭。有屋外方内圆，如半月，是名书馆。又有八仙馆，屋圆如规。又有紫石之岩，析真之燈，揽秀之轩，龙吟之堂。清林秀出其南，则寿山嵯峨，两峰并峙，列嶂如屏。瀑布下入雁池，池水清泚涟漪，凫雁浮泳水面，栖息石间，不可胜计。其上亭曰嘤嘤。北直绛霄楼，峰峦崛起，千叠万复，不知其几千里，而方广无数十里。其西则参术、杞菊、黄精、芎莳，被山弥坞，中号药寮。又禾、麻、菽、麦、黍、豆、秔、秫，筑室若农家，故名西庄。上有亭曰巢云，高出峰岫，下视群岭，若在掌上。自南徂北，行岗脊两石间，绵亘数里，与东山相望。水出石口，喷薄飞注，如兽面，名之曰白龙沜、濯龙峡、蟠秀、练光、跨云亭、罗汉岩。又西，半山间楼，曰倚翠。青松蔽密，布于前后，号万松岭。上下设两关。出关，下平地，有大方沼，中有两洲，东为芦渚，亭曰浮阳；西为梅渚，亭曰云浪。沼水西流为凤池，东出为研池。中分二馆，东曰流碧，西曰环山。馆有阁曰巢凤，堂曰三秀，以奉九华玉真安妃圣像。东池后，结栋山下，曰挥云厅。复由燈道，盘行萦曲，扪石而上，既而山绝路隔，继之以木栈，木倚石排空，周环曲折，有蜀道之难，跻攀至介亭。最高诸山，前列巨石，凡三丈许，号排衙，巧怪巉岩，藤萝蔓衍，若龙若凤，不可殚穷。麓云半山居右，极目萧森居左。北俯景龙江，长波远岸，弥十余里。其上流注山间，西行潺湲，为漱玉轩。又行石间，为炼丹亭、凝观、圌山亭。下视水际，见高阳酒肆、清斯阁。北岸万竹苍翠蓊郁，仰不见明，有胜筠庵、蹑云台、萧闲馆、飞岑亭。无杂花异木，四面皆竹也。又支流为山庄、为回溪。自山蹊石罅寨条下平陆，中立而四顾，则岩峡洞穴，亭阁楼观，乔木茂草，或高或下，或远或近，一出一入，一荣一凋。四向周匝，徘徊而仰顾，若在重山大壑，幽谷深岩之底，而不知京邑空旷，坦荡而平夷也；又不知郭郭寰会，纷华而填委也。真天造地设，神谋化力，非人所能为者。此举其梗概焉。及夫时序之景物，朝昏之变态也，若夫土膏起脉，农祥晨正，万类胥动，和风在条，宿冻分沾。泳渌水之新波，被石际之宿草。红苞翠萼，争笑并开于烟暝；新莺归燕，呢喃百转于木末。攀柯弄蕊，藉石临流，使人情舒体堕，而忘料峭之味。及云峰四起，烈日照耀，红桃绿李，半垂间出于密叶；芙蕖菡萏，筹蓼芳苓，摇茎弄芳，倚縻于川湄。蒲菰荇藻，茭菱苇芦，沿岸而沂流；青苔绿藓，落英坠实，飘岩而铺砌。披清风之广莫，荫繁木之余阴，清虚爽垲，使人有物外之兴，而忘扇箑之劳。及一叶初惊，蓐收调辛，燕翩翩而辞巢，蝉寂寞而无声。白露既下，草木摇落，天高气清，霞散云薄，逍遥徜徉，坐堂伏槛，旷然自怡，无萧瑟沉寥之悲。及朔风凛冽，寒云闇幕，万物凋疏，禽鸟缩栗，层冰峨峨，飞雪飘舞，而青松独秀于高巅，香梅含华于冻雾，离榭拥幕，体道复命，无岁律云暮之叹。此四时朝昏之景殊，而所乐之趣无穷也。朕万机之余，徐步一到，不知崇高贵富之荣，而腾山赴壑，穷深探险，绿叶朱苞，华阁飞升，玩心惬志，与神合契，遂忘尘俗之缤纷，而飘然有凌云之志，终可乐也。及陈清夜之醮，奏梵呗之音，而烟云起于岩窦，火炬焕于半空。环珮杂遝，下临于修涂狭径，迅雷掣电，震动于庭轩户牖。既而车舆冠冕，往来交错，尝甘味酸，览香酌醴，而遗沥坠核纷积床下，俄顷挥霍，腾飞乘云，沉然无声。夫天不人不因，人不天不成，信矣。朕履万乘之尊，居九重之奥，而有山间林下之逸，澡瀡肺腑，发明耳目，恍然如见玉京、广爱之旧，而东南万里，天台、雁荡、凤凰、庐阜之奇伟，二川、三峡、云梦之旷荡，四方之远且异，徒各擅其一美，未若此山并包罗列，又兼其绝胜。飒爽溟淬，参诸造化，若开辟之素有，虽人为之山，顾岂小哉。山在国之艮，故名之曰艮岳。则是山与泰、华、嵩、衡等同，固作配无极。壬寅岁正月朔日记。①

此"记"是否为蔡京代笔，或官家亲笔，不清楚。从文风看，更像是蔡京的笔墨，偏重于纪实，多华词丽句，但缺少灵动和气势。甭管是谁写的，反正名义上是"御制"。艮岳因而成为国之顶级名山，正如其文曰："与泰、华、嵩、衡等同。""虽人为之山"，却并包罗列，有他山所无之"绝胜"。

官家有"记"在先，又命睿思殿应制李质、曹组各为赋以

---

① 〔宋〕王明清《挥麈录》第57—59页，上海书店出版社2009年4月版。

进。大臣岂敢怠慢？既要在圣文前做谦卑状，又要使出浑身解数来，将文采发挥到极致——

曹质云："宣和四年，岁在壬寅，夏五月朔，艮岳告成，命小臣质恭诣作古赋以进。臣俯伏惴栗，惧学术荒陋，不足以奉诏，正衣冠屏息，窃诵宸制，如日月照映。至于经营始终，与其命名之意义，备载奎文。使执笔之臣，徒震汗缩伏，辞其不能。虽然，臣之荣遇，千载一时，敢不只若休命。于是虚心涤滤，再拜稽首而献赋焉。"

其赋曰："伟兹岳之宏厚兮，固磐基于坤轴。跨穹隆之高标兮，俯万象于林麓。……"

该赋有数百行之多，恕不一一照录。

再赏曹组的文字。赋前云："臣伏蒙圣慈宣示进《艮岳赋》，特命臣继作。顾臣才短学疏，岂能仰副睿旨。进退皇惧，不知所裁。谨斋心百拜以赋。"

其辞曰："客有游辇毂之下，以问京师之主人曰：'东北之隅，地势绵连，岗岭秀深，气象万千，不知何所而乃如此焉？'主人曰：'国家寿山，子孙福地，名曰艮岳。'……"

曹组之赋，也算用尽心机，别开生面，起篇以对话的方式为艮岳定位。全文篇幅与李质相当，在此也无必要一字不落照录。不用读就知道此类文字属于刘勰所说"文胜质"一类虚浮、苍白之文，不值得耗费时光去品读。

随后被诏令或吟诗或著文的尚有众多大臣，形成以吟诵艮岳为主题的诗文狂欢。惜乎，无论官家或词臣们完全料想不到，在不久降临的"靖康之难"中，这座艮岳，又名"万岁山"，却成为一座短命的人造山。城中军民在大难来时，将石头一块块敲碎，用作抗拒金人入侵的兵器，也为一解心头之恨。所谓万世无穷、乾坤永固之山，不是此等用百姓膏血耗竭而成，而是矗立在百姓苍生心中的无形之山。[1]

"万岁山"上有大洞数十，工匠在洞内皆遵命铺上雄黄和卢甘石，雄黄的功效是驱逐蛇虺，卢甘石则在天阴之际发散出水雾，营造出云雾漫透、草木葳蕤的奇特景象。在"万岁山"被砸毁后，侵略者发现这里有名贵中药材，得雄黄数千斤、卢甘石数万斤，转手则获巨利。[2]

迷魂的"道术"

北宋晚期"道术"之盛，还与另一个道士相关。这个道士名郭天信。在宋徽宗还是端王，前途未卜时，某日退朝，郭天信与之悄语："王当有天下。"没料到他的预言果然应验，真乃神人也。端王在向太后的力推下登上了大位，对这个郭天信当然是另眼相待，不数年官至枢密都承旨……政和初，拜定武军节度使、佑神观使。

这个郭天信因卷入蔡京与张商英之间的权力斗争，最终被贬死在岭南道中。此人先是托天文，摇撼宋徽宗对蔡京的宠信，称

① 〔宋〕王明清《挥麈录》第50—60页，上海书店出版社2009年4月版。
② 〔宋〕周密《癸辛杂识·前集》第15页，中华书局1988年6月版。

"日中有黑子"，且言之不已。蔡京因此被罢黜，张商英由此获得起用。但张商英在宰相任上风光了没有多长时间，即被蔡京党羽弹劾罢黜，蔡京复相，郭天信也被一贬再贬。郭天信死后，蔡京仍不相信，怀疑郭玩弄道术传播虚假信息，特地派亲信前往郭的墓地开棺验视。

蔡京对于"道术"完全是实用主义的态度，对其有利则利用，对其不利，则坚决排击之。

北宋晚期，因宋徽宗崇尚道教，从京城到各州、郡，道观林立，是一大景观。

在张居正编撰的《帝鉴图说》"狂愚覆辙"中，列入了一则有关宋徽宗崇道的案例：

> 宋史上，记徽宗崇尚道教，曾替道士林灵素盖一座宫，叫作上清宝箓宫。徽宗每临幸其地，便设大斋醮，但来的，既与斋饭，又与衬（施舍），施钱三百，叫作千道会。且令士民都入宫，听林灵素讲道经。徽宗设御幄于其旁，着灵素在正面坐着高座，使人于下再拜请问。灵素所讲的，却只寻常，无奇异处。时或杂以诙谐亵狎的言语，上下哄然大笑。无复君臣严肃之礼。又令官民人等，都到这宝箓宫里传授他神霄秘箓，盖假神其术，言受此箓，可获再生富贵也。道箓院官，因上表章，册号徽宗作教主道君皇帝。
>
> 夫徽宗为亿兆之君师，乃弃正从邪，屈体于异流，猥杂于凡庶，甚至亲受道号，甘为矫诬。自昔人主溺于道教，至此极矣。卒有北狩之祸，身死五国城，彼所谓

三清天尊者，何不一救之欤？①

此记最后的提问令人深思：当"北狩之祸"来临时，宋徽宗被掳往五国城，最终身死该城，此时"三清天尊"在哪里？为何不来救他一命呢？

林灵素讲道，无甚高论，而以各种"亵狎"的言辞引发信众的笑闹，使得此类"斋醮"活动，成为街头杂耍式的闹剧。这还在其次，最为祸国害民的是建上清宝箓宫及各类豪华道观，需要大兴土木，耗费大量民力和国家资财，而道观的活动，"每一斋施，动耗数十万；每一宫观，给田亦不下数百千顷。"那些披着道服的道士"皆外蓄妻子，置姬媵，以胶青刷鬓，美衣玉食者几二万人"。每逢"千道会"，"一会则殆费数万缗。贫下之人多买青衣幅巾以赴，日得一饫餐而衬施钱三百"。②

这样的崇道活动，实际已经完全背离了道学的本质。

那个在上清宝箓宫为皇上和百官布"道"的道士林灵素，算得上北宋末年道界的首席道士了。林灵素，温州人，出身寒微，少时学佛，苦其师笞骂，改学道。入蜀师从道人赵昇数年，赵昇故去多年后，林灵素获得师父秘藏道家典籍，从此以善妖术及五雷法，往来于江、淮一带。林某极聪颖，曾与苏东坡同游东京瑞佛寺，览寺记数万言，过目不忘，获东坡大赞。政和三年

① 〔明〕张居正《帝鉴图说》"上清道会"（解），第276页，江西教育出版社2016年6月版。另据故宫出版社2013年刻本校正。

② 《续资治通鉴长编拾补》卷三八，参见杨小敏《蔡京、蔡卞与北宋晚期政局研究》，中国社会科学出版社2012年3月版。

（1113）至京，寓东太乙宫，因左街道录徐知常的引荐，得为徽宗召见。一经召见，即获官家赏识，赐号金门羽客、通真达灵元妙先生。并赐以金牌，可以随时进入宫内。他是依仗怎样神奇的道术，迅速获得官家宠信的，无更多文字揭秘。据称，当时宫内时有怪异现象出现，命灵素治之，其怪遂绝。

林某征服官家另一大高招是，将皇上和朝廷大臣，乃至皇上宠妃皆奉为神，曰：天有九霄，神霄为最高。主神霄之"神霄玉清王"为上帝长子，号长生大帝君，其下降于世，乃以其弟主东方青华帝君，领神霄之治。这位"帝君"当然就是当今圣上了，而他自身，则是佐"帝君"之治的"仙卿"。那些大臣权贵，他也一一封予神号：蔡京为左元仙伯，被称为内相的王黼为文华吏，童贯等巨阉皆有名位，皇上宠妃刘氏被称为九华玉真安妃……经过这么一番神化官家和诸臣的手段，林某将道、政合为一体，而宋徽宗也获得了以"道"驭"政"的有效手段。官家自封为"教主道君皇帝"。随后一系列崇道活动次第展开，建宝箓宫、太一西宫，施符水，开神霄宝箓坛，每遇初七日升座，为宰执百官、三衙、亲王等解说《三洞道经》……林灵素声誉益隆，被官家称誉为"聪明神仙"。

林某后来的衰亡，源自与蔡京的冲撞。林某的受宠，必然会威胁到蔡京的威权。一山岂能有二虎？第二年京师大旱时，官家命林某祈雨，未见有效，"蔡京奏其妄"。危急时刻，林某急召建昌军南丰道士王文卿赴京祈雨，果得雨三日。官家大喜。此一回合，蔡京落败。

林某在通真宫有一室，蔡京密遣人私察，见室内有黄罗大帐、金红朱龙椅桌、金龙香炉，这些都是犯皇家大忌的生活用具。蔡京密奏皇上，并请皇上亲往观之。当蔡京伴随皇上到达通真宫林某居所时，开锁进门，见门内无一物，只余"粉壁明窗"，让蔡京目瞪口呆，惶恐不已。不知是蔡京情报有误，还是林某早有耳目察觉其谋？其后果是蔡京"惶恐待罪"，这一回合林某又占了上风。

当林某又一次挑战蔡京权威时，蔡京终于狠下杀手。

林灵素常被官家邀请侍宴，每至太清楼下，见元祐党人碑，便跪下拱手至地行跪拜礼。官家感到怪异，问其故，林答曰："碑上姓名皆天上星宿，臣敢不稽首？"然后林某吟了一首诗："苏黄不作文章客，童蔡翻为社稷臣；三十年来无定论，不知奸党是何人！"此诗是林本人所作，还是他人假天意所作，未见史书有更详细标注。宋徽宗将此诗转示蔡京，让蔡京再一次感到惶恐不安，乃至乞求离职。在立"元祐党人碑"事件上，林灵素又给了蔡京有力一击。

但蔡京在官家心中的地位仍未被撼动，加之蔡京党羽遍布朝野，林灵素最终还是败在蔡京脚下。宣和元年（1119）京都发大水，乃至水淹临城。林灵素奏请太子登城致拜，傍晚水退。但此时林灵素上了一道奏章，称国难将至，请迁都避之。林某的预言堪称神奇。但沉醉于"丰亨豫大"、安享太平盛世的君臣都认为是危言耸听。迁都之事，岂是一个道士能左右得了的？

蔡京见奏疏，勃然大怒，暗令御史台监察官群起而劾之，其罪名是"妖议迁都，愚惑圣听；谮改释教，谤毁大臣"。"谮改释教"是指林某贬压佛教。遭到这拨弹劾后，林某封还皇上所赐各种物件、名号，离开京都回到老家温州祠天庆观。官家宣复其真人号，不受。后来有一度官家曾思复用林灵素，忽闻林灵素已"下血"暴死。①

死因不明。

卖官鬻爵的"公营"与"私售"

社会腐败为害最烈的当数吏治腐败。因为从事社会管理的官吏丧失廉耻、贪欲膨胀、机制混乱，必将导致社会混乱、生灵涂炭。

吏治腐败的一个重要特征是官员的任用、升迁没有标准，缺失公平、公正、合理的选人机制。

宋代的冗官、庸官之多，可谓前朝历史之最。到了宋徽宗、蔡京主政时，数量之多、之滥达到了一个新的高峰值。其因有宋初延续下来的恩荫制度，即恩许一部分高官子弟凭借父祖的资格或建立的某种特殊功勋，授予一定的官阶。这就导致一部分纨绔子弟，不需要经过寒窗苦读、科举考试进入仕途。

恩荫也称荫补。荫补的名目很多，诸如圣节荫补、郊祀荫补、致仕荫补、遗表荫补、特恩荫补，门类繁多，只要皇上一高兴，即可以随意以某个名目授予某高官子弟职位。当然从规章上说，依据不同的时段等级给予恩荫的数量、范围也有所区别：

凡遇朝廷吉庆之事，所有高官子弟乃至亲戚、门人，皆有可

---

① 《全宋文》三二〇二卷（一四八册）《灵素传》，第347—348页，上海辞书出版社2006年9月版。

能享受荫补，获封赏官爵；

文臣自太师及开府仪同三司，可荫子孙及期亲、大功以下亲并异姓亲及门客；

太子太师至保和殿大学士，荫至异姓亲，无门客；

中大夫至中散大夫，荫至小功以下亲，无异姓亲；

凡遇南郊大祀，宰相执政荫本宗、异姓及门客、医人各一人；

太子太师至谏议大夫荫本宗一人；

寺长、贰监以下至左、右司谏荫子或孙一人；

高官在致仕时，其子弟也享受恩荫：曾任宰执及兼任三少使相荫三人，曾任三少及侍御史者，荫一人……①

北宋末期，荫补泛滥。蔡京有子六人、孙四人被授予恩荫爵位。王黼作相时，其子闳夭十四岁即享受恩荫官职，并列从班，时人目为"胡孙待制"。由此而形成北宋官场一大奇观："尚从竹马之游，已造荷囊之列。"高官子弟虽还是骑"竹马"的幼童，已经是配系"荷囊"、享受爵禄的官员了。②

宋代冗官之滥的又一原因是，政府将卖官鬻爵作为财政收入的途径之一。朝廷财政困难，而那些囊中有钱、仓中有粟的富户也想获得一官半职，以提高自己的社会地位，从而形成了卖官鬻

---

① 刘立夫《论宋代冗官之成因》，刊《华中理工大学学报》1997年第3期。

② 〔宋〕陆游《老学庵笔记》卷十，第154页，中华书局1979年11月版，参见杨小敏《蔡京、蔡卞与北宋晚期政局研究》第352页，中国社会科学出版社2012年3月版。

爵的庞大市场。

据考证，宋朝最初施行制度性卖官，始于宋太宗淳化五年（994）。下面的一张表是宋真宗景德时在河北、陕西沿边地区以粟纳"军储"的价目表[①]：

地区与军储额			卖官名
河北定州等地 陕西环州等地	河北洺州等地 陕西泾州等地	河北怀州等地 陕西永兴军等地	
一千石	一千二百石	一千五百石	本州助教、文学
二千石	二千四百石	三千石	与出身
三千石	三千六百石	四千五百石	主簿、县尉、三班借职
四千石	四千八百石	六千石	三班奉职
五千石	六千石	七千五百石	诸寺、监主簿
六千石	七千二百石	九千石	秘书省正字、校书郎
七千石	八千四百石	一万五百石	太常寺太祝、奉礼郎
八千石	九千六百石	一万二千石	大理评事、殿直
九千石	一万八百石	一万三千五百石	诸寺、监丞，侍禁
一万石	一万二千石	一万五千石	大理寺丞、供奉官

到了北宋末和南宋末，由于财政收入进一步陷入困境，朝廷降低了卖官的价位，下表是绍兴元年（1131）的卖官价[②]：

---

① 引自王曾瑜《宋朝卖官述略》，刊《史学集刊》2006年第4期。
② 引自王曾瑜《宋朝卖官述略》，刊《史学集刊》2006年第4期。

文官		武官	
官名	卖价	官名	卖价
		无品进义副尉	七百贯
		无品进武副尉	一千贯
		无品进义校尉	一千五百贯
		无品进武校尉	二千贯
从九品迪功郎	六千贯	从九品承信郎	五千五百贯
		从九品承节郎	七千贯
		正九品保义郎	八千五百贯
		正九品成忠郎	一万贯
		正九品忠翊郎	一万一千五百贯
		正九品忠训郎	一万三千贯
从八品修职郎	七千五百贯		
从八品从政郎	九千贯		
从八品从事郎	一万五千（百）贯		
从八品文林郎	一万二千贯		
从八品儒林郎	一万三千五百贯	从八品秉义郎	一万四千五百贯
从八品承直郎	一万五千贯	从八品从义郎	一万六千贯
		正八品修武郎	二万三千贯
		正八品敦武郎	三万贯

这确实是一个令人咋舌和扼腕的怪象，一方面是朝廷财政收入的拮据、虚空，需要通过饮鸩止渴的方式来输血；另一方面是官家和大臣的奢侈无度的挥霍。通过此种手段敛财，再用之奢靡豪华的享受，这样的王朝还有救吗？

虽然政府为卖官带来的弊端也采取了一些措施：如售卖的大多是最底层的闲官，限制此类官员不得担任掌握权力资源的实职、不得提升使用等。但这些有经济实力的富户、豪绅，他们采用无孔不入的经济手段，仍然可以通过买官途径获得各种好处。

既然官爵也成了商品，购买者没有傻到不充分利用、以获得更多利益回报的地步。

更等而下之的，当然是执政高官，通过手中权力，将政府卖官鬻爵的"公营"，化为"以国禄市私恩"的"私售"。《容斋三笔》中描述了一个蔡京、蔡卞兄弟如何任用、提升亲信官员的场景：

政和中，蔡京以太师位统领三省，皇上允许可在家中处理公务。蔡卞则以开封府官任经筵。某日，蔡卞携亲信官员吴说往见蔡京。双方坐于便室，桌上陈笔砚，"置玉版纸阔三寸者数十片于上"。蔡卞提及常州教授某人，在现职滞留已有相当长的时间，该提拔移任了。蔡京问："该任何职呢？"蔡卞说："须与一提学。"蔡京取桌上纸片，写下该官姓名及提升官名，又问："该调任何地呢？"蔡卞称："其家极贫，非得俸入优厚处不可。"于是蔡京补书"河北西路"字样，交一老兵持出。过了一会儿，又一老兵捧一紫匣来，乃福建转运判官直龙图阁郑可简，以新茶献，同时附一密信。蔡卞介绍此人背景，是何人姻亲，求何官职。蔡京又书一纸交老兵持出。不多一会儿工夫，蔡京按蔡卞之意，已提用了三位官职。

蔡京的这个便室，好生了得，行使的是皇家权力，堪称"官帽批发所"啊！①

鬻卖官爵以中饱私囊的岂止蔡氏兄弟，蔡京子蔡攸、蔡絛，在这方面一点也不比乃父逊色。蔡京于宣和六年（1124）第四次任相时年届八十，"目盲不能书字"，批发"官帽"这一类勾当，就由其子蔡絛代劳了。蔡絛夹带私货将其妻兄擢用为户部侍郎，令"中外缙绅，无不侧目"。

蔡京的继任者王黼任相时，卖官敛财，名动朝野，有流行语道其卖官的价码："三百贯，直通判；五百索，直秘阁。"宦官童贯卖官，只要送钱即送官，史称"有自选调不由举荐而辄改京官者，有自行伍不用资格而遽升防（御使）、团（练使）者，有放废田里不用甄叙而攫登侍从者"②。

《扪虱新话》中载："蔡相当国日，有二人求堂除。"宋代官制，京官选人一般要经吏部推选，有特殊功勋者，才可由政事堂差遣，称之为"堂除"。无特殊功勋而求"堂除"，当然是违规操作了。此二人求蔡相"堂除"，也就是求其直接"差遣"

---

① 《容斋随笔·三笔》卷十五，参见杨小敏《蔡京、蔡卞与北宋晚期政局研究》第353页，中国社会科学出版社2012年3月版。

② 《三朝北盟会编》卷三九，参见杨小敏《蔡京、蔡卞与北宋晚期政局研究》第355页，中国社会科学出版社2012年3月版。

任职。

二人皆知有"美阙"（肥缺），至蔡府欲争得其位。蔡京一时拿不定主意将美官赏给哪一位。大概二人所贿赂钱物差不多，难以向某一位倾斜。于是蔡京出考题，让他们当面论高下："能诵卢仝《月蚀》诗乎？"这是一道难题，这首诗有一百四十多行、一千七百多字，要背诵下来不容易。其中一位年长者，居然能应声朗诵，"如注瓶水，音吐鸿畅，一坐尽倾"。蔡京当即表态通过，另一位无话可说。①

蔡京推荐的重要官员，有的太平庸，在皇上召对时屡屡出现尴尬狼狈不堪的场面。有一个名毛友龙的官员，宋徽宗召对时问："龙者君之象，卿何得而友之？"宋徽宗拿他的名字发问："龙"是"君王"的象征，你跟"龙"怎么会成为朋友呢？该官员语塞，于是任职旨令卡壳。退朝后，这个毛友龙将应对情况告知蔡京，蔡京说，这不难对啊，"何不曰：尧舜在上，臣愿与夔、龙为友？"经这一点拨，毛某茅塞顿开。蔡京再一次推荐毛某，上复召对，问"大晟乐"，毛某曰："讹。"皇上不明白毛某所答是何意，正好蔡京入见，为毛某解围，告知皇上：江南人唤"和"为"讹"，"友龙谓大晟乐主和尔"。于是宋徽宗"颔之"，毛某"乃得美除（获得美官）"。②

蔡京卖了多少官位？收受贿赂数额几何？这是一个无法统计的数字。如果再加上其他权臣王黼、童贯、梁师成，乃至朱勔等

---

① 《宋人轶事汇编》（四），第1824页，上海古籍出版社2015年6月版。

② 《独醒杂志》卷一，《宋人轶事汇编》（四），第1832页，上海古籍出版社2015年6月版。

私售的官职，不难想象，充塞府衙的有多少庸官、贪官。童贯平定方腊后，在军中接受当地富户的献金，而童则以所献额度的多少授以官职，"有司计之，凡四千七百人有奇"①。

贻笑千年的"三角恋"

安享盛世——纵情声色，当然是其中应有之义。

皇帝的后宫有无数嫔妃，只要身体好，尽管每天翻牌钦点即是。但轻易获得的总觉得不过瘾。因此，轻车小辇或翻墙出宫与青楼女子幽会，也成了宋徽宗娱乐生活的一个重要内容。真个是"家花"再多，也胜不过"野花"香。

从古传到今的宋徽宗与周邦彦、李师师的"三角恋"故事，确实充满了戏剧性，离奇得超出了一般人的想象。在南宋张端义所撰《贵耳集》中有一段记载：

> 道君幸李师师家，偶周邦彦先在焉，知道君至，遂匿于床下。道君自携新橙一颗，云："江南初进来。"遂与师师谑语。邦彦悉闻之，隐栝成《少年游》云："并刀如水，吴盐胜雪，纤手破新橙。"后云："严城上，已三更，马滑霜浓，不如休去，直是少人行。"李师师因歌此词，道君问谁作？李师师奏云："周邦彦词。"道君大怒，坐朝宣谕蔡京云："开封府有监税周

---

① 〔宋〕陆游《老学庵笔记》卷四，第54页，中华书局1979年11月版。

邦彦者，闻课额不登，如何京尹不按发来？"蔡京罔知所以，奏云："容臣退朝，呼京尹叩问，续得复奏。"京尹至，蔡以御前圣旨谕之。京尹云："惟周邦彦课额增羡。"蔡云："上意如此，只得迁就将上。得旨：周邦彦职事废弛，可日下押出国门。"隔一二日，道君复幸李师师家，不见李师师，问其家，知送周监税。道君方以邦彦出国门为喜，既至不遇，坐久至更初，李始归，愁眉泪睫，憔悴可掬。道君大怒云："尔去那里去？"李奏："臣妾万死，知周邦彦得罪，押出国门，略致一杯相别，不知官家来。"道君问："曾有词否？"李奏云："有《兰陵王》词。"今"柳阴直"者是也。道君云："唱一遍看。"李奏云："容臣妾奉一杯，歌此词为官家寿。"曲终，道君大喜，复召为大晟乐正，后官至大晟乐乐府待制。……①

　　著名词人周邦彦，与京妓李师师幽会，正巧碰上徽宗皇帝携新橙来访，邦彦只好藏于床下。皇帝与名妓的淫声戏谑语，皆声声入耳。事后，周邦彦还将此遇写成词。关于此事的记载，还见诸多种野史笔记，有不少从事词学和词史研究的学人质疑此事的真实性。王国维最具代表性，认为"此条尤失实"。当代海外汉学者伊沛霞也认为无确实可靠史料证明宋徽宗与李师师有幽会一说，因此，她在《宋徽宗》一书中则对此条史料不予征用。

---

① 《宋人轶事汇编》（四），第1912页，上海古籍出版社2015年6月版。

另有史料记载，周邦彦久沉下僚数十年，在蔡京主政时，邦彦献生日诗曰："化行《禹贡》山川内，人在周公礼乐中。"元长读之大喜，因之荐邦彦。周邦彦能够回到京都，提举大晟府（主管乐事的部门），也许与蔡京举荐不无关系。

至于周邦彦与李师师及与宋徽宗之间发生的戏剧性的故事，野史记载有诸多的破绽。诸如《挥麈余话》卷一载："周美成邦彦，元丰初以太学生进《汴都赋》，神宗命之以官……"①《浩然斋雅谈》卷下称："宣和中，李师师以能歌善舞称。时周邦彦为太学生，每游其家。一夕，值祐陵（宋徽宗）临幸，仓卒隐去。……"②稍作思索，便发现两者之间无法自圆其说。如果说，"元丰初"（1082）周邦彦为太学生，至"宣和中"（1120），中间相隔38年，周邦彦怎可能还是太学生？此时周邦彦离去世仅一年，怎可能还会与李师师发生风流韵事？荷尔蒙旺盛时，正逢"不治宫室，不事游幸"的神宗年代，且无李师师，不可能有"三角恋"这等奇闻；年老色衰时，虽有李师师、宋徽宗，但邦彦尚能"风流"乎？

因此在笔者看来，史家要想获得第一手史料，以证其实，绝无可能。皇家绝不会将这类官家荒唐举动载入正史，而周邦彦、李师师即便经历过此类事，也不会形诸文字来炫耀。因

①　〔宋〕王明清《挥麈录》第229页，上海书店出版社2009年4月版。

②　〔宋〕周密《浩然斋雅谈》卷下，《宋人轶事汇编》（四），第1912页，上海古籍出版社2015年6月版。

⌒ 北宋·赵佶《晴麓横云图》

此，读者无妨看作采自民间的传闻，免不了有添油加醋的虚构成分。但这样的传奇故事，确实反映了特定年代的氛围和生活的本质真实。

蔡京的"居""食""色"

权臣诱导官家安享"盛世"，挥霍无度，当然不仅为的让官家独享。上下共享，甚至让自己的每根毛孔都舒服得充满快感，这才是蔡京等人的用心所在。

官家何尝不明白这一点？"居""食""色"，人之欲也，谁不需要？因此，君臣上下共腐，成了北宋晚期重要的时代征候。

北宋不亡，连老天爷都看不过去。

先来看看蔡京的豪宅。蔡京的宅第处于都城之东，周围数十里，"嘉木繁荫，望之如云"。中"有六鹤堂，高四丈九尺，人行其下，望之如蚁"。如此高度，不亚于那块太湖巨石了。乃至因为宅子"宏敞过甚，老疾畏寒，幕帘不能御，遂至无设床处"。当然我们不用担心，蔡太师有的是办法。

在发生"靖康之难"，蔡京被罢免后，此宅曾被赐予名将种师中。种师中未及享受这"宏敞过甚"的太师私宅，即被金人一把火烧成灰烬，可怜那些参天古树在战火中被烧成一柱柱槁木，一缕缕升腾的烟雾化作满天的愁云。有士人曾作《城东甲第曲》诗，感叹盛衰之变，世事无常，亭台楼榭、如盖绿荫，顿成焦土。其末四句云："皇天去人不盈尺，怙势骄淫神所厄。君不见乔木参天独乐园，至今人道温公宅。""温公宅"是指司马光的宅第，其简朴，恰与蔡宅豪阔形成鲜明比照。①

当地百姓发现一个奇特的现象：熊熊大火烧得蔡第片木无留，但邻人的住宅却未受到丝毫影响。这火似乎也是有爱恨良知的。于是皆感叹，苍天有眼，只烧该烧的。

因蔡京引荐而登太傅、次相高位的王黼，其生活之奢华糜烂，比之蔡京有过之而无不及。王黼私宅也为皇上所赐。皇上在赐予宅第时，亲书七块牌匾，名曰：载赓堂、膏露堂、宠光亭、十峰亭、老山亭、荣光斋、隐庵。②王黼私宅位于"阊阖门外，周围数里。其正厅以青铜瓦盖覆，宏丽壮伟，其后堂起高楼大阁，辉耀相对。又于后园聚花石为山，中为列肆巷陌，与民间倡家相类，与李邦彦辈游宴其中，朋邪狎昵，无所不至"③。

这个王黼显然在追逐感官刺激和享受方面，比之蔡京更有"创意"。他把民间的青楼（倡家）建到了私家后花园内，从此就用不着偷偷摸摸、微服出行，跑到民间街巷里寻欢了。"青楼"就在自家园子里。有一次，宋徽宗驾临王黼私宅，偶然发现宅中有后门，与大宦官梁师成相通，"大不乐"。权臣与内侍相通，乃皇家大忌。历史上屡屡有内外勾结、江山易主的案

① 《清波别志》卷下，《宋人轶事汇编》（四），第1834—1837页，上海古籍出版社2015年6月版。

② 《能改斋漫录》卷十二，《宋人轶事汇编》（四），第1872页，上海古籍出版社2015年6月版。

③ 《三朝北盟会编》卷三十一，《宋人轶事汇编》（四），第1872页，上海古籍出版社2015年6月版。

例。"大不乐"又如何呢？宋徽宗并未因此而下旨对王黼、梁师成治罪。

蔡京宅厨房，有厨婢数百人，其烹制菜肴的规模，大概不亚于皇宫厨房。蔡京宅第中，需要那么多人为之烹制三餐吗？应该是因为对吃食特别讲究，食不厌精，带来工作量的成倍增加。蔡京喜食蟹黄包子，厨房中有一条制作包子的流水线，从剔蟹肉、切葱姜丝、揉面、调馅、包馅、上蒸笼……都有不同的厨娘各司其职。蔡京还喜食鹌、鹑肉，常常一次性地宰杀鹑千余只。因为食用量大，每日持续不断地宰杀，蔡京宅中有专门蓄养鹌鹑的饲养员。不知人工喂养鹌鹑的历史是否从蔡京开始？

有一则逸事，见诸多野史。某日傍晚，蔡京半躺在椅子上闭目养神，忽坠入梦境。一位黄衣老人说："来日当自被害，愿公贷命。"蔡问："汝何人？"黄衣老人未回答，而是口诵一首诗："食君数粒粟，充君羹中肉。一羹断数命，下箸犹未足。口腹须臾间，福祸相倚伏。愿公戒勿杀，死生如转毂。"蔡被诗句惊醒，竟然有冷汗微微浸透内衣。忙唤厨工询问："尚有活鹑几许？"厨工回答有数十只，蔡命勿宰，放之。但蔡京会因此一梦，从此戒除食鹑的口腹之欲吗？[1]

蔡京宴请宾客，餐桌上也豪奢不凡。某日蔡京召讲仪司僚属议事。会后，蔡京留僚属聚餐，命厨房做蟹黄馒头，餐后厨吏计算成本，仅馒头制作耗资一千三百余缗。有人将古币与现代人民币的价值，做了一个大约的换算。清道光初年，一缗钱相当于一

---

① 《湖海新闻夷坚续志》前集卷二，《宋人轶事汇编》（四），第1836页，上海古籍出版社2015年6月版。

两白银，一千三百缗就是一千三百两白银。再兑换成今日人民币约二十四万多元。一顿饭仅蟹黄馒头就吃掉二十四万多元。一个令人咋舌的数字。

又有一次蔡京在家中招待宾客，酒酣耳热之际，蔡京对管理仓库的小吏说："取江西官员所送鹹豉来！"小吏拿来十瓶，宾客分而食之。这个"鹹豉"其实不是通常用黄豆做成的调味品，而是腌制黄雀肫。不知瓶子的容量有多大，但我们都知黄雀的胃是很小的。一瓶"鹹豉"需要多少黄雀制成？吃完了十瓶黄雀肫，蔡京问仓库里还余多少瓶，小吏答："犹余八十有奇。"[1]

王黼喜食黄雀鲊。"鲊"本是用盐腌制的鱼，在古代也泛指一种防食品变质而采用的腌制的方法。"黄雀鲊"应该是指腌制的黄雀肉了。这个王黼宅库中，贮存了多少黄雀鲊呢？多种野史称："库中黄雀鲊自地积至栋。凡满二楹。"究竟数量有多少？古代房屋一间为"一楹"，也就是堆满了两间屋。至于一间屋的空间有多大？需要借助一点想象力。但王黼的屋子不同于乡间的茅草房是肯定的。[2]

像蔡京、王黼这等宰相级别官员，餐桌上的食品之珍贵稀有，常常超出普通人的想象。至于普通的粮食，也就随意浪费，不会有农人"一粒稻谷需七瓢水"的珍惜。相传王黼宅第与一寺庙相邻，有一僧人看到从王府排水沟内不断有饭粒流出，为之心疼不

① 《独醒杂志》卷九，《宋人轶事汇编》（四），第1836页，上海古籍出版社2015年6月版。

② 《齐东野语》卷十六、《宋稗类钞》卷二等，《宋人轶事汇编》（四），第1870页，上海古籍出版社2015年6月版。

已，就日日将流出的米粒从水沟里捞出来，过滤，清洗，晒干，堆成了一大囤。待到"靖康之难"降临时，王宅家中未及逃亡之老幼绝粮无食，僧人复将所囤之饭粒，重新蒸煮后送入王黼宅中，那些几近饿死的老人和孩子，依仗这些水沟中倒弃的饭粒而活下来。①

史书上有关蔡京近"色"好"色"的记载不多，也许是他的所为，在当时士人狎妓成常态的时代氛围中，不被史家视为多严重的人格问题。文人风流常成为人们茶余饭后的佳话，纳妾、逛青楼都不涉及人品道德问题，诸如柳永、苏东坡、周邦彦在这方面的风流韵事都很多。但如果作为朝廷大臣，弃主业而成日沉迷酒色之中，把生活"调味品"当成了"主菜"，则会遭到谴责或为人所不齿。

蔡京的生活中当然不缺美姬佳人。蔡京知成都期间，特别宠爱一位名尹温仪的妓女。尹女本为良家女，因家道衰败而失身妓籍。在受到宠爱之余，尹女乞求蔡知府帮她脱去乐籍，蔡戏曰："若樽前成一小阕，便可除免。"尹曰："乞腔调。"蔡答以《西江月》。尹又乞声韵，蔡曰："汝排行十九，用九字。"尹即应声云："韩愈文章盖世，谢安情性风流。良辰美景在西楼。敢劝一杯芳酒。记得南宫高选，弟兄争占鳌头。金炉玉殿御香浮，高占甲科第九。"②

---

① 《昨非庵日纂》二集卷九、《宋稗类钞》卷二，《宋人轶事汇编》（四），第1870页，上海古籍出版社2015年6月版。

② 《花草粹编》卷六、《青泥莲花记》卷十二，《宋人轶事汇编》（四），第1815页，上海古籍出版社2015年6月版。

苏州名苏琼的官妓，在太守款待蔡京的宴席上也唱过类似的词，词句稍有变动，其实就是同一首词。笔者怀疑这首颂扬蔡京的词广泛流传于青楼坊间，究竟谁是原创，实在难以辨别。但从词中可见，蔡京的风流性情几乎人所共晓。

蔡府究竟畜养了多少貌美女子？未见有明确的记载。从一则奇特逸事，似可略窥端倪。京城有一年轻士人暮晚酒后出游，见一宅第某处墙矮，即翻墙入内，浑不知是误入蔡太师后花园。

只见园内花木扶疏，古树葱茏，亭榭相接，径路交叉，步入园深之处，竟迷路不知如何从原路返回。天色完全黑下来，忽见一红纱灯笼伴随踢踏脚步声由远渐近。该男子慌不择路，见某亭边有一毡子，掀开后竟有一洞穴。本想是找一藏身之处，没料到洞穴深处匿有一壮汉，见有陌生人掀毡，如惊兽般逃窜而出，士子被吓得心肝肺几乎一股脑儿要从口中蹦出。稍一定神，顾不得其他，赶紧蹲于壮汉逃窜后的洞穴内。

更未料到，还有奇特的剧情发生，让该士子神魂颠倒，如入太虚幻境。伴随灯笼朦胧烛光，来到亭子上的是十多个艳妆俏丽的美妇，一人举着灯笼，一人掀开毡子，见到男子，颇感意外地说："怎么又不是我们想要的那一个？"意思大概是得非所人。另一美妇借烛光也看了一眼男子，说："也得，也得。"意思大略是："也行，也行，反正是个男人，将就着享用吧！"

随后，一美妇执男子之手，往洞穴深处行走。洞穴与豪宅无异，居然"洞房曲室"，枕衾齐备，香气袅袅，且有佳肴美酒可饮食。于是这群美妇一边饮酒，一边轮番与男子行云雨之戏，一直折腾到"五鼓乃散"。虽然这是一场天上掉下来的"艳福"，本该窃喜才是。怎奈十多个美妇"戏"一男子，这"艳福"便导致身心被过度摧残折磨耗竭，乃至散离前男子头昏眼黑膝盖酸软无法站立。群妇将这男子置于一只巨大的筐子内，用绳子将其缒之墙外。

天将晓，男子"惧为人所见，强起扶持而归"①。此则逸事，不涉蔡太师如何酷爱美色，而是记载太师后花园美妇如何耐不住寂寞，私下里与园外男子行乐。可见蔡太师宅第园内美姬之多。

在靖康大难来临时，蔡京身边美姬也坠入凄惨的处境，有一名武恭人者，妙丽非凡。蔡京被贬谪岭南时，武恭人为一孙姓使臣所蓄。金兵破城，孙某携武恭人逃至南京（今河南商丘）。但仍被朝廷派人拘捕回京。其下场不明，不外乎充作金人之妇了。

金人兵临城下，威逼宋廷根括金银珠宝犒赏官兵，在金银珠宝不足时可以皇族公主、妃子及大臣妻妾、美姬分不同等次抵充金银。其时，蔡京在被贬谪南迁的途中，金人指名索取伴随蔡京流放的宠姬：慕容、邢、武三人。此时，蔡京仍恋恋不舍其姬离他而去，作诗告别："为爱桃花三树红，年年岁岁惹春风。如今去逐他人手，谁复尊前念老翁。"②这些蔡京枕榻边的宠姬，会真心真情爱这个八十岁的"老翁"吗？她们爱的是权力带给她们的奢华的生活享受吧！权力的大树倒伏了，她们该依傍何物来求得生存？花自飘零水自流。蔡京在诗中还幻想宠姬在金人的怀抱中，继续想着自己这个从权力巅峰跌落尘埃的糟老头子，不是令人觉得很可笑吗？

前面已有文字涉及王黼仿民间青楼，蓄美姬于后花园，供自

---

① 《谈薮》、《西湖游览志余》卷四，《宋人轶事汇编》（四），第1837、1838页，上海古籍出版社2015年6月版。

② 〔宋〕王明清《挥麈后录》卷八，《宋人轶事汇编》（四），第1833页，上海古籍出版社2015年6月版。

己及大宦官梁师成一类狐朋狗友权贵共享狎玩。这个王黼在与官家共同寻找感官刺激、肉欲之欢方面，远远超出蔡京所为。蔡京毕竟老了，无精力体力陪伴官家一起翻墙或穿地道与"野花"幽会。王黼正处如"狼"似"虎"的盛年，可以高耸肩胛，做官家翻墙出宫的人梯。王黼的侍妾，也可谓佳丽如云，究竟数量有多少，未见精准数字记载。但有一个数字，多少能说明王黼侍妾之多。王府的部分侍妾也被封予各个不同等级的官位，有官位者十八人，被称之为"八夫人，十宜人"①。

　　王黼任相时，其生活之奢靡，超越常人想象。其人"于寝室置一榻，用金玉为屏，翠绮为帐，围以小榻数十，择美姬处之，名曰'拥帐'"。以"拥帐"的方式来享受美色，随时随欲择美姬而"戏"之，不仅在有宋一代，大概在中国数千年历史上也是独具匠心之举。如此级别的官员，把心机都用在女人脐下三寸处，百姓苍生还有活路吗？

　　这一切超级奢侈消费，都需要有一个东西做基础：钱币。官员仅靠爵禄，是维持不了如此高等级的挥霍的。那么，超出官俸的收入来自何处？无非是"贪污"与"受贿"。而蔡京、王黼、梁师成等权贵还有一个途径，即私售官爵。

　　蔡京在钱塘建有"极为雄丽"的私宅，"全占江湖之绝胜"。当金人铁骑来袭时，蔡京遣人将宅中资财用巨船装载，运往钱塘私宅。靖康之初，钦宗下旨籍没蔡京全部财产。恰好其时任杭州太守的官员毛达可，曾是蔡京门下士，有意推缓籍没蔡宅资财的

---

① 《三朝北盟会编》卷三十一，《宋人轶事汇编》（四），第1870页，上海古籍出版社2015年6月版。

旨令，而"密喻其家"，蔡氏家人迅速转移资产过半，其中有四十担金银宝货，寄往居海盐的蔡氏族人家中。因此蔡京父子兄弟虽遭到诛窜，但其后人仍富甲一方。[1]

王黼在靖康初被抄家时，皇廷获其家中金银珠宝以亿万计。因负责抄家的度支郎中邢倞，在抄没行动中措置不周，致使很多人趁隙掳掠，其中"绢七千余匹，钱三千余万"，另有大量金玉，三分之一被趁机打劫者所"攘夺"。王黼即便在贬斥途中，随行钱货也不可胜数，但大多被沿途"小寇剽掠"。史书上称剽掠贪官资产的人为"小寇"，其实这些"小寇"中有很多是穷苦而又仇恨贪官的普通百姓，未必是"寇"。或许正是《水浒传》中被官府贬斥为"盗贼"的好汉呢！[2]

"御史台"成"御用台"

蔡京当国的北宋晚期，为我们见证了不受监控、制衡的权力该有多"疯狂"。

"疯狂"的后果是覆车、覆舟，导致江山社稷、百姓苍生经受最为痛苦的痉挛。

对古代封建专制体制有一定制衡作用的御史台、谏院机构的

① 〔宋〕王明清《挥麈余话》卷二，《宋人轶事汇编》（四），第1832页，上海古籍出版社2015年6月版。

② 《三朝北盟会编》卷三一，杨小敏《蔡京、蔡卞与北宋晚期政局研究》第356页，中国社会科学出版社2012年3月版。

设立，虽最初萌发于秦，稍稍完善于唐、宋，但本质上仍然存在因君主制带来的无法将权力关进"笼子"的严重缺陷和痼疾。这类监察机构，功能应该是专以"审人主之愆谬""纠臣僚之邪佞"，但在实际运行中呈现出非常复杂的状态，大多数情况下对"人主"和"相权"，产生不了任何制衡作用，反倒是被"人主"和"宰执"所利用，成为排除异己、胡作非为的帮凶。"徽宗即位，台谏系统在短期正常后，即因蔡京弄权、徽宗昏聩而陷入危机。"①

在北宋晚期的党争中，无论是新党还是旧党，为了推行自己的主张，皆不惜采取一切手段，将与自己意见相左、总是发出刺耳之音的御史台的官员调离，以形成舆论一律，王安石为推行新法和司马光为废新法都是这么干的。随着党争愈来愈激烈，争夺御史台、谏院的舆论话语权也愈来愈白热化了。

正直敢言、敢讲真话的谏官被踢出御史台后，新任用的大多是摇尾乞"宠"的狗，完全看主子眼色行事。见到主人不喜欢的人则狂咬，面对主子时则摇尾乞"怜"，舌头几乎要把主子的脚指头舔破。

任伯雨言："……绍圣时章惇、蔡卞用事，谏官、御史尽出惇、卞引用，不唯无所建明，率皆附会（章）惇、（蔡）卞，欺诬朝廷。"②

<hr>

① 虞云国《宋代台鉴制度研究》第101页，上海人民出版社2014年8月版。

② 《宋朝诸臣奏议》卷五五《上徽宗论张庭坚送吏部》，转引自杨小敏《蔡京、蔡卞与北宋晚期政局研究》第363页，中国社会科学出版社2012年3月版。

到了蔡京时期，手段更绝，常常对御史官员虚位不补，让御史台空巢，这样就听不到任何对自己不利的逆耳之言了。"动以数年不出一谏官，意欲掩上皇从谏之圣，以绝天下异己之言，愚弄朝廷，几同儿戏。"①

有一个名许敦仁的官员，曾是蔡京的"州里之旧"。蔡京故里为兴化军仙游县连江里。许某也是兴化人，宋代福建曾有兴化县、兴化军的建置。此人因与蔡京有乡党之谊，被一路提拔重用，中进士后入为校书郎，蔡京"以州里之旧，擢监察御史，亟迁右正言、起居郎，倚为心腹"②。"（许）敦仁凡所建请，悉受京旨。"也就是说，此人所上奏章，皆受蔡京幕后指使。许某官拜御史中丞后，干的第一件事就是上章建议皇上"五日一视朝"，惹得宋徽宗认为"其言不当"，"命罚金"，仍左迁兵部侍郎，"且欲逐敦仁，而京庇护之甚力，敦仁亦处之自如"③。这个谏议，表面上看是拉长皇上上朝视事的间隔时间，其潜在用意是削弱皇权，使得蔡京有更多时间大权独揽，是相权对君权的一次角逐。

也有不少官员，蔡京初倚为心腹，等到其人得志，登上高位，或成为御史台重要谏官，则忽然变脸，对蔡京发起攻击。这种"反戈一击"的缘由或许有非常复杂的心理因素、利益纠葛，

---

① 《少阳集》卷二《辞诰命上钦宗皇帝书》，转引自虞云国《宋代台谏制度研究》第113页，上海人民出版社2014年8月版。

② 杨小敏《蔡京、蔡卞与北宋晚期政局研究》第364页，中国社会科学出版社2012年3月版。

③ 同上。

但在蔡京看来显然是不能容忍的。凡有类似"叛逆"行为，蔡京的手段则如对待那个苏州太守吴伯举一样，一巴掌将其打回原形，让他恨之入骨的，则可能性命难保。

御史台谏官石公弼，因与蔡京有某种特殊关系得获重用。但这个石公弼是一位尚有正义感的士人。蔡京意料不到，此人居然成为弹劾他最凶猛的斗士之一。在崇宁、大观年间曾数十次上章弹劾蔡京，致其两次罢相，成了插在蔡京眼中的一根钉。同样令石公弼想不到的是，蔡京总是在倒下去后，又能再获人主信任，卷土重返朝堂。

政和二年（1112），"蔡京再辅政，罗致其罪，责秀州团练副使，台州安置"。石公弼年五十五岁即郁郁而卒。[1]

① 《宋史》卷三四八《石公弼传》，第11030页，中华书局1977年11月版。

卷八

『不倒翁』

蔡京作为一种特殊官场人格标本，值得笔者花费时间和笔墨做较为精细的考察和解剖，一个重要原因，当然是他超常的官场生存能力。如果一有风波，其人便倒伏不起，证明这类人过于脆弱，是不合格的"官场动物"。

宋徽宗在位的二十五年（1100—1125）间，蔡京自崇宁元年（1102）七月起任宰执之位后，曾四度被罢相而又复相。任首相时间长达十八年又六个月。居宰辅时间之长，在中国封建王朝中屈指可数。[①]可见蔡京自有其过人之处。客观解析其人其事折射出的官场生态、人格元素，无疑可以触发更多的政治、经济、历史、文学的多元思考。

首次任相与罢相

在向太后驾崩（1101）前，已经亲政的徽宗开始酝酿如何继承父志，再举变法的大旗。而在向太后驾崩后，宋徽宗则放开手脚，改变向太后活着时试图调和两党、建中靖国的政治格局。

即便向太后活着，大概也难以阻遏向新党倾斜的政局。因为

---

① 也有五度任相之说，林金岱《蔡京的仕途及其历史背景》，见《蔡京史论选编》第162页，中国文史出版社2011年12月版。

重新复用的一批元祐党人，显然不甘心于"调和"，他们要把新党悉数逐出朝堂，而元祐党人中再无像范纯仁那样声望很高、堪任大位者。他们只懂得"摧毁"，却难以有建树。此时，新党的强势人物蔡京就成了宰执的不二人选。

蔡京的"内功"，加上外力的助推，不想让蔡京登上高位几乎不可能。常言"时势造英雄"，时势也可造"奸雄"。此前蔡京已为自己的上升路径做了大量铺垫——

利用上朝接触徽宗时，亲近皇上，向徽宗面陈坚持变法的理由，徽宗曾表示向太后正主政，让他等待时机；

蔡京被贬逐在外，仍持续不断地向徽宗进奉书法作品及搜罗到的各种珍玩；

用小恩小惠讨好后宫侍从人员，使得宫中宦官、嫔妃、宫女皆同声夸赞蔡京的才能与为人；

朝中大臣为排挤首相韩忠彦，也试图借助蔡京之威力，曾布的弟弟曾肇为避嫌出任陈州时，向曾布力荐蔡京回京；

而曾布本人，也于崇宁元年（1102）二月，推荐已任端明殿学士、大名府知府的蔡京回朝，被徽宗授以翰林学士承旨、知制诰兼侍读、修国史实录……

那些蔡京埋藏在朝内的心腹，更是通过各种方式为蔡京回朝大造舆论，最著名的是邓洵武向皇上进贡《爱莫助之图》，列新、旧党在京人数，表明皇上如要"绍述先圣非以蔡京为相不可"。①

崇宁元年七月五日，蔡京五十六岁时正式登上相位。

_____

① 林金岱《蔡京的仕途及其历史背景》，见《蔡京史论选编》第169页，中国文史出版社2011年12月版。

第二年（1103）正月二十七日，蔡京升任为首相，官职名号为"尚书左仆射兼门下侍郎"。

蔡京是一个执行力非常强的人，他登上高位后两手都很给力，一方面通过推行各种法度增加财政收入；另一方面采取霹雳手段打击、贬逐元祐党人，让旧党及其门人、子孙不再有进入中枢的可能。

其中在处理与周边敌国的关系上，获得了卓著功绩，增进了宋徽宗对他的信任。崇宁二年（1103）六月，他支持王厚、童贯发兵攻西蕃，收复湟州；七月，王厚、童贯率兵收复湟州疆土约一千五百里；崇宁三年（1104）四月，王厚、童贯收复故郡鄯州（今青海西宁）和廓州（今青海西宁尖扎北）二州，为北宋收回失地、开拓疆土万余里。

于是蔡京也连连被加官晋爵，不断获得各种皇上授予的光环。

崇宁五年（1106）二月十三日，蔡京遭遇第一次罢相。其外部的推动因素是"彗星初见，上震动，责己，深察蔡京之奸。由是旬日，凡京所为者一切罢去"①。

因天象的异常，宋徽宗"自禁中夜遣黄门至都堂毁元祐奸党碑。在外如之（京外的也一样）。又诏元祐、元符迁谪人并复士籍，自今毋得纠前事"②。

① 《十朝纲要》卷一六，参见曾莉《蔡京年谱》第185页，广西师范大学出版社2020年1月版。
② 《十朝纲要》卷一六，同见《宋史》卷二〇《徽宗本纪》，第375页，中华书局1977年版。

弹劾蔡京最凶猛者为赵挺之与刘逵，其奏章主要批评蔡京："窃居相位，援引私党，布列朝廷"，"怀奸植党，威福在手，托绍圣之名，纷更法制，贬斥群贤，增供财利之政，务以侈靡惑主人"，"创'丰亨豫大'之说，土木营造极奢侈。置应奉司、御前生活所、营缮所、苏杭造作局"，"兴边事，用兵累年"……①

在弹劾蔡京的奏章连连上呈时，吴执中上章回护蔡京，认为"进退大臣，当全体貌"，因而蔡京虽离相位，并未遭到重贬，只是被"斥居浙西"而已。②

还有一种说法是，蔡京被罢相后并未离京。宋徽宗贬蔡京为守司空、安远军（今湖北安陆）节度使、开府仪同三司（皇帝恩赐三公以下大臣的寄禄官）、领中太一宫使（以宰执充使的闲散官员），特旨进封魏国公，并允许留京。

二次任相与罢相

接替蔡京主政的是赵挺之和刘逵。遗憾的是赵挺之和刘逵又重蹈元祐党人尽废新法的套路，将蔡京所为悉数废除。蔡京干了许多坏事，但也还是做了一些有利社会经济发展的好事，诸如建学校、置居养院、安济坊、漏泽园等，如果一股脑儿全

---

① 林金岱《蔡京的仕途及其历史背景》，见《蔡京史论选编》第171页，中国文史出版社2011年12月版。

② 《宋会要》，参见曾莉《蔡京年谱》第185页，广西师范大学出版社2020年1月版。

部废了，但自身又拿不出能创造新政绩的法度来，如何才能在朝堂立足呢？

蔡京则"令其党进言于上，以为京改法度者，皆禀上旨，非私为之。若学校、大乐等数事，皆是绍述神考美意。今一切皆罢，恐非绍述之意"，"于是上乃复学校教官及香盐司官，又复大乐府，复有用京之意矣"。①

随后，赵挺之与刘逵先后被贬逐，蔡京于大观元年（1107）正月七日、六十一岁时第二次任相，官复原职。在官家御批的诏令《蔡京司空、左仆射兼门下侍郎制》中称：

> 天子之置三公，与之论道；丞相之总百揆，维以佐王。朕亲事法宫，宅师区夏。朝废食而思务，夜振衣而虑微。顾非真儒，孰翼丕治。乃眷求于旧弼，俾还秉于洪钧，播告大廷，诞敷群听。具官蔡京，识推先觉，德懋硕肤，智造物之未形，学穷神而独至，擢自文考，爰遇泰陵，更险夷之百为，持中正之一节。逮予躬揽，冠位宰司。罄谋猷之赞襄，缉纲纪之蠹坏。佐周王之辟国，无如召公；佑商后之格天，有若伊尹。力复先烈，辅成远图，庶绩已熙，太平将洽。属缘灭而引咎，既避位以踰年，顾兹衮绣之联，殊失股肱之助。矧今符瑞荐至，讲礼乐以文颂声；贤能并兴，恢庠序而善风俗。有怀制作，多所建明。是用载登左揆之崇，兼峻东台之

---

① 《十朝纲要》卷一，转引自曾莉《蔡京年谱》第187页，广西师范大学出版社2020年1月版。

秩，陪敦爰赋，弥聋具瞻，斯为异恩，庸示注意。于
戏！举皋陶而不仁者远，朕则克难于任人；贤周公而大
治至今，尔其永休于前政。往服定命，勉成厥功。可特
授依前司空、尚书左仆射、兼门下侍郎、魏国公，加食
邑七百户，食实封三百户。勋、封如故。①

在这份诏令中，对蔡京的评价又提升到一个新的高度："具官
蔡京，识推先觉，德懋硕肤，智造物之未形，学穷神而独至……"

蔡京到任时受到隆重礼遇，宋徽宗在金明池赐宴蔡京等大臣。

重拳打击导致自己落职的敌手，是蔡京上任后必做的。赵挺
之被罢相后仅五日即一命呜呼，不等蔡京出手，自己就倒下去见
阎王了。如此缺少定力的官员，压根儿就不是宰辅之料，与蔡京
从哪方面比都不在一个层面上。

蔡京需要收拾的主要敌手就剩中书侍郎刘逵了。刘逵先是
被贬落亳州（今安徽亳州市）知州，显然这还难解蔡京心头之
恨，蔡京的组合拳随后即再度显威，这就是当时震动朝野的假
币大案。

两宋民间私铸假币者不乏其人。而所谓"章缜私铸案"确实
是一起蔡京制造的冤案，意在以此案锤击章缜，也重打刘逵。刘
逵妻是名将章楶的女儿，与章缜、章综为姐弟关系，且章综任户
部员外侍郎时，正值刘逵执掌权柄，助刘逵推翻蔡京新法复元祐
旧政甚力。

章缜居苏州时，有人风言章家有私铸假币，但真假难辨。蔡

---

① 《宋大诏令集》卷五八，第293页，中华书局1962年10月版。

京先是派监察御史沈畸鞠查此案。但这个沈畸为人处世仗义正直，他查阅审核此案后，认为查无实据，将已牵连拘押的七百余人悉数放还。[1]

在沈畸临行前，蔡京曾私下许愿，此案办成沈畸将擢官，升为右正言及侍御史。没料到沈畸至苏，了解实情后竟开监放人，并叹曰："为天子耳目司，岂可傅会权要，杀人以苟富贵?"蔡京为此勃然大怒，"削畸三秩，贬监信州酒税，未几，卒"。

蔡京另派知苏州孙杰、发运副使吴择仁再鞠之。于是冤案成真，章綖被刺面发配沙门岛，"追毁出身以来文字，除名勒停，籍入其家"，"官司降罢除名者十余人"。蔡京对已死去的沈畸仍不放过，发出新的惩处令："复羁管明州"。对一个已死的人该如何"羁管"呢? 当使者持敕至其家，要发棺验实沈畸究竟是真死还是假死，因"畸子潸泣诉，乃止"。到了南宋建炎初，此案被推翻，沈畸被赠"龙图阁直学士"谥号。

不愧是"直学士"啊! 为一个"直"字，沈畸付出了惨重的代价! [2]

在这一任相位上，蔡京又因开疆拓土而获得殊荣。尽管蔡京并未直接统兵远征，但他人率兵征战，获得战绩，在官家眼中，功劳簿上自然首先要给宰相记一笔。大观元年（1107）十二月，南丹州（今广西南丹）数千里疆域，被纳入北宋版图，宋为此置

---

[1]　《宋人轶事汇编》（三），第1579页，上海古籍出版社2015年6月版。
[2]　综合见曾莉《蔡京年谱》第197—198页，广西师范大学出版社2020年1月版。

黔南路改南丹州为观州，蔡京因此被拜为太尉，由此多了一份军权。大观二年（1108）年六月，蔡京又因前方将士收复洮州（今甘肃临潭）与溪哥城（今青海贵德），徽宗嘉奖有功之臣，特赐蔡京一条可作常束佩戴的垂金鱼八宝玉带。

在大观元年十二月，蔡京遭遇一次凶猛的弹劾。说来这位名方轸的弹劾者，与蔡京还有乡党之谊。其父方通为兴化人，因蔡京推荐而任要职。其子方轸"宏放有文采"，元长复欲用之。但这个方轸对蔡京的提任重用不感兴趣，反倒上章弹劾权势熏天、翻云覆雨的蔡京，"其识"或有可商榷处，但其胆的确令人敬畏。这份奏章到了蔡京手中，蔡京阅后上章自辩。方轸是如何"骂"蔡京的？蔡京又是如何自辩的？双方的观点均在蔡京的自辩状中：

大观元年九月十九日，敕中书省送到司空左仆射兼门下侍郎魏国公蔡京劄子。奏伏蒙宣示方轸章疏一项，论列臣睥睨社稷，内怀不道，效王莽自立为司空，效曹操自立为魏国公，视祖宗神灵为无物，玩陛下不啻若婴儿，专以绍述熙、丰之说，为自谋之计，上以不孝劫持人主，下以谤讪诋诬恐赫天下。威震人主，祸贻生灵，风声气焰，中外畏之。大臣保家族不敢议，小臣保寸禄不敢言。颠倒纪纲，肆意妄作，自古为臣之奸，未有如京今日为甚。爰自崇宁已来，交通阉寺，通谒宫禁，蠹国用则若粪土，轻名器以市私恩。内自执政侍从，外至帅臣监司，无非京之亲戚门人。政事上不合于天心，下悉结于民怨。若设九鼎，铸大钱，置三卫，兴三舍，祭天地于西郊，如此之类，非独无益，又且无补，其意安在？京凡妄作，必持说劫持上下曰"此先帝之法也""此三代之法也"，或曰"熙、丰遗意，未及施行"。仰惟神考十九年间，典章文物粲然大备，岂蔡京不得驰骋于当年，必欲妄施于今日，以罔在天之神灵？凡欲奏请，尽乞作御笔指挥行出，语士大夫曰："此上意也。"明日，或降指挥更不施行，则又语人曰：'京实启之也。'善则称己。过则称君，必欲陛下敛天下怨而后已，是岂宗社之福乎？天下之事无常是，亦无常非，可则因之，否则革之，惟其当之为贵，何必三代之为哉！李唐三百年间，所传者二十一君，所可称者太宗一人而已。当时如房、杜、王、魏，智虑才识必不在蔡京之下。窃观贞观间未尝一言以及三代。后世论太宗之治者，则曰除隋之乱，比迹汤、武；致治之美，庶几成、康。自古功德兼隆，由汉以来未之有也。京不学无术，妄以三代之说欺陛下，岂不为有识者之所笑也？元丰三年，废殿前廧宇二千四百六十间，造尚书省，分六曹，设二十四司，以总天下机务。落成之日，车驾亲幸，命有司立法：诸门墙窗壁，辄增修改易者，徒二年。京恶白虎地不利宰相，尽命毁坼，收置禁中，是欲利陛下乎，是谓之绍述乎？括地数千里，屯兵数十万，建置四辅郡，遣亲信门人为四辅州总管，又以宋乔年为京畿转运使。密讽兖州父老诣阙下，请车驾登封，意在为东京留守，是欲乘舆一动，投间窃发，呼吸群助，不知宗庙社稷何所依倚？陛下将措圣躬于何地？臣尝中夜思之，不觉涕泗横流也。臣闻京建议立方田法，欲扰安业百姓，借使行之，岂不召乱乎？又况数年间行盐钞法，朝行夕改，昔是今非，以此脱赚客旅财物。道途行旅谓朝廷法令，信如寒暑，未行旬浃，又报盐法变矣。钞为故纸，为弃物，家财荡尽，赴水自缢，客死异乡，孤儿寡妇，号泣吁天者，不知其几千万人。闻者为之伤心，见者为之流涕。生灵怨叹，皆归咎于陛下。然京自谓暴虐无伤，奈皇天后土之有灵乎？所幸者祖宗不驰一骑以得天下，仁厚之德，涵养生灵几二百年矣，四方之民，不忍生事。万一有垄上之耕夫，等死之亭长，啸聚亡命于一方，天下响应，不约而从，陛下何以枝梧其祸乎？内外臣僚皆京亲戚门人，将谁为陛下使乎？京乘此时，谈笑可得陛下之天下也。元符末年，陛下嗣服之初，忠臣义士，明目张胆，思见太平，投匦以陈己见者，无日无之。京钳天下之口，欲塞陛下耳目，分为邪等，贼虐忠良。天下之士，皆以忠义为羞，方且全身远害之不暇，何暇救陛下之失乎？奈何陛下以京为忠贯星日，以忠臣义士为谤讪诋诬，或流配远方，或除名编置，或不许齿仕籍。以言得罪者，无虑万人矣，谁肯为陛下言哉？蔡攸者，垂髫一顽童耳。京遣攸日与陛下游从嬉戏，必无文、武、尧、舜之道启沃陛下，惟以花栽怪石、笼禽槛兽，舟车相衔，不绝道路。今日所献者，则曰臣攸上进；明日所献者，则又曰臣攸上进。故欲愚陛下，使之不知天下治乱也。

久虚谏院不差人，自除门人为御史。京有反状，陛下何从而知？臣是以知京必反也。臣与京皆壶山人也，案谶云："水绕壶公山，此时方好看。"京讽部使者凿渠以绕山。日者星文谪见西方，日蚀正阳之月，天意所以启陛下聪明者，可谓极也。奈何陛下略不省悔？默悟帝意，止于肆恩赦，开寺观，避正殿，减常膳，举常仪，以答天戒而已。然国贼尚全首领，未闻枭首以谢天下百姓，此则神民共愤，祖宗含怒在天之日久矣。陛下勿谓雉鸣乎鼎，谷生于朝，不害高宗、太戊之德；九年之水，七年之旱，不害尧、汤之圣。古人之事，出于适然。今日之事，祸发不测。天象人情，危栗如是。伏惟陛下留神听览，念艺祖创业之难，思履霜坚冰之戒。今日冰已坚矣，非独履霜之渐。愿陛下早图之，后悔之何及！臣披肝为纸，沥血书辞，忘万死，叩天阍。区区为陛下力言者，非慕陛下爵禄而言也，所可重者祖宗之庙社；所可惜者天下之生灵，而自忘其言之迫切。陛下杀之可也，赦之可也，窜之可也，臣一死生不系于重轻。陛下上体天戒，下顾人言，安可爱一国贼而忘庙社生灵之重乎？冒渎天威，无任战栗之至。谨备录如右。

以上文字，正如蔡京自辩状言："谨备录如右"，皆是引录方轸弹劾自己的文字。（古人写字是从右到左竖写，"如右"是指右侧所书文字。）其所奏内容，如"并刀"般锋利，不割断对方咽喉，则必自割咽喉。不能不钦佩蔡京的气度和自信。这份气度和自信来自官家对自己的信任和自己无法轻易被撼动的地位。真正是笑骂任由尔为，我自岿然不动。后面蔡京为自己辩护的文字，只有寥寥数语：

> 臣读之，骇汗若无所容。臣以愚陋，备位宰司，不能镇伏纪纲，讫无毫发报称，徒致奸言，干浼圣听。且人臣有将必诛之刑，告言不实有反坐之法。臣若有是事，死不敢辞。臣若无是事，方轸之言不可不辩。伏望圣慈，付之有司，推究事实，不可不问。取进止。

其结果是皇上下诏将方轸"削籍流岭外"，"后竟殂于贬所"。史家点评："当是时也，元长领天下事，谁敢言者？轸独能奋不顾身，无所回避如此。使九重信其言，逐元长；元长悟其说，急流勇退，则国家无后来之患；元长与轸得祸俱轻，三者备矣。"①

这种"三全其美"的想法，只是"事后诸葛亮"之言而已。"事后诸葛亮"多如牛毛，但历史从来不是"事后诸葛亮"写的。权增茶余饭后的谈资罢了，犹如白头宫女说当年。

第二次摇撼蔡京相位的，又是因为星变。星变让皇上产生恐惧心理，进而反省政事阙失。此时的弹劾奏章，才能对蔡京产生杀伤力。专管天象的官员、著名道士郭天信，在徽宗尚未即位时曾预言其"当有天下"，因此受到徽宗宠信。这位气象官在天气

---

① 〔宋〕王明清《挥麈录》第86—89页，上海书店出版社2009年4月版。

有异象时，便指陈蔡京之过。这一次当彗星再现时，郭天信密报皇上"日中有黑子"，让官家为之惊恐不已。[1]

《邵氏闻见录》卷五载："大观末，上颇厌京，因星变出之。又以饰临平之山，决兴化之水等事，谓其有不利社稷之心，贬太子太傅，居苏州。"[2]

大观三年（1109）六月四日，蔡京时年六十三岁，因御史中丞石公弼、御史刘安上、殿中侍御史毛注、张克公交论蔡京专国擅权，罪恶深重，蔡京被罢相。

太学生陈朝老上疏论蔡京之奸，共列出十四条："渎上帝，罔君父，结奥援，轻爵禄，广费用，变法度，妄制作，喜导谀，箝台谏，炽亲党，长奔竞，崇释老，穷土木，矜远略。"[3]

蔡京落职后，接任宰相大位的是中书门下侍郎何执中。

第三次任相与罢相

这位新任宰相何执中也是一庸常之辈耳！

太学生陈朝老"弹"毕蔡京，再"弹"何执中："陛下即位以来，五命相矣，若韩忠彦之庸懦，曾布之赃污，赵挺之之蠢愚，蔡京之跋扈，皆天下所不堪者。今陛下知蔡京之奸，解其相印，天下之人鼓舞有若更生。及相（何）执中，中外黯然失望。执中

---

① 〔明〕陈邦瞻《宋史纪事本末》第493页，中华书局2015年8月版。

② 转引自曾莉《蔡京年谱》第218页，广西师范大学出版社2020年1月版。

③ 〔清〕王夫之《宋论》第100页，中华书局2008年9月版。

虽不敢若（蔡）京之蠹国害民，然碌碌常质，初无过人。天下败坏至此，如人一身脏腑受疹已深，岂庸庸之医所能起乎！（何）执中夤缘攀附，致位二府，亦已大幸，遽俾之经体赞元，是犹以蚊负山，多见其不胜任也。"

这个陈朝老看时局够深刻，认为整个"天下败坏"，几乎无药可救了！走掉一个跋扈的蔡京，又来一个能力庸常得"以蚊负山"的何执中，天下将何以堪？

"以蚊负山"——以此比喻力小而任重的何执中，精彩绝妙得令人跪服！

这份奏书的处理结果是"不省"（不理会）。①

宋徽宗看了这份奏疏，大概也只能皱皱眉头，做无奈状：你说自韩忠彦以来五任宰相皆非宰辅之材，那你咋不为朕举荐一个？究竟是天下无才，还是缺少识才之人？到了宋徽宗朝，真是说不清楚。或许在宋徽宗看来，天下正处太平盛世，何来"败坏"？这个太学生未免"危言耸听"，试图博得一个"敢言""正直"的美名。看完奏书就将之甩到一角去了。

另有一类记载，反映了民间对包括何执中在内处宰辅高位的诸人的看法："时京师有童谣曰：杀了穜蒿割了菜，吃了羔儿荷叶在。""穜"指童贯，"菜"指蔡京，"羔"指高俅，"荷"指何执中。可见在百姓眼中，何执中与童贯、蔡京、高俅都是一路货色。甭指望何某登上高位，会给天下带来什么新的气象！②

① 〔明〕陈邦瞻《宋史纪事本末》第494页，中华书局2015年8月版。

② 《独醒杂志》卷九、《南海纪闻》卷一，见《宋人轶事汇编》（四），第1853页，上海古籍出版社2015年6月版。

何执中升任宰相带有很大的偶然因素。元符末，何执中为太学博士，在哲宗朝入对时建言："比因行事太庙，冠冕皆前俯后仰，不合古制。"哲宗诏询太常寺。大臣上奏称："一直是前俯后仰啊，大概他本人行礼时把帽子戴反了！"哲宗笑曰："如此岂可作学官，可与一闲散去处。"于是，何某被放任安排到端王府当记室参军。这是一个毫无前景可言的职位。但世事难料，谁想时间不长，端王成了皇帝，何某也随之"宠禄光大，震耀一时"。何某虽庸常，但撞上了大运，因倒霉而得福。①

当蔡京离任，大臣交相攻击时，皇上曾大为不解，询问蔡京到底是怎样的人。户部尚书、同知枢密院事侯蒙则一言道出蔡京的人格形象："如果蔡京心术比较正，虽古代圣贤无法与之相比。"

徽宗对此沉默不语。

也许在宋徽宗的心中，"心术"如何在其次，能干事、干大事，总比一个庸碌无为之辈要好。

因此，蔡京虽贬居苏州，但皇上的优渥和关心却从未中断。大观四年（1110）正月二十一日，皇上下诏赐蔡京苏州南园充宅第。据叶梦得《石林诗话》载："姑苏南园，钱氏广陵王之旧圃也。"这个"旧圃"有多豪华不清楚，有学士在圃内饮宴后作诗："他年我若功成后，乞取南园作醉乡。"可见此处园圃大概不仅仅有常见的花木奇石、亭台楼阁、曲榭流水，还有更诱人处，使得士子梦想在此醉卧终生。

获得皇上恩赐的这份厚重礼物后，蔡京有诗《诏赐南园示亲

---

① 《玉照新志》卷三，《宋人轶事汇编》（四），第1852页，上海古籍出版社2015年6月版。

党》：“八年帷幄竟何为，更赐南园宠退师。堪笑当年王学士，功名未有便吟诗。”①

大观四年（1110）二月二日，龙图阁学士新知杭州张商英，被任为资政殿学士、中太一宫史。在进对时，皇上谈到了蔡京“乱纪纲事”，其实是试探张商英对蔡京的看法，张商英批评蔡京：“自来专恣，无所忌惮。批状便是条贯，入状请宝便是圣旨，安得不乱？”②

耐人寻味的是，蔡京虽不间断受到攻击，但生活得仍很滋润自在。这年三月一日，蔡京为徽宗所作《雪江归棹图》题跋：“臣伏观御制《雪江归棹图》，水远无波，天长一色，群山皎洁，行客萧条，鼓棹中流，片帆天际，雪江归棹之意尽矣。天地四时之气不同，万物生天地间，随气所运，炎凉晦明，生息荣枯，飞走蠢动，变化无方，莫之能穷。皇帝陛下以丹青妙笔，备四时之景色，究万物之情态于四图之内，盖神智与造化等也。大观庚寅季春朔日，太师楚国公致仕臣京谨记。”③

老天爷似乎在阻遏蔡京再度返朝的可能。这一年的五月，再一次发生星变异象，宋徽宗不得不“避殿减膳，令侍从官直言指陈阙失”。蔡京因此而受到新一波弹劾，但对蔡京的批评已了无新意，

① 《全宋诗》卷一〇四三，转引自曾莉《蔡京年谱》第223页，广西师范大学出版社2020年1月版。

② 《宋史全文》卷一四，参见曾莉《蔡京年谱》第224页，广西师范大学出版社2020年1月版。

③ 转引自曾莉《蔡京年谱》第224页，广西师范大学出版社2020年1月版。

无非还是擅权误国、党同伐异、贪禄施恩等等。宋徽宗为此降诏，蔡京由太师致仕楚国公，改降授太子少保致仕，在外任便居住。

在《蔡京降太子少保制》下达后，宋徽宗于第二日即又卜达手诏："比以旧弼蔡京擅作威福，傲睨弗悛，屡致人言，褫官斥外，申严邦宪，足示戒惩。"这段话大意为对蔡京的所作所为，朕已经给予严惩，随后又明令为防矫枉过正，有人私仇公报，不必再论其人之过，"尚虑怨仇，乘时骋志，掎摭旧事，论列未休，下石倾挤，弹击不已，务快复仇之私忿，不思体貌之前规，遂致矫枉过中，嫉恶已甚。宜申宽宥，曲全始终。咨尔臣隣，明德朕命"。宋徽宗的这段手诏，意味着要彻底关闭继续弹劾、攻击蔡京的大臣嘴巴。

能否就此让大臣闭嘴呢？几乎不可能。宋代文人最可贵之处在于，总有人像范仲淹那样"宁鸣而死，不默而生"。因此，即便在最为污浊的北宋晚期，总还是有一股清流，在荆棘草丛、山石罅隙间流淌，涓涓不断，前赴后继。

何执中任相后，承续赵挺之任相时的套路，仍是废除蔡京新政，并继续放宽对元祐旧臣及子弟的惩处。在废除蔡京的新政中，某些有益社会的部分，也许是因官家的干预，显得温和了一些。如对医学、算学、书画学的教育，只是废除某些独立机构，并未将学科彻底废除。

"大观四年三月庚子（二日），诏医学生并入太医局，算入太史局，书入翰林书艺局，画入翰林图画局……"[1]

在蔡京成为众人箭靶的情景下，宋徽宗想逆势复用蔡京，显

---

[1] 《宋史》卷二〇《徽宗本纪》，第384页，中华书局1977年11月版。

然是有顾虑的，于是起用张商英为相。几乎同步，任用刘正夫为中书侍郎，侯蒙为尚书左丞，邓洵仁为尚书右丞。张商英算得上是起起落落的"官油子"了，观其人所为，如他自己所坦承的，都是为了谋得官位。此前在章惇执掌权柄时，他猛攻元祐诸贤是为谋官，如今猛弹蔡京，也是为谋官。

张商英再登相位，谢表中有言："十年去国，门前之雀可罗；一日归朝，屋上之乌亦好。"不知出于何种微妙的心理，宋徽宗竟然将这两句话题写到扇面上。①

实际情形是张商英大观四年（1110）六月任右相，一年后的政和元年（1111）八月二十七日便落职，改知河南府兼西京留守。原因是"无术寡谋，藐视同列"。这年六月二十三日，官家诏复蔡京为太子少师，八月五日又复蔡京为太子师，有人见官家有复用蔡京意，便上章论张商英有"十罪"。随后张商英不断遭贬降，又去饱尝"门可罗雀"的世态炎凉了。

有史书载，蔡京返朝堂，是童贯借辽国君主之口夸赞蔡京。《邵氏闻见录》卷五称："京密结内臣童贯，因贯使大辽归，诈言虏主问蔡京何在。上信之，再召京。"其核心原因应该是，官家试了诸多人，皆不及蔡京能干且有趣。外力的推动，只是起一点辅助作用而已。

设想一下。如果北宋不是后来遭遇"靖康之难"，凸显出蔡京以奸误国的一面，或许在历史上的名声，蔡京就不会是"奸雄"，而是"贤相兼豪雄"了。

----

① 《能改斋漫录》卷八，《宋人轶事汇编》（四），第1850页，上海古籍出版社2015年6月版。

蔡京仍居杭州时，收到徽宗遣中使所赐茶药，打开一看，内中不仅有药还有宝物：大玉环一只，径七寸，色如截肪。蔡京一见这御赐珍品，便心知肚明，自己的人生大戏尚未演完。古人有赐"环"召还之说，环者，还也！此所谓"借物表义"。鸿门宴上"范增举所佩玉玦示之（项王）者三"，意为玦者，决也，让项王决心下手。

政和二年（1112）二月一日，蔡京六十六岁时，官家诏复蔡京太师，赐第京师。四月八日，徽宗复蔡京太师位。三月十八日蔡京到京城，二十五日君臣再度相见。四月八日，宋徽宗特于太清楼设宴，隆重为蔡京归来接风。蔡京享受到人臣极罕有的礼遇和隆恩。

宴后，蔡京特地作《太清楼侍宴记》进呈圣上：

政和二年三月，皇帝制诏，臣京宥过肯恕，复官就第。命四方馆使、荣州防御使臣童师敏赍诏赴阙，臣京顿首辞。继被御札手诏，责以大义，惶怖上道。于是饮至于郊，曲燕于垂拱殿，被禊于西池，宠大恩隆，念无以称。上曰："朕考周宣王之诗：'吉甫燕喜，既多受祉。来归自镐，我行永久。饮御诸友，炰鳖脍鲤。'其可不如古者？"诏以是月八日开后苑太清楼，命内客省使，保大军节度观察留后，带御器械臣谭稹……引进使、晋州管内观察使、勾当内东门司臣梁师成等五人，总领其事。西上阁门使、忠州刺使、尚药局典御臣邓忠仁等一十三人，掌典内谒者职。有司请办具上，帝弗用。前三日，幸太清相视其所，曰"于此设次"，"于此陈器皿"，"于此置尊罍"，"于此膳羞"，"于此乐舞"。出内府酒尊、宝器、琉璃、马瑙、水精、玻璃、翡翠玉，曰："以此加爵。"致四方美味：螺蛤虾鳅白、南海琼枝、东陵玉蕊与海物惟错，曰："以此加笾。"颁御府宝带：宰相、亲王以玉，执政以通犀，余花犀，曰："以此实筐。"教坊请具乐奏，上弗用，曰："后庭女乐，肇自先帝，隶业大臣未之享。"其陈于庭，上曰："不可以燕乐废政。"是日，视事垂拱殿。退，召臣何执中、臣蔡京、臣郑绅、臣吴居厚、臣刘正夫、臣侯蒙、臣邓洵仁、臣郑居中、臣邓洵武、臣高俅、臣童贯崇政殿阅弓马所子弟武伎，引强如格，各命以官。遂赐坐，命宫人击鞠。臣何执中等辞请立侍，上曰："坐。"乃坐。于是驰马举杖，翻手覆手，丸素如缀。又引满驰射，妙绝一时，赐赉有差。乃由景福殿西序入苑门，就次以憩。诏臣蔡京曰："此跬步至宣和，即昔言者所谓金柱玉户者也，厚诬宫禁。其令子攸掖入观焉。"东入小花径，南度碧芦丛，又东入便门，至宣和殿，止三楹，左右挟，中置图画、笔砚、古鼎、彝、罍、洗。陈几案台榻，漆以黑。下宇纯朱，上栋饰绿，无文采。东西庑侧各有殿，亦三楹。东曰琼兰，积石为山，峰峦间出。有泉出石窦，注于沼北。有御札"静"字榜梁间，以洗心涤虑。西曰凝芳，后曰积翠，南曰瑶林，北洞曰玉宇。石自壁隐出，崭岩峻立，幽花异木，扶疏茂密。后有沼曰环碧，两旁有亭曰临漪、华渚。沼次有山，殿曰云华，阁曰太宁。左蹑道以登，中道有亭，曰琳霄、垂云、骞凤、层峦，不大高峻，俯视峭壁攒峰，如深山大壑。次曰会春阁，下有殿曰玉华。玉华之侧有御书榜曰三洞琼文之殿,以奉高真。旁有种玉、绿云轩相峙。臣奏曰:"宣和殿阁亭沼,纵横不满百步,而修真观妙,发号施令,仁民爱物,好古博雅,玩芳、缀华咸在焉。楹无金填,壁无珠珰,阶无玉砌,而沼池岩谷,溪涧原隰,太湖之石,泗滨之磬,澄竹山茶,崇兰香苣,葩华而纷郁。无犬马射猎畋游之奉,而有鸥凫雁鹜、鸳鸯、鹥𫛭(xī chì,类似鸳鸯的鸟),龟鱼驯驯,雀飞而上下。无管弦、丝竹、鱼龙曼衍之戏,而有松风竹韵,鹤唳鹦啼,天地之籁,适耳而自鸣。其洁齐清灵雅素若此,则言者不根,盖不足恤。"日午,谒者引执中以下,入女童乐四百,靴袍玉带,列排场,肃然无敢謦咳者。宫人珠笼巾玉,束带秉扇,拂壶中剑钺,持香球、拥御床以次立,亦无敢离行失次。皇子嘉王楷起居,升殿侧侍,进趋庄重,俨若成人。臣执中等前贺曰:"皇子侍燕,宗社之庆。"乐作,节奏如仪,声和而绎。群臣同乐,宜略去苛礼,饮食起坐,当自便无间。执事者以宝器进,上量满酌以赐,命皇子宣劝,群臣惶恐饮釂。又以惠山泉、建溪毫盏烹新贡太平嘉瑞斗茶饮之。上曰:"日未晡,可命乐。"殿上笙箫、琵琶、箜篌、方响、筝箫登陛合奏,宫娥妙舞,进御酒。上执爵命掌樽者注群臣酒,曰:"可共饮此杯。"群臣俯伏谢。上又曰:"可观。"群臣凭陛以观,又顿首谢。又命宫娥抚琴擘阮,已而群臣尽醉。臣窃考《鹿鸣》之什,冠于《小雅》,而忠臣嘉宾,得尽其心。既醉太平之时,醉酒饱德,人有士君子之行。在昔君臣施报之道，在于饮食燕乐之间。太清自真祖开宴，以迄于今，饮食之设、供张之盛、乐奏之和，前此未有。勤侑之恩、礼意之厚、相与无间之情，亦今昔所无。实君臣千载之遇，而臣德辀（yóu，一种轻便的车）智殚，曾不足仰报万分。昔仲甫徂齐，式遄其归；而吉甫作诵，穆如清风；召虎受命，锡以圭瓒，虎拜稽首，对扬王休，作召公考，天子万寿。然则上之施光，下之报宜厚。而臣老矣，论报无所，切不自量，慕古人之谨稽首再拜，诵曰："皇帝在御，政若稽古。昔周宣王，燕嘉吉甫。曰来汝京，实始予辅。厥初有为，唱予和汝。式遄其归，远于吴、楚。劳还于庭，饮至于露。既又享之，其开禁御。有来帝车，相视其所。于此膳羞，于此乐舞。海物惟错，于以加俎。何锡予之，实篚及筥。箫鼓锵锵，后庭委女。帝曰宣和，不远跬步。人昔有言，金柱玉户。帝命子攸，尔披尔父。乃瞻庭除，乃历殿庑。绿饰上栋，漆朱下宇。梁无则雕，槛不采组。有石岩岩，有泉滑滑。体道清心，于此燕处。彼言厚诬，何恤何虑。帝执帝爵，劝酬交举。毋相其仪，毋间笑语。有喜惟王，饮之俾妖。臣拜稽首，千载之遇。君施臣报，式燕且誉。臣拜稽首，明命是赋。天子万年，受之天祜。[1]

赏读此文，可以看出：宋徽宗对此宴做了精心安排，乃至用什么器皿、演奏什么乐舞都一一明示；其次，文章照应到同列诸

---

[1] 〔宋〕王明清《挥麈录》第213—216页，上海书店出版社2009年4月版。

臣，可谓滴水不漏，给足同僚面子；再其次，巨细无遗地记录饮宴之盛，为的是向君王表达"千载之遇"、愿效犬马之劳的忠诚。"谀文"写到这份上，有谁能与蔡京比拼呢？

蔡京此番归朝时，原左相何执中并未罢免，以蔡京取而代之，而是拜蔡京为太师，谓之公相，总三省事，权力凌驾于何执中之上。如此这般，蔡京掌实权，何执中有面子。宰相还是宰相，只是权力的等级降格了。

蔡京一登殿堂，喜事就来了。有民间人士献玉圭于圣上。宋徽宗命蔡京看验鉴别，蔡京转交外兄徐若谷查验，徐则与蔡京子蔡絛同验。

政和二年（1112）十月十八日，蔡京上奏《上元圭议》，奏明考验结果：此圭乃尧舜时之宝物，"盖天下大器也"，而皇上"与尧同功"，因而喜获至宝。文曰：

> 臣等伏蒙宣示古玄圭，其制两傍列十二山，长一尺二寸，上锐下方。上有雷雨文，下无瑑饰，外黑内赤，中有小好，湿润光泽，制作奇古，大异常玉。臣等谨按：圭之制尚矣。自舜辑五瑞，修五玉以班岳牧。说者谓圭在焉，然无见于经。唯禹平水土，告厥成功，帝赐以玄圭，而圭之名于是著。玉为纯阳之精，有充实之美。土居中央，运四时，生万物。故古之圣人以玉为珪，以重土为"圭"之文。有土有国者，所当御，盖取诸地。圣人统天地，御阴阳，妙万物，非特地道而已。天玄而地黄，天道致用于南，藏用于北坎焉。赤，天地之正色也。此圭之所以用玄，盖取诸天。舜殛鲧，命禹

以平水土，则地功成矣。惟天为大，惟尧则之，禹之归功于尧，非天不足以称之。今圭锐上，天也；方下，地也。上有云行雨施之文，天成也。下静而无所琢饰，地平也。天地之道，于是备焉。舜之所以命禹，禹之所以归尧，概见于此矣。尧舜无二道，二典之文互相备，舜典之所载，亦尧事也。舜封十有二山，作十有二章，肇十有二牧。而是圭十有二寸，其两旁山亦如之。其制其数悉同，为禹圭明矣。自尧舜而降，莫若三代。虽其损益不同，然体尧蹈舜，其道一揆，可得而稽。周王执镇圭，琢饰以四镇之山，其中必有好焉，受组之地。其长一尺二寸，周人放古，自为一代之制，惟王所执以镇四海。由是而观，则周之制，盖本于此。前乎尧，有所未备，后乎尧，无以复加。盖天下之大器也。恭惟皇帝陛下缵禹之绪，与尧同功，天所复命，授以至宝。而臣等亲逢尧舜，复考尧禹之制于千古之下，与万邦黎献，舞手蹈足，不胜大庆。[1]

在官家看来，这当然又是盛世太平年代的一大吉兆。蔡京将官家奉为当世尧舜，官家心里一定也会很受用这样的谀辞。

随后蔡京上表，乞圣上择日恭受天赐宝物。官家一推再推，是一种类似宋太祖黄袍加身前的故作姿态，此类游戏规则为臣如蔡京者再清楚不过。因此第三次上表后，宋徽宗应允择日举行隆

---

[1] 《宋会要》瑞异一之二〇，参见曾莉《蔡京年谱》第244—245页，广西师范大学出版社2020年1月版。

重的受奉仪式。

躬逢盛世，君臣同庆。宋徽宗加封了一批大臣，特封蔡京为鲁国公。

这一年苏辙卒。苏辙曾在元祐初年弹劾时任开封知府的蔡京，用五日迅速恢复差役法，有投机之"奸"。也许是苏辙数十年间不再与闻政事，终日著述或默坐养老，淡化了敌对情绪，故蔡京对苏辙后人采取了包容的态度，赠苏辙"宣奉大夫，仍与三子恩泽"。有人称"京以子由长厚，必不肯发其变役法事而疑其诸郎，故恤典独厚也"①。

或许不仅因为如此。苏辙在颍昌养老期间，以其过人的智慧，使得蔡京对其心存忌惮。某日，蔡京一心腹官员来见苏辙。苏辙预知，心中难免有些惊悸，便从匣中翻出一把早年蔡京写给他的题有生日贺诗的扇子，让小孙子先拿着扇子到厅室去玩。等那官员来时，苏辙抓起小孙子扔在地上的扇子，呵斥道："我已经因罪被处罚了，怎能带累元长？"蔡京闻知，从此不敢再派人骚扰。②

从政和二年（1112）五月十三日蔡京六十六岁时第三次任相，至宣和二年（1120）六月二十四日蔡京七十四岁致仕，其间八年，是宋徽宗与蔡京君臣共处庙堂的蜜月期。这段时间宋徽宗经常宴请蔡京父子，甚至频频"轻车小辇"至蔡京宅第享受臣下

---

① 《曲洧旧闻》卷六，参见曾莉《蔡京年谱》第247页，广西师范大学出版社2020年1月版。

② 《朱子语类》卷一百三十，《宋人轶事汇编》（四），第1673—1674页，上海古籍出版社2015年6月版。

雨郭烟村白水環迷
雜紅葉間蒼山恍澗谷
口溝狸喚良嶽秋光想
像間　御題

北宋·赵佶《溪山秋色图》

的私宴，关系非同一般。

因蔡京在谢表中称皇上"轻车小辇，七赐临幸"，通过邸报，暴露了宋徽宗微行出宫的形迹，弄得朝堂上下知者甚众。士大夫为此而寒心，但无人敢言。宣和元年（1119）十二月二十四日，言官曹辅挺身而出，上书论徽宗微行事不当。

此时的北宋王朝已处内外交困的危局之中，内有宋江、方腊的起义，外有边关战事频仍。蔡京因年老衰病不能正常处理政务，大权旁落在少宰王黼、宦官童贯、其子蔡攸手中。这个曹辅将皇上偷偷摸摸干的一点事写到谏议奏疏中，也忒大胆了吧！

宋徽宗将曹辅的奏疏交给宰执处置，令召赴都堂审问。

太宰余深质问："小臣敢论许大事？"

曹辅答："臣有大小，爱君之心一也。"

余深呵斥道："如言敌兵起于辇下，无乃太峻否？"（后一句意为：有你说的那么严峻吗？）

紧随其后，少宰王黼补问一句："有是事乎？"

曹辅则毫无惧色，满腔激愤地回答："兹事虽里巷细民无不知者，相公当国，独不知耶？曾此不知，焉用彼相？"（此等事草芥小民无人不知，当宰相的居然不知，你这宰相是怎么当的？）

审问无法进行下去。这里只有权力大小的博弈，并无所谓法理的公正。曹辅被判处斥逐至郴州管制。当靖康大难来临时，这位敢言君非的小臣被钦宗召回任谏官，又迁签枢密院，次年卒于南都。[1]

如果仅从当朝诏令记载看，蔡京的致仕，似乎是主动上奏皇上乞求休职，请看宋徽宗的御笔《蔡京守本官致仕御笔》（宣和

---

[1] 《宋史全文》（三）卷一四，中华书局2016年6月版。

二年六月二十四日）：

> 太师、鲁国公蔡京近年以来章数上，陈乞致仕。自
> 夏祭祀礼毕，引疾告老，又复十数，亲笔批谕，谆诲再
> 四，遣官宣押，坚卧不起。其词激切，确然不拔，可依
> 所乞，守本官致仕。依旧神霄玉清万寿宫使，在京赐第
> 居住。其恩礼给俸之属及见役官使人从等并依旧。仍朝
> 朔望。今晚付翰林降制，只令具熟状进入。

宋徽宗这份手诏称，蔡京十数次上章"引疾告老"，"其词激切"，皇上无奈之下只得恩准其乞求，但一切待遇"依旧"。另有（《宋会要》）记载：宣和二年六月八日，太师鲁国公蔡京奏："臣以衰病，三上章乞致仕，伏蒙圣慈，赐臣御笔，至比迹于周公，顾臣何人，敢当此礼？缘臣自被识拔，承辅轩陛垂二十年，辨释谗谤脱于患祸，天地父母之施，盖无以过。又使间朝五日，疲老余生，遂得攸休矣。三省职事许不自治而恩礼频烦有加，无替联姻国戚。子尚王姬，赐予宠赉，略无虚日。轻舟小辇，鸣銮七幸，婢妾仆皂皆被恩荣，眷礼若此，安敢言去？偶缘比来体虚心弱，暑气所伤，七十谢事，礼不可逾。加以四年，已为贪冒。况又病疾寖深，不能自已。臣不敢再上表章，谨令男攸特此札子，请对投进。"

依据此说，蔡京致仕前乞求致仕的表章，是其子蔡攸代为投入的。[1]

---

[1] 参见曾莉《蔡京年谱》第320—321页，广西师范大学出版社2020年1月版。

而实际情形是，蔡京虽老病缠身，仍贪恋权位，从未考虑过引退。而正年盛当轴的王黼，厌嫌蔡京居高位，恐其党徒布列朝堂，对自己行使威权碍手碍脚，没准儿还隐藏对己极不利的风险，因此特遣童贯、蔡攸同往蔡京官邸，"软"逼蔡京交出乞致仕表章。

令人忍不住要喷饭的是，逼蔡京交出致仕表的还有他的儿子蔡攸，可见其子对老头子赖位不肯下台，也非常厌恶。

童贯、蔡攸同抵蔡京宅时，蔡京以为他们是奉皇上诏旨而来，特置酒款待童贯，其子蔡攸也同饮。两杯酒刚下肚，蔡京表明心迹："某衰老宜去，而不忍遽乞身，以上恩未报，此心二公所知也。"

不是我不想退，是因为还想继续为国效劳、报答君恩啊！

请注意，这里蔡京并称童贯、蔡攸为"二公"，成为士林一大笑谈。已经老年痴呆到称儿子为"公"了，仍还以"上恩未报"为由不肯退位，真是不知世间羞耻为何物了！[①]

蔡京虽然致仕了，但此老仍是宋徽宗的座上宾。宣和二年（1120）十二月二十七日，皇上在延福宫宴请蔡京，同时侍宴的有学士承旨李邦彦等亲臣，蔡京为此撰《延福宫曲宴记》。

笔者曾犹豫，此前已引录过蔡京类似颂圣的文字《太清楼侍宴记》，这里是否还有必要再引录《延福宫曲宴记》？不就是巨细靡遗地同样记叙皇上宴请的盛况，还有感激圣主隆恩吗？

但同样是奢华"吃饭"，这一次的奢华"吃饭"时代氛围完全不同。如果我们了解到，一个月前方腊起义正势如破竹，挫败

---

① 《曲洧旧闻》卷七，参见曾莉《蔡京年谱》第321页，广西师范大学出版社2020年1月版。

两浙都监蔡遵、颜坦；随后攻陷青溪县、睦州，在宴前九日，方腊起义军攻陷休宁，宴前七日攻陷歙州，五日前攻陷宁国，就会感到诧异，在起义军和官军鏖战的一片刀光血海中，皇帝大人和蔡"老糊涂"，怎么也能心情安稳、愉悦地沉醉在酒海肉山中？因此，此宴非同寻常，是北宋倾陷前，为数极为罕见的高端奢华和满足口腹之欲的盛宴，实有必要录以备忘。

延福宫曲宴记

宣和二年十二月癸巳，召宰执、亲王等曲宴于延福宫，特召学士承旨李邦彦、学士臣宇文粹中与，示异恩也。是日，初御睿谟殿，设席如外廷赐宴之礼，然器用瑴品，瑰奇精致，非常宴比。仙韶执乐，和音曼声，合变争节，亦非教坊工人所能仿佛。上遣殿中监蔡行谕旨曰："此中不同外廷，无弹奏之仪，但饮食自如。食味、果实有余者，自可携归。"酒五行，以碧玉盏宣谕。侍宴诸臣云："前此曲宴早坐，未尝宣劝，今出异数。"少憩于殿门之东庑。晚，召赴景龙门观灯，玉华阁飞升，金碧绚耀，疑在云霄间。设衢樽钧乐于下。都人熙熙，且醉且戏。继以歌诵，示天下与民同乐之恩，侈太平之盛事。次诣穆清殿，后入崾峒洞天，过霓桥，至会宁殿，有八阁东西对列，曰琴、棋、书、画、茶、丹、经、香。臣等熟视之，自崾峒入，至八阁，所陈之物，左右上下皆琉璃也，映彻焜煌，心目俱夺。阁前再坐，小案玉罂，珍异如海陆羞鼎，又与睿谟不同。酒三行，甚速，起诣殿侧纵观。上谓保和殿学士蔡儵曰："引二翰苑子细看，一一说与。"谆谕再三。次诣成平殿，凤烛龙灯，灿然如画，奇伟万状，不可名言。上命近侍取茶具，亲手注汤击拂。少顷，白乳浮盏面，如疏星淡月，顾诸臣曰："此自布茶。"饮毕，皆顿首谢。既而命坐，酒行无算，复出宫人合曲，妙舞蹁跹，态有余妍，凡目创见。上谕臣邦彦、臣粹中曰："此尽是嫔御。自来翰林不曾与此集，自卿等始。"又曰："《翰林志》谁修?"太宰王黼奏云："承旨李邦彦。"上顾臣邦彦曰："好，《翰林志》可以尽载此事，此卿等荣遇。"臣邦彦谢不敏。琼瑶玉舟，宣劝非一。上每亲临视使醑，复顾臣某曰："李承旨善饮。"仍数被特劝，夜分而罢。臣仰惟陛下加惠亲贤，共享太平。肆念词臣，许陪鼎席宗工之末，周于待遇，略去常仪。臣邦彦、粹中首膺异数，亲承玉音，俾编载荣遇，以侈北门之盛。盖陛下崇儒右文，表异鳌禁，用示眷瞩之意，诚千载幸会也。窃伏惟念一介微臣，粤自布衣，叨膺识擢，凡所蒙被，度越伦辈。曾微毫忽，以助山岳。兹侍燕衎，咫尺威颜，独误睿奖，至官而不名，岂臣糜捐，所能称塞?臣切观文、武之盛，始于忧勤，而逸乐继之。鹿鸣之燕，群臣嘉宾得尽其心。故天保之报，永永无极。臣虽么陋，敢忘归美之义?辄扬盛迹，备载于篇。使视草之臣，知圣主曲宴内务自臣等始。谨录进呈，伏取进止。[①]

---

① 〔南宋〕王明清《挥麈余话》卷一,《挥麈录》第218页, 上海书店出版社2009年4月版。

此次君臣同宴，除了珍肴美味、器皿瑰奇、乐舞相伴，尚有一个特别处，即宴席不固定在一处，是边吃边游、边游边吃的。在吃喝与游观中，展现歌舞升平的气象。酒不醉人人自醉，这一拨昏庸的君臣，是不需要酒精麻醉来消除烦恼的，他们早已处在深度麻醉之中，心肝肺被刀子挖掉也毫无感觉。苍生的痛苦呻吟唤不醒他们，起义军的刀枪刺不醒他们。

此宴举行的第二天，宣和二年（1120）十二月二十九日，方腊起义军攻陷杭州。随后又连续攻陷数州。宣和三年（1121）二月十五日，宋江聚民造反，侵淮阳军，又犯京东、河北路，入楚州，后被知州张叔夜招降。

方腊、宋江起义最终归于失败。但更大的灾祸在等待着这个貌似花团锦簇，实际已烂到根部的王朝。

第四次任相及罢相

虽说在宣和二年（1120）、蔡京七十四岁时，已经神经错乱到称自己儿子蔡攸为"公"，成为士林笑谈。但在四年后〔宣和六年（1124）十二月二十日〕，蔡京七十八岁时，又一次被诏命为首席宰相。考虑其年老力衰，只需五日一赴朝，其余时间可在宅中处理政事。①

在蔡京第三次罢相至第四次任相间，北宋王朝已进入了它

---

① 曾莉《蔡京年谱》第354页，广西师范大学出版社2020年1月版。

的最危险的历史时期。金人来使，约北宋联手夹攻辽国。于是宣命童贯为河北、河东宣抚使，蔡京子蔡攸为河北、河东宣抚副使，二人率军攻辽。在出兵辞行时，蔡攸自以为兵到功成，竟张狂到向皇上提出一个有违常礼的要求，如果得胜归来，乞请皇上将身边两位宠妃赏赐给他。蔡攸之无耻，可谓远胜乃父。

对此童贯、蔡攸的北伐，蔡京曾作诗送行，诗曰："老懒身心不自由，封书寄与泪横流。百年信誓当深念，三伏征途曷少休。目送旌旗如昨梦，心存关塞起新愁。缁衣堂下清风满，早早归来醉一瓯。"从诗中流露的情绪看，蔡京对此次征伐是持悲观心态的。诗传入禁中后，宋徽宗命进呈御览，阅后复还蔡京，提出"三伏征途"不若改作"六月王师"。

没料到，归来的不是"王师"而是"败师"。宋军在白沟、兰沟甸接连落败，童贯、蔡攸相持而哭，招集亡溃，退守雄州。"上闻师败，甚惧，遂诏班师。"

这年底，童贯、蔡攸再举兵攻燕，又是久攻不下，惧无功获罪，密遣使至金国，请金人夹攻。金人一举推翻了辽国。等到两个月后，童贯、蔡攸率军进入燕山府，这里已是一座被金人掳夺得只剩破砖碎瓦的空城。而童贯、蔡攸则谎称获胜归来，包括王黼在内的大臣获得官家一系列厚赏。

这种糊弄三岁小孩的虚假"班师回朝"，掩饰不了北宋王朝内外交困的危局。宣和六年（1124）十一月，官至太傅兼门下侍郎的王黼企图策立郓王赵楷为太子而废赵桓，被言官弹劾称"结交宦官""奸邪专横"。这个"雄"不及蔡京、而"奸"则胜过蔡京的后起之"恶"被罢去相位，依太傅、楚国公致仕。

王黼的失宠，既与欲废太子有关，也与宋徽宗的生厌有关。某次，官家临其宅，发现王宅与宦官梁师成宅有便门相通，犯朝臣不得与内侍交通的大忌。而中丞何㮚弹劾王黼罪有十五，"勾结内侍，奸邪专横"是其一。①

宋徽宗手中可谓无"牌"可打，而那个因在南方征用花石纲弄得天怨人怒的朱勔则劝皇上再用京，官家只得重新起用已老眼昏花的蔡京。

十二月一日，命蔡京兼领讲义司，诏百官遵行元丰法制。从宣和六年（1124）十二月蔡京第四次任相，至宣和七年（1125）四月十九日被罢相，任期只有短暂的四个月。

如果稍稍理智一点，蔡京完全不应该以七十九岁的致仕老臣之身，再登相位。这种过度贪恋官位、权力光环的事情，绝不会发生在蔡襄、范仲淹、王安石这个等级的巨公伟人身上。所谓官场智者，最基本的一条表现，应该是知进也知退。而只知进不知退者，必临深渊，其祸必至。

蔡京四度任相后，因老眼昏眊不能视事，足蹇不能跪拜，徽宗准其在府第处理政务，免于签书。实际状况是，蔡京在宅中也无法正常处理政务，一切文案奏疏的批阅，皆由其季子蔡絛代行。"凡京所判，皆絛为之。"蔡絛趁机滥用权力，私售官爵，狂敛私财，以致遭到其兄蔡攸的忌恨，上书揭发蔡絛曾编《两清诗话》，"多载元祐诸公诗词"，有误"天下学士"，请求徽宗杀蔡絛以正视听。什么叫"狗咬狗一嘴毛"，这就是了。不是常见的"狗咬狗"，而是"兄弟狗"为争肉骨头要咬断对方喉管。兄弟之

---

① 〔明〕陈邦瞻《宋史纪事本末》第502页，中华书局2015年8月版。

间为争权力，仇恨、相残到此种地步，已经不是用龌龊之类的字眼可以状画的了。

不妨设想一下，如果让蔡京子也升任宰相，他会不会也立一个党人碑，将与其有权力之争的老父及弟兄也刻上去？

一帮蔡攸的亲党，则同时上书弹劾蔡絛"窃弄威福权柄""恣意作奸取利""密谋斥逐朝臣""助父作奸为恶"，徽宗因此而罢去蔡絛龙图阁直学士、朝奉郎兼侍读等职，任提举明道宫，可在京居住。这些弹劾用语比较空泛，有一个具体的案例是，蔡絛假借其父之令，将妇兄韩柏提升为户部侍郎。①

蔡絛既因作恶多端被罢，蔡京"目昏"不能视事，岂能继续坐在相位上？面对窝内群狼持续攻击已无还手之力的蔡京，屁股仍不舍那个一人之下、万人之上的太师相椅。"帝乃命童贯诣京，令上章谢事。"其意让蔡京主动请辞，而蔡京居然面对童贯泣曰：

"上何不容京数年？当有相谗谮者。"

童贯一脸麻木："不知也。"

蔡京不得已，只得"上章谢事"。而皇上则命词臣代京三次上表求去，把"谦退"的游戏做足，然后降诏从之。蔡京的仕宦生涯就此落幕。

权力带来的快感真是美妙至极。它的印章上写满了悦耳的谀辞、接踵登门磨亮门槛的脚印、源源不断滚入私库的珍宝钱币、娇喘温柔的淫语、出行开道的吆喝锣鼓声……以至很少有人能做到适时而理智地向它告别。蔡京也不例外。其结果是自取其辱，

① 〔明〕陈邦瞻《宋史纪事本末》第502页，中华书局2015年8月版。

在他人生最后下滑的幕布上抹了一笔最为肮脏龌龊的污迹。

对于蔡京究竟是五次任相，还是四次任相，不同的史书和文献有不同的说法。《宋史纪事本末》"蔡京擅国"中称："京至是四当国，目昏眊，不能治事"，此说称蔡京四登高位。而《挥麈后录》卷八记载，蔡京在遭贬逐途中，曾作词曰："八十一年住世，四千里外无家。如今流落向天涯，梦到瑶池阙下。玉殿五回命相，彤庭几度宣麻。止因贪此恋荣华，便有如今事也。"①据词中所述应是"五回命相"。此处野史所录蔡京词确否，有待考证。如此词确为蔡所作，蔡京是否把任翰林学士一职（常被人称内相）也算进去了？

据宋史学者曾莉著《蔡京年谱》推算，蔡京应是四任宰相。

是四次还是五次？笔者从四次之说。

丧家之"犬"

将蔡京在"靖康之难"中的状态比喻为丧家之"犬"，最形象、最妥帖不过了，尽管这用语最为常见。

蔡京的官位再高、权力再大，拥有的珠宝文玩睡过的美姬再多，吃过喝过官家赏赐的美酒琼浆、珍肴佳味再丰盛，也终究是赵家的一条"犬"。

宋徽宗——赵佶在金人进犯的马蹄声踢踏而来时，要找一个"替死鬼"来接盘，也只能找赵桓，不会将赵家的"皇土"甩给

---

① 《宋人轶事汇编》（四），第1833页，上海古籍出版社2015年6月版。

蔡家。这就是主人和看家犬的本质区别。在享受够了天上人间的种种权力赋予的盛誉、光环及口欲、色欲后，宋徽宗与蔡京等如同落入九层地狱，迎来了最羞耻、最难熬的日子。此时的主子与"犬"并无区别，在征服者的刀枪剑戟下，都是可以随时分食的肉糜。

熟悉北宋历史的人几乎皆知后来的历史轨迹。宋人试图联金抗辽以自保，待到辽亡后，金人发现这个宋王朝的殿堂已朽烂不堪，便顺势将这口不吃白不吃的肥肉也吞了。笔者看到今人在书写这段历史时，作出了种种设想，诸如在某些决策上不犯错误，北宋京都不至于沦陷云云。

而笔者认为，这又是"事后诸葛亮"的美好愿望。虽说北宋晚期也涌现了李纲一类的能臣，但一根再坚挺的柱子，撑得起已经摇摇欲塌的殿堂吗？最重要的是已经丧失殆尽的民心，有可能仅凭皇帝的一份"罪己诏"就能挽回吗？

宣和七年（1125）十二月二十三日，皇子赵桓在金人兵临城下之际被逼嗣位，接下乃父丢下的百孔千疮的"烂山芋"，是为钦宗。二十七日，太学生陈东上书，列数蔡京、童贯、王黼、梁师成、李彦、朱勔之罪，"谓之六贼，请诛之"！

陈东为镇江丹阳人，"蚤有隽声，倜傥负气，不戚戚于贫贱"。钦宗即位之际，其即"率其徒伏阙上书，论'今日之事，蔡京坏乱于前，梁师成阴谋于后，李彦结怨于西北，朱勔结怨于东南，王黼、童贯又结怨于辽、金，创开边隙。宜诛六贼，传首四方，以谢天下'"①。

---

① 参见《宋史》卷四五五《陈东传》，第13359页，中华书局1977年11月版。

就是这个敢于直言的太学生陈东，钦宗欲授其官，却坚辞不受。某日大雪，与同舍生饮酒时仰天长叹，口占古诗一首[①]：

> 飞廉强搅朔风起，
> 朔雪随风洒中土。
> 雪花著地不肯消，
> 万亿苍生受寒苦。
> 天公刚被阴云遮，
> 世人冻死如乱麻。
> 人间愁叹之声不忍听，
> 谁肯採掇传说闻达太上家！
> 地上贱臣无言责，
> 私忧过去如杞国。
> 遏云直欲上天门，
> 首为苍生讼风伯。
> 天公傥信臣言怜世间，
> 开阳阖阴不作难，
> 便驱飞廉囚下酆都狱，
> 急使飞雪作水流潺潺，
> 东方日出还照耀，
> 坐令和气生人寰。

---

① 《梅磵诗话》卷中，《宋人轶事汇编》（四），第2016页，上海古籍出版社2015年6月版。

不知那些热衷于撰写歌"宋"文字的才子，有未听到这位太学生穿越千年的长叹？

这位太学生非同寻常之处还在于，到了南宋建炎元年（1127），其人又三上奏书，批评当国权臣汪伯彦、黄潜善，谓"其不足共大事"。此事让汪、黄皆震怒，力请皇上"诛殛"。结果是陈东被戮于东市。后"天子感悟，追赠京秩"。这样的"天子"简直是无耻的蠢物——等到把良臣的头颅砍了，再来以示开明，追赠无用的谥号。

而大宋王朝偏偏盛产这类蠢物。

如果有人向我炫示大宋王朝"不杀士大夫及言事官"的"家规"，是如何值得称道，那么，请告诉我：陈东的脑袋是如何被砍掉的？还有那些因言获罪被贬死道途的"言事官"，算不算被"杀"呢？

陈东尸骨最终归葬于镇江丹阳，后人为其立祠、塑像，而铁铸的奸臣汪伯彦、黄潜善裸身像，则跪在陈东塑像的脚下，享用百姓苍生的唾沫。[1]

"六贼"中最先被诛杀的是安德军承宣使李彦。靖康元年（1126），诏赐李彦死，籍其家赀。

宰相王黼，先是被以散官安置于永州。靖康元年正月二十四日，其人在贬逐途中，夜宿雍丘辅固村民家，被知开封府聂山遣人追杀，取其首以献。王黼虽固当诛，但严格来说，他的被杀，

---

① 参见《梅磵诗话》卷中、《樵书》二编卷九，《宋人轶事汇编》（四），
第2016—2017页，上海古籍出版社2015年6月版。

不是奉旨行事，不合法规。史书称聂山与王黼有"宿怨"，因此迫不及待地遣武士取其首级。

王黼在翰苑时，一度曾染疫病甚危，国医已束手无策。当其卧病在榻奄奄一息时，有二妾侍立榻侧。名素娥者曰："若内翰不讳，我辈岂独忍生！惟当俱死尔。"另一侍妾艳娥则劝其宽心："人生死有命，固无可奈何，姊宜自宽。"王黼虽昏昏沉沉，但二妾之言却听进去了。待到从阎王殿门口兜了一圈又活过来，素娥受到特别恩宠，封为"淑人"。艳娥则被逐出王府。在"靖康之难"来临时，王黼被诛杀，素娥受到"惊悖"，不三日即死。也算是兑现了她在病榻前的诺言。①

少保、淮南节度使梁师成初被贬为彰化军节度副使，靖康元年（1126）正月二十九日，行至八角镇时，钦宗下诏赐死。

蔡京在大臣交相弹劾下，数次被贬逐。同年七月十一日，贬移蔡京于儋州，其子蔡攸被贬至雷州。儋州是苏东坡落难的贬所。蔡京任相近二十年，一直在拼尽力气揰击政敌、异己，为的就是避免重蹈蔡确、苏东坡被贬逐蛮荒之地的悲剧命运，但机关算尽，仍未逃脱恐惧的噩梦。与东坡不同的是，东坡死于北归之途，而蔡京死于南去之道。

蔡京在贬途中，向乡人购买食物，乡人一听说是蔡京要买吃的，则拒绝售卖。不仅如此，所到之处，无不遭人诟骂，州县吏则如逐瘟神般驱逐其赶紧离开。"元长轿中独叹曰：'京失人心，

---

① 〔宋〕陆游《老学庵笔记》第89—90页，中华书局1979年11月版。

一至于此。'"七月二十一日蔡京行至潭州（今湖南长沙）昌明寺，写了那首："八十一年往事……如今流落天涯……"的词后，即因病毙命，飞赴他不想去也得去的"天堂"了。至于他是去拜见"天帝"，还是被"阎王爷"收回，只有天知晓。[①]

也有这等巧合：蔡京祖某、父蔡准，与蔡京皆为七月二十一日卒，三世同忌日。[②]

蔡京自称"八十一"，按年谱记载应为"八十"。但这不矛盾，中国人计算年龄从来有两种算法，一为虚岁，人一出生时即算一岁；二为实岁，即从出生时计，活一年算一年。蔡京往多处算，是虚岁；"年谱"按出生年月推算，是实岁。

潭州守官也是蔡京仇敌，因此蔡京死后数日无人为其安葬。多亏了他的一个老门人，不忘旧主之恩，想方设法凑了一点钱，买不起棺木，只能以一条青布裹尸，草草安葬。并为其作墓志曰："天宝之末，姚、宋何罪。"此言多少属于带有私情的偏心了，"靖康之难"，蔡京当然有罪！除了宋徽宗，他任宰辅时间最长，被列为"六贼"之首，是不算冤枉他的。但老门人也是蔡京门下的一条"看门犬"，能够不忘旧主昔日之恩，未弃尸逃遁，也算是有忠诚度的"看门犬"了，指望他有更高的历史见识，也难。

蔡京死讯传开后，无论朝臣还是民间人士，都觉得让蔡京就这样在一个寺庙里自然死亡，太不解心头之恨了，应该将他送赴

---

① 《梁溪漫志》卷十，《宋人轶事汇编》（四），第1833—1834页，上海古籍出版社2015年6月版。

② 〔宋〕陆游《老学庵笔记》第52页，中华书局1979年11月版。

刑场就戮才对。"六贼"中其他人皆被"诛死"，只有蔡京逃过了"诛死"一劫。有游僧途经东明寺，见寺后蔡京草殡之墓，感慨万端，吟诗一首："三十年前镇益州，紫泥丹诏凤池游。大钧播物心难一，六印悬腰老未休。佐主不能如傅说，知几哪得似留侯。功名富贵今何在，寂寂招提一土丘。"[①]

另有野史记载，蔡京之所以能幸运地免"诛"，是因为他在宰相位时，也做了一些积德的好事："其当轴时，建居养、安济、漏泽，贫有养，病有医，死有葬，阴德及物所致。"

"居养"相当于养老院，收养贫困孤寡老人，或可称今日养老院之源头。"安济"即官办医务诊所，"漏泽"则是专门安葬穷人的墓园。[①]蔡京之死是否与此有关，说不清楚。但客观地评价，蔡京干了许多奸事、坏事，但也干了一些有益于推动经济科技艺术发展的好事，除了办居养、安济、漏泽园，还有兴算学、医学、书画学等，他在这些领域的建树也不应因"奸诈""贪污""心术不正"而全盘抹杀。

蔡京死后四十二年，尸骨迁葬枫亭故里时，挖开墓穴，目击者见其皮肉无存，独有心胸上浮"卍"字。如镌刻所就。"卍"为佛身上的异相，表示吉祥无比，用以象征佛的智慧和慈悲无限。此记见于《容斋三笔》，当属野史传闻。后人质疑，"以大奸误国之人，而有此祥，诚不可解也"[②]。

蔡京有子八人，其中蔡儵早夭，一人无考。其余六子为：蔡攸、蔡翛、蔡修（脩）、蔡絛、蔡鯈、蔡脩。从王安石变法至蔡

---

① 《清波杂志》第74页，中华书局1994年9月版。

② 见《枫亭古代志书三种》，第186页，海峡书局2017年5月版。

京新政，执政者皆曰后者延续了前者的变法精神，其实两者在目的、手段诸方面都有巨大的区别。由于北宋晚期党争的恶斗、新旧党你方唱罢我登台，导致频繁地朝令夕改，底层官员和百姓几乎无所适从，这恐怕也是北宋日益衰败的重要因素之一。

后之学者，面对王安石变法的是是非非，已经吵得如一团乱麻；而在面对蔡京新政时，几乎目瞪口呆，无从言说，可见其复杂性如同一盆糨糊。

靖康元年（1126）八月九日，朱勔、蔡攸、蔡絛在流贬途中，钦宗手诏赐死。蔡絛闻命曰："误国如此，死有余辜，又何憾焉。"乃饮药仆地死去。蔡攸端着药碗仍犹豫不决，左右授之以绳，自缢而死。朱勔先是被削官，放归田里，继而羁管循州。吏人奉旨籍其家，并将之诛杀。

同年七月二十七日，童贯被诏诛于南雄州。执行诛杀之命的御史张达明，担心童贯获得消息后自杀，乃先遣贴身官员快速至童贯处，告知："有诏遣中使赐茶药，宣诏大王赴阙，且闻已有河北宣抚使之命。"居然有此等好事？童贯将信将疑："果否？"使臣用了一番话，打消了他的怀疑，其大意是，目前军中的将帅都还年轻，缺少作战经验，皇上与大臣商量后，觉得还是需要大王继续统兵御敌。童贯听后大喜，对身边侍臣说："还是离不了我啊！"等到张达明赶到，童贯还没有从喜悦中缓过神来，已在刀光中身首分离。抄没童贯家货时，除了抄出海量的珠宝金银，还抄出几千斤名贵中药成剂理中丸。这些滋补身体的保健药，大概再活两百岁也吃不完。[①]

---

① 〔宋〕陆游《老学庵笔记》卷三，第39页，中华书局1979年11月版。

靖康不"靖康"，此年号实际存活仅一年。

这年初，京都织帛及妇人的首饰衣服，皆喜欢将四时之"节物"或四时之"花木"集于一图之中。"节物"如春旛、灯毬、竞渡、艾虎、云月，合为一体；"花木"则桃花、杏花、荷花、菊花、梅花，共处一景。有后人认为，此为靖康短命的先兆。此种民间传闻，不妨看作社会心理的一种折射。①曾经花团锦簇、喧闹繁盛的汴京，失落金人之手后，再也未回到宋王朝的属下。四十年后，南宋大臣范成大奉命出使金国，途经汴京时，映入眼帘的是一片萧条之景。当年碧波粼粼、舟楫如云的汴河，已成杂草丛生的枯河，不禁为之唏嘘不已。

这个王朝并不因"六贼"的死去，便无贼了。贼子贼孙是不会断绝的，因为孳生贼人的土壤仍在。同样的悲剧，将在南宋继续上演。

---

① 〔宋〕陆游《老学庵笔记》卷二第32页，中华书局1979年11月版。

卷九

被『奸』名遮蔽的现代之光

蔡京究竟是一个什么样的人呢？

在元代脱脱等编撰的《宋史》中，几乎把北宋中晚期致力于变法的大臣，除王安石外，皆列入《奸臣传》一档，惹得梁启超拍案痛斥《宋史》为一部"秽史"，每读其书皆"未尝不废书而长恸也"。

在《奸臣传》中，蔡确、章惇、蔡京、蔡卞、吕惠卿、曾布皆赫然在列。

蔡京当然有"奸"的一面，前卷中已有较为详细的展示；蔡京也有不那么"奸"的一面，甚至某些地方有堪称伟大的一面，遗憾他的光亮，被一条脏污的"奸名"抹布覆盖了。上面爬满了蜘蛛网，飞扬着呛鼻的历史尘埃。总之，他是一条嗅一嗅，就不敢下箸的"臭鳜鱼"。

王安石论人时曾说过类似的话："自议新法，始终言可行者，曾布也。言不可行者，司马光也。余皆前叛后附，或出或入。"[1]其实，他老人家活着时未看到，曾布在政坛处巅峰时段，已谈不上是新法的坚定支持者了。他支持什么，反对什么，常常视官场态势是否对己有利而权衡犹疑的。真正对新法推进、拓展力度最大的应数蔡氏兄弟。

蔡卞是王安石的女婿，也是王安石新法的忠实拥戴者、推行者，王安石"圣人"形象的维护者。这里也难免有翁婿的特殊关系和情感的因素。对此，与之同朝的宰相章惇也曾拿他"开涮"。章惇有女择婿，久而未定，蔡卞对之曰："相公择婿如此其

---

① 《宋名臣言行录》后集卷六，《宋人轶事汇编》（三），第1223页，上海古籍出版社2015年6月版。

艰，岂不男女失时乎？"章惇回答："待寻一个似蔡郎者。"其弦外之音是，找女婿，要找到一个似"蔡郎"这般忠诚于其岳翁者，难啊！蔡卞面色微红，却也无语可对。[①]

但对王安石新法在承续基础上又有突破性创造者，当数蔡京。首先，蔡京的优势是在相位近二十年，有职权可以持续沿着王安石提出的变法思路，且花样翻新地推行"新政"，虽然中间几经波折；其次，蔡京干坏事、干好事都手段霹雳，有超强的执行力，是能干大事、干成大事的人。他的执行力，应该不亚于王安石。

大臣侯蒙曾在宋徽宗面前如此评价蔡京："若心术正，当为千古贤相。""心术"正歪，与为臣"贤"否，当然有关联。但在宋徽宗眼中，"心术"如何，只要不涉及忠诚，不威胁到其龙椅的稳定性，是无关紧要的。宋徽宗最需要的是"能"——治国理政的能力。

称蔡京是千古"能臣"，是有史实作支撑的。

宋徽宗也并不是非相蔡京不可，诸如蔡京落职后曾起用赵挺之、何执中、张商英，但他们皆力不配位，与蔡京不在一个量级上，其奈若何？他们除了一锅端地废掉蔡京推行的新政，再就是抱住"祖宗家法"，一切依旧，拿不出自己应对时局的招数，这怎能让皇上继续倚重？

---

① 《清波杂志》卷二，《宋人轶事汇编》（三），第1515页，上海古籍出版社2015年6月版。

"崇宁兴学"

先说兴学，史称"崇宁兴学"。通过官办学校，直接从优等生中取仕授职，逐步取代一考定终生的隋唐以来沿袭了数百年的科举制。堪称中国教育史上里程碑式的创举。其运作方式与机制，可穿越千年与二十世纪废科举及现代教育模式兴盛相对接。

早在哲宗亲政、章惇即将任相时，蔡京就曾于道途中拜谒踌躇满志的拟任宰相，从衣袖中"出一轴以献（章）惇，如《学校法》、'安养院'之类"。但章大人心不在此，委婉地拒绝了他的良谋："元长可留他时自为之。"①

也罢。谁掌权谁说了算。

到了崇宁元年（1102），蔡京任相，立即于八月二十二日上疏建议天下兴学，获准。

这份奏疏非常重要，其所奏的内容，可视作兴学的一份总体设计、规划，涉及办学的方方面面：

> 以学校为今日先务，乞天下开置学养士，如允所请，乞先次施行。一乞罢开封府解额，除量留五十人充开封府上着人取应外，余并改充天下贡士之数。所有诸州军额，各取三分之一添充贡士额。一乞天下并置学养士，郡小或举人少，则令三二州学者聚学于一州。一乞

---

① 《朱子语类》卷一三〇，第2374页，崇文书局2018年8月版。

置州学，并差教授二员。一乞增置田业养士，应本路常平户绝田土物业，契勘养士合用数拨充。如不足，以诸色系省官田宅物业补足。一乞以三舍考选法遍行天下，听每三年贡入太学，上舍试仍别为号令，为三等；若试中上等补充太学上舍，试中中等补充下等，试中下等者补充内舍，余为外舍生。虽补止双中下等，或不及等。及科举遗逸而学行为乡里所服，委知州、通判、监司，依贡士法贡入，委祭酒、司业、博士询考得实，当议量材录用。一乞令郡守、监司保任贡士，若贡士到太学试中上等及考选升舍人多，即等第立法推赏。一乞诸县置学于本县，委令佐擘画地利，及不系省杂收钱内椿充费用。一乞学生自县学考选升州学。一乞州县并置小学。一乞并立学生在学升黜法。一乞外任官子弟许入学，取应在外官子弟亲戚法。不合在本处取应者，许随处入学，即不升补与贡；在学迨及一年，给公据，许赴太学取应国子监解名。一乞州县学职掌学谕学长，许差特奏名人。一乞禁不得教学生非经、史、子、书文字。①

依蔡京"起请"，宋徽宗下达了一系列兴学的诏书。

关于蔡京的兴学思路，杨小敏博士概括为十个方面：

确立以学校为主的培养、选拔人才机制；

---

① 《长编纪事本末》卷一二六《州县学》。转引自田勤耘《"崇宁兴学"研究》，华中科技大学2005年硕士学位论文。

确立全国办学的思路；

明确办学经费的来源；

确立了地方县学升州学、州学升太学的升学模式。地方州学亦实行"三舍法"；

规定了监司、知州、通判、县令佐在学校发展、人才选拔、输送中的义务和责任，以及奖惩措施；

完善在校学生的管理制度，以及对违纪学生的处罚办法；

对学校的管理者、教授的俸禄、待遇作出规定；

规定州县建小学，十岁以上儿童都应当入学接受教育；

规定了外任官子弟入学、升学办法；

规定了教学内容。[①]

所谓"三舍法"，是指将生员分为上舍、内舍、外舍三个不同等级，经考核据评分高低分级，并确定是否升级。

兴学的构想最初来自庆历三年（1043），在范仲淹的推动下，朝廷下诏兴学。但庆历新政维持仅一年即夭折，导致兴学也成为纸上谈"学"。

时隔二十六年，王安石在熙宁二年（1069）推动变法，"熙宁兴学"也成为变法蓝图之一，这一次有了实质性的举措，如：

---

① 杨小敏《蔡京的崇宁兴学和科举改革》，《蔡京史论选编》第17—18页，中国文史出版社2011年12月版。

改革太学体制，实行"三舍法"；除科举外，另立舍选；以《三经新义》作官方标准教材；拨充学田，解决办学经费的匮乏……但至元祐更化，司马光与高太皇太后联手尽废新法，"熙宁兴学"也随之"猝死"。

"崇宁新学"的不同之处在于，无论兴学的范围、数量、体系，都超以往两次兴学，形成了遍布全国州县的学校网络。据大观三年（1109）朝廷统计，全国24路教养大小学生总数达167622人，学舍有95298楹，各地学田计105990顷，形成"旷古未有"的规模。①

令人惊叹的是，还同步设有六类专科学校：武学、律学、医学、算学、书学、画学，后三个门类为崇宁时期首创，中国美术院校可以从这里找到最初的源头了。《千里江山图》的作者，年仅十八岁的王希孟，就曾经过画学的培训。

让笔者更为惊叹的是，对书学、画学考试，已经立出不同的等级标准。如书法考试："以方圆肥瘦适中，锋藏画劲，气清韵古，老而不俗为上；方而有圆笔，圆而有方意，瘦而不枯，肥而不浊，各得一体者为中；方而不能圆，肥而不能瘦，模仿古人笔画不得其意，而均齐可观为下。"这个书法等级标准，未必适用于今日。但从中可略窥宋徽宗、蔡京时期，对书法艺术的审美取向。画学开设佛道、人物、山水、鸟兽、花竹、屋木为专业课程，要求"以不仿前人而物之情态形色俱若自然，笔韵高简为工"。

至大观元年（1107），原科举取士旧制废除，悉改由学校升

---

① 田勤耘《"崇宁兴学"研究》，华中科技大学2005年硕士学位论文。

贡。学生通过学校层层升级，最终经由殿试进入政府授以官职。

从下图，可一窥宋徽宗、蔡京在大观、宣和年间，士人如何通过学校教育，层层选拔，最终被授以官职的：

宋徽宗、蔡京时期全国公立学校升级系统图[①]

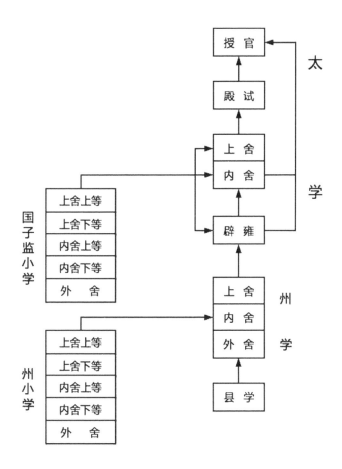

---

① 袁振《宋代教育——中国古代教育的历史性转折》第146页，广东高等教育出版社1991年12月版。

"居养院、安济坊、漏泽园"

再来看看宋徽宗、蔡京时期创设的对鳏寡贫病老弱者的社会救助机制。

孟元老在《东京梦华录》中录尽京都的繁华，张择端《清明上河图》画尽东京的商贸兴盛，不知他们是否曾目睹到这一幕：

在大雪飞扬的街头，在迷雾恍惚的灯影里，一队巡视巷陌的小吏，看到一位拄拐佝偻行乞的老人，立即向前，将之挽扶到一个专门的处所，交给那里的管理人员，这个处所名为"居养院"，相当于今日所称的福利院、养老院；当小吏们发现道侧已倒毙在寒风冰凌中的死者，则用麻布将尸体包裹，抬送到另一处所，交给那里的僧人，由他们负责掩埋，这个处所名为"漏泽园"，相当于今日所称的公墓，用于专门埋葬死后无地、无钱埋葬之人。还有一个处所名为"安济坊"，是官办的医疗诊所，专门收治那些贫病无钱诊治、无人护理的老者。

如果孟元老、张择端在他们的笔墨中，也能呈现这一幕，《东京梦华录》《清明上河图》就不会有缺漏的遗憾了。

京都不仅仅是富人、仕宦的天堂，穷人也能老有所养、死有葬身之地。

因此有野史称，靖康之难来临时，"六贼"中独有蔡京死于贬途，未被诛杀，是因为他在位时创办居养院、安济坊、漏泽园，"阴德"所致。这是流行于民间的说法。

但确实要承认，蔡京不仅仅是干"坏事"的"奸臣"，也干了一些可以被称作"仁政"的好事。对这些，南宋的朱熹也不吝赞词："崇宁、大观之间，功成治定，惠泽洋溢，隆盛极矣。而上圣之心犹轸一夫之不获，始诏州县立安济坊、居养院以收恤疾病癃老之人，德至渥矣。"①

关于此类善举，《宋史》也有较为详细的记载：

崇宁初，蔡京当国，置居养院、安济坊。给常平米，厚至数倍。差官卒充使令，置火头，具饮膳，给以衲衣絮被。州县奉行过当，或具帷帐，雇乳母、女使，糜费无艺，不免率敛，贫者乐而富者扰矣。

三年，又置漏泽园。初，神宗诏："开封府界僧寺旅寄棺柩，贫不能葬，令畿县各度官不毛地三五顷，听人安厝，命僧主之。葬及三千人以上，度僧一人。三年与紫衣……"至是蔡京推广为园，置籍，瘗人并深三尺，毋令暴露，监司巡历检察。安济坊亦募僧主之，三年医愈千人,赐紫衣、祠部牒各一道。医者人给手历，以书所治瘥失，岁终考其数为殿最。诸城、砦、镇、市户及千以上有知监者，依各县增置居养院、安济坊、漏泽园。道路遇寒僵仆之人及无衣丐者，许送近便居养院，给钱米救济。孤贫小儿可教者，令入小学听读，其衣襕于常平头子钱内给造，仍免入斋之用。遗弃小儿雇人乳养，仍听宫观、寺院养为童行。宣和二年诏："居

① 转引自杨小敏《蔡京与北宋的社会救助政策》,《蔡京史论选编》第35页，中国文史出版社2011年11月版。

养、安济、漏泽可参考元丰旧法,裁立中制。应居养人日给粳米或粟米一升,钱十文省,十一月至正月加柴炭,五文省,小儿减半。安济坊钱米依居养法,医药如旧制。漏泽园除葬埋依见行条法外,应资给若斋醮等事悉罢。①

从记载中还看到,这类举措在实行过程中出现"失当"的情况,乃至于居养院内雇"乳母、女使","糜费太盛",从而导致"贫者乐而富者忧"。历来社会状况大都是"富者乐而贫者忧",这里居然出现了倒置。姑妄阅之。有此一说。

20世纪末,三门峡市考古工作队发现了一处古代墓园,经过发掘考证为北宋时期的漏泽园,现存墓葬2000余座。他们将发掘考察情况整理出版,书名为《北宋陕州漏泽园》。这部厚达五百多页的著作,用图文详录了发现、挖掘过程和目睹的整个墓葬细节,有兴趣研究北宋社会救助机制的学人可查阅。②

崇宁五年(1106)八月,尚书省报告:有江南西路官员发现某些漏泽园管理不善,导致有逝者"埋瘗不深,遂致暴露",于是下诏"凡漏泽园收瘗遗骸,并深三尺"。如"三尺不及而致暴露者",则令监司处罚。

管理精细到此种地步,不能不为之一叹!

---

① 《宋史》卷一七八《食货上六》,第4339—4340页,中华书局1977年11月版。

② 《北宋陕州漏泽园》,文物出版社1999年6月版。

理财·敛财

无论是君臣共享"丰亨豫大",还是为民施仁政,都离不开一个东西:钱币。

正是因为蔡京具有他人不具备的超强的理财能力,因而虽几番被罢,又几番被重新起用。理财,如果通过促进商业流通、变革经济体制、提升全社会创造财富的能力而获得更多财政收入,正如王安石所说:"民不加赋而国用足",这样的理财是应该加以称许并大力推行的。但如果某些手段变成搜括民财,就成了害民的"敛财"。

蔡京施行的很多经济变革是理财或敛财?抑或两者兼而有之?历来为史学界所争论不休。其是是非非,笔者认为需要更多的经济学家介入史学领域来做精细的学术分析。诸如蔡京发行"当十钱",即比当时的"当二钱"用料少、面额更大的钱币,遭遇的阻力最大。赵挺之、张商英取代蔡京任相,所做的第一件事即是废铸"当十钱"。"当十钱"只是在部分地区推行,确实为中央财政带来滚滚财源。

大观三年(1109)蔡京罢政后"当十钱"被废,有臣僚称"十年之害一举而革"。但在今日看来,发行大额货币,几乎是全世界应对通货膨胀的重要手段之一。

蔡京的经济变革,还涉及茶法、盐法、漕运与方田法等。仅就茶法而言,有宋一代屡经变革,因其中有巨大市场空间和商业利润。政和二年（1112），蔡京对茶法进一步改革，形成了一整套政府与茶商共同购销茶叶的流通系统。首先由政府指定部门印行“茶引”，“茶引”是购销茶叶的合法凭证，商人必须首先向政府部门购买“茶引”，才能据此去茶叶产地以低价向茶农批量购买茶叶，然后到指定的地点去提价销售。对茶商的购买量至销售情况，政府都全流程严密监控，并从中抽息，这就相当于现代政府的税收了。此种经营方式，也可称作“公私合营”。面对宋代庞大的茶叶消费市场，仅此一项就给政府带来多少财政收入？因此蔡京任相期间，宋徽宗的府库里是不缺钱的。面对堆积如山的钱币，皇上看到了蔡京理财（敛财）的能力，也自然就滋生“有钱不享受更待何时”的念头。

关于盐法、漕运法、方田法，从学术角度都是可以展开详论的。本著不是学术专著，还是就此打住，留待史学家、经济学家或相关专业攻读硕、博学位的“后浪”们去深钻。

也许会让人感到奇怪：既然蔡京有如此超强的理财（敛财）能力，为何未能将经济实力转化为军事实力？反而在面对外敌入侵时居然不堪一击。面对虚弱得如“爝火”将息的辽国也溃不成军。

既然蔡京有办居养院、安济坊、漏泽园的“仁者”之心，为何面对元祐党人，乃至同党的异己分子时却是那样冷酷无情、手段凶残？

那个熟诵范仲淹“先天下之忧而忧，后天下之乐而乐”的幼童蔡京，与登上宰辅大位的蔡京，还是同一个蔡京吗？

如果没有北部边境游牧民族的兴盛、入侵，北宋的历史轨迹会如何延伸？蔡京的历史地位又该如何确立？

……

也许有的问题很幼稚，有的问题很可笑，有的问题不是问题，那就权当茶余饭后的谈资，一笑了之。

无论怎么评说，在蔡京新政中，"崇宁兴学"与创建完善"居养院、安济坊、漏泽园"等社会救助机制，是古今学者都无可否认的良政，但为何却因蔡京的"奸"名而废止呢？从王安石变法至蔡京新政，某些从北宋中晚期迸射出的现代之光，不知要领先于整个人类文明进程多少年，却说废就废了。

因人废物、因人废事、因人废法——

由此也可见，源远流长的一元化单向思维方式，是如何阻滞了社会文明的进步和前行的速度；

由此也可想，又有多少曾灵光乍现的伟大创造，被陈腐的思维方式所摧毁和掩埋？

卷十

「苏黄米蔡」之「蔡」

写蔡京当然绕不开蔡京的艺术成就。

蔡京的书法艺术成就很高，在宋徽宗朝所编撰的《宣和书谱》中，对蔡京书法有极高的评介：

性尤嗜书，有临池之风。初类沈传师，久之深得羲之笔意，自名一家。其字严而不拘，逸而不外规矩。正书如冠剑大臣议于庙堂之上，行书如贵胄公子，意气赫奕，光彩射人。大字冠绝古今，鲜有俦匹。本朝题榜不可胜计。作"龟山"二字，盘结壮重，笔力遒劲，巍巍若巨鳌之载昆仑，翩翩如大鹏之翻溟海，识与不识，见者莫不耸动，斯一时之壮观也。大抵学者用笔有法，自古秘之。必口口亲授，非人不传。由唐以来，学者相宗，方造其妙，至五季，失其所传，遂有衰陋之气。京从兄襄，深悟厥旨，其书为本朝第一。而京独神会心契，得之于心，应之于手，可与方驾，议者谓飘逸过之。至于断纸余墨，人争宝焉。喜写纨扇，得者不减王羲之之六角葵扇也。其为世之所重如此。所得惟行书为多，今御府所藏七十有七。①

这部"书谱"未署名，究竟是谁编撰，后世学人有各种揣

① 《宣和书谱》第113页，浙江人民美术出版社2018年1月版。

测，未有定论。但有一点可以肯定，《宣和书谱》既然为蔡京当政时所撰，无论是自撰，还是其他文臣所撰，对蔡京书法"吹捧"过甚是难免的。称其"大字冠绝古今，鲜有俦匹"，"作'龟山'二字，盘结庄重，笔力遒劲，巍巍若巨鳌之载昆仑，翩翩如大鹏之翻溟海"，牛皮有点吹大了！

但蔡京的字确实有天赋才情和灵气，称其字"飘逸"超过其族兄蔡襄，也是实情，但瑕疵或许也在太"飘"了。

蔡京与米芾

米芾在不同的场合，对蔡京的字曾有两种不尽一致的评价。

米芾与蔡京，一直保持着良好的私人关系。绍圣初，米芾在雍丘当一个小地方官，神气十足地"游治下古寺"。相当于今日"巡视"或"调研"。寺僧告知方丈："顷章圣幸亳社，千乘万骑经从，尝憩宿于中。"这个米芾是个有点"疯疯癫癫"的张扬之人，常被人号称"米癫"，居然令人将所宿之处"彩饰建鸱，严其羽卫，自书榜之曰'天临殿'"。此事正好被更高的巡察官员吕升卿获知，立即上报，谓："下邑不白朝廷，擅创殿立名，将按治之。"这种不报告朝廷，擅自"创殿立名"的勾当，朝廷要治起罪来，把"米癫子"发配到岭南去都算轻的。

恰好此时，蔡京为翰林学士，将此事压下去，米芾躲过一劫。[1]蔡

---

① 《挥麈二录》卷二，参见曾莉《蔡京年谱》第59页，广西师范大学出版社2020年1月版。

京护米芾，或因皆为书家同道，有惜才爱才之心；其次，米芾虽个性张扬，却对政治毫无兴趣，在新旧党间只认人，不认"党"。

他与新党大臣蔡京保持着良好私人关系，与苏轼也是非常好的友人。苏轼临终前乃至与米芾同舟夜话。联结他们之间关系的，肯定与政治无关，与官位大小无关，而与艺术趣味有关。三位都是北宋也是中国书法史上的大家。米芾在给旧上司写的信中自我介绍："襄阳米芾，在苏轼、黄庭坚之间，自负其才，不入党与。"

米、苏艺术趣味相投及友情之深厚，在苏轼给米芾的信中也可窥一斑："岭海八年，亲友旷绝，亦未尝关念。独念吾元章迈往凌云之气、清雄绝俗之文、超妙入神之字。何时见之，以洗我积岁瘴毒耶？""数日不闻来音，谓不我顾（以为您不再挂念我），复渡江矣，辱教（蒙您来信），即承起居佳胜（得知生活安好），慰感备常。"①

米芾与新党领袖王安石也有密切的互动往来。在米著《书史》中曰："杨凝式，字景度，书天真烂漫，纵逸类颜鲁公《争坐位帖》。……王安石少尝学之，人不知也。元丰六年，余始识荆公于钟山，语及此，公大赏叹，曰：'无人知之。'其后与余书简，皆此等字。"②由此也可见米芾对书画的鉴赏水准之高。

另有一件逸事，可证米芾与蔡京私交非同一般。崇宁初，米芾为江、淮制置发运司（勾）当直达纲运，置司真州。任大漕的官员张励深在巡查途中见米芾"滑稽玩世，不能俯仰顺时"，心

---

① 《苏东坡全集》（5），第2765页，北京燕山出版社2009年12月版。

② 〔宋〕米芾《书史》第199页，中州古籍出版社2013年11月版。

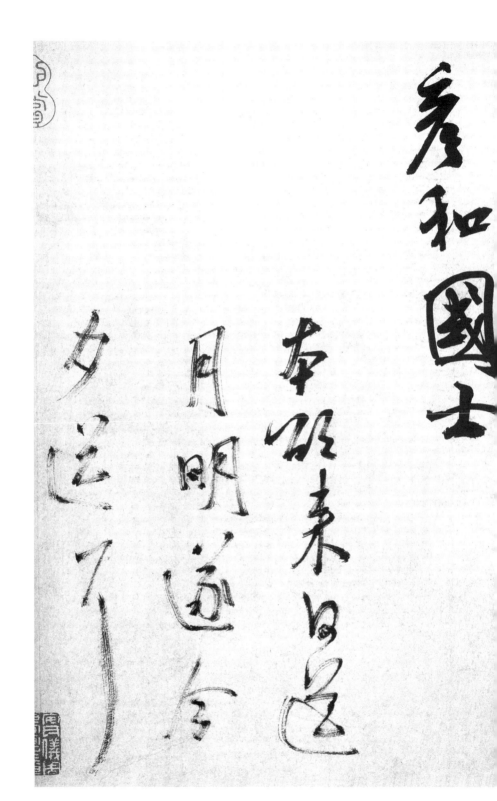

北宋·米芾《彦和帖》

芾頓首夏氣鬱蒸

尊候沖勝山浅

幼文府且看芭山詵

給一視甚昔即空之交

中不爽，常常欺负他，让米芾不堪其辱。忽闻知己蔡京回京任相，米芾窃喜，遣仆送信至蔡京处，请求帮忙削去他官职中所带"制置发运司"五字，并降旨请给序位人从同监司，居然获得成功。"制置"是受管辖之意，去掉此前置词，米芾与大漕张励深便无隶属关系了。

米芾获得新的任命，立即闭户自制"新刺"（相当于今日之"名片"），径赴张励深厅堂，递上"新刺"。张励深见米芾神气异于往日，一副趾高气扬之态，不明白米某为何忽地前恭后倨？打开"新刺"一看才明白，这小子原来升官了，不把他放在眼里了，立即以礼相待。后知米芾这官得之于走了蔡京的后门，虽愤郁不已，也无可奈何。米芾算是一吐往日受欺凌之恶气了！[1]

《铁围山丛谈》记载了一段蔡京与米芾论书的对话。蔡京问："今能书者有几？"米芾答："自晚唐朝柳（公权），近时公家兄弟是也！"这"公家兄弟"指蔡襄、蔡京、蔡卞。

蔡京又询："其次？"米芾喜形于色，曰："芾也！"[2]

此癫狂之语，权当是戏言，是不能写进艺术鉴赏专业教科书的。以米芾个性，与蔡京论字，岂肯屈居蔡氏兄弟之后？但蔡京是自己的上司，又是有恩于自己的人，米芾虽"疯癫"，但该清醒时还是拎得清的。

在另一个场合，当宋徽宗询问米芾，对当朝各书法名家的看法时，米芾对蔡京有一句精彩而专业的点评。米芾著《海岳名

---

[1] 《挥麈录·后录》卷七，第134—135页，上海书店出版社2009年4月版。

[2] 蔡絛《铁围山丛谈》卷四，第53页，上海古籍出版社2012年12月版。

言》载："海岳以书学博士召对，上问本朝以书名世者，凡数人。海岳各以其人对曰：'蔡京不得笔，蔡卞得笔而乏逸韵。蔡襄勒字，沈辽排字，黄庭坚描字，苏轼画字。'上复问："卿书如何？"对曰：'臣书刷字。'"①

这段纵论当朝各书家的点评，是中国书法史上的经典名言。

"海岳山人"是米芾的号。有人质疑，米芾再张狂，也不至于将自己的书论题为"名言"，进而怀疑该著是否为后人伪作？笔者认为，书名《海岳名言》有可能为书论编辑整理者所拟，但从所论的专业眼光及文字风格，完全符合米芾的性情及书法造诣之精深。

说"蔡京不得笔"为何意？先看看米芾对"得笔"的解读。他在《自叙帖》中说："要得笔，谓筋骨、皮肉、脂泽、风神皆全，犹如一佳士也。""得笔，则虽细为髭发亦圆；不得笔，虽粗如椽亦褊。"简言之，"得笔"的核心理念是要有筋骨、有力道。由此推论，米芾认为蔡京的字逸韵有余，而力道不足。

米芾对蔡京书法的两种评介，差距较大。前者显然有奉承之意，不足信；后者才是客观、中肯之言。

无论从何种角度品评，蔡京是中国书法史上的一代大家是无可置疑的，我们不必因其人为官之"奸"，而废其字。虽说，中国古代文论传统，常常将人格境界与文章、艺术成就相提并论，但才情逸出"人格"的限制，在文学艺术史上确也不乏其人。再说，蔡京之奸，是逐步生成的，有复杂的时代环境和机制的因

---

① 米芾《海岳名言》见《全宋笔记》第二编（四），第222—223页，大象出版社2017年1月版。

素；而他的书法艺术在童年时就铺垫下了深厚的功底，两者并不完全是一种同构关系。抛弃"政治正确"取代一切的偏见，蔡京书法自有其难以撼动的一席之地。

蔡京与蔡襄

《宣和书谱》对蔡襄书法如此评述：

> 工字学，力将求配古人，大字巨数尺，小字如毫发，笔力位置，大者不失结密，小者不失宽绰。至于科斗、篆籀、正隶、飞白、行草、章草、颠草，靡不臻妙，而尤长于行，在前辈中自有一种风味，笔甚劲而姿媚有余。仁祖深爱其书，尝御制《元舅陇西王李用和墓铭》，诏襄书之……人谓古今能自重其书者，惟王献之与襄耳。襄游戏茗事间，有前后《茶录》，复有《荔枝谱》，世人摹之石。自珍其书，以谓有翔龙舞凤之势，识者不以为过，而复推为本朝第一也。论者以谓真行简劄今为第一，正书为第二，大字为第三，草书为第四，其确论欤！……①

笔者曾经请教上海美术学院一位书法家："北宋四大书法家，简称'苏黄米蔡'，这'蔡'究竟是指蔡京，还是蔡襄？"回

---

① 《宣和书谱》第57—58页，浙江人民美术出版社2018年1月版。

答是："美术界流行的说法，原指蔡京，因蔡京名声不好，改指蔡襄了。"

支持这一说法的，也有史家记载："宋人书例称苏、黄、米、蔡者，谓京也，后世恶其为人，乃斥去之，而进君谟（蔡襄）书焉。"此说来自明代张丑所著《清河书画舫》。此著还认为，宋人书家排序，不应将蔡襄排到"苏、黄、米"后，而应在前，蔡襄的辈分均在"苏、黄、米"前，因此排在后面的"蔡"，当为蔡京无疑。①

但据近年学人考证，更早的"宋四家"说中的"蔡"，并非指"蔡京"。宋末元初王芝在《洮河石研铭》中称："右为蔡君谟所书《洮河石研铭》，笔力疏纵，自为一体，当时位置为四家。窃尝评之，东坡浑灏流传，神色最壮；涪翁瘦硬通神；襄阳纵横变化；然皆须放笔为佳。若君谟作，以视拘牵绳尺者，虽亦自纵而以视三家，则中正不倚矣。字学亦有风气，仆谓君谟之书犹欧公之诗也。"

"宋四家"的明确排列，也早于元代的张丑之说，有名许有壬者，在《跋张于湖寄马会叔侍三帖》中云："宋人不及唐者，不独人不专习，大抵法唐欲溯洄至晋而有未至焉。李建中后，蔡、苏、黄、米，皆名家。"这里的"四家"说，"蔡"则排在首位。

在元代，排序另有一说："先朝评书者，称苏子瞻、蔡君

---

① 《宋人轶事汇编》（四）第1838页，上海古籍出版社2015年6月版；韩立平《论"苏黄米蔡"的形成》，《学术探索》2011年第1期。

北宋·蔡襄《思咏帖》

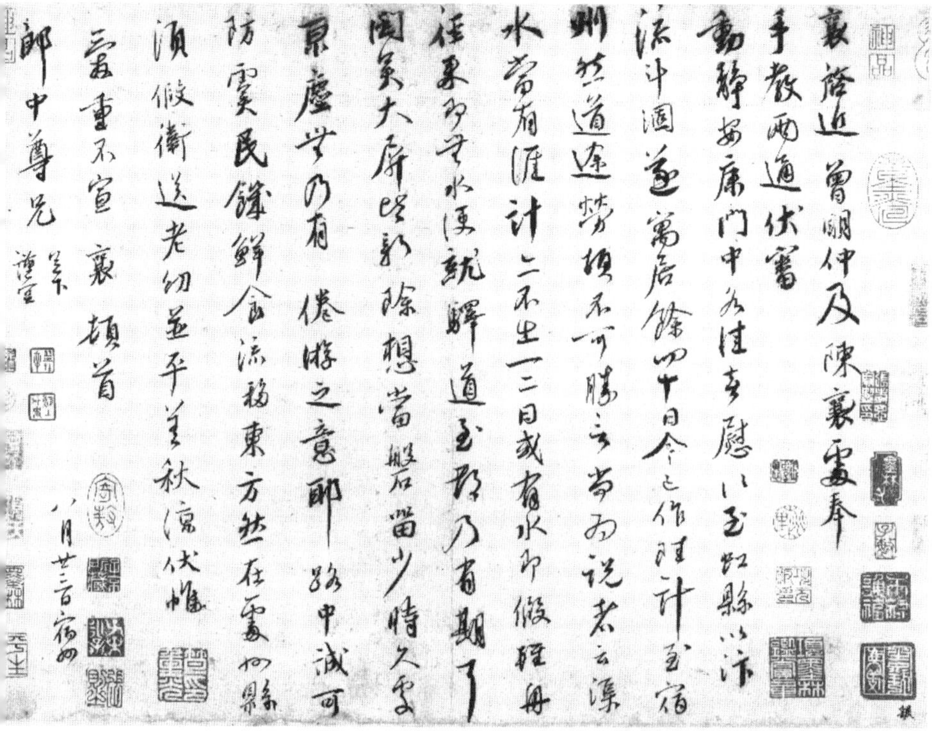

▸ 北宋 · 蔡襄《虹县帖》

谟、黄鲁直、米元章为四大家，并驰海内，纵横于夷岛之间。"按此说排序则应为"苏、蔡、黄、米"。①

这些观点，并非元人自己的评说，而是引前代书论家——应该是南宋时期士人、书家的看法，而自"靖康之难"后，蔡京被列为"六贼"之首，南宋朝野上下对蔡京的态度只能是摒弃，其主流观点不可能对蔡京的书法给予高评。因此南宋时期的"四家"说中的"蔡"只能是蔡襄，而非蔡京。

笔者在浏览近期学者的辨析文论后发现，"苏黄米蔡"之"蔡"，究竟是蔡襄，还是蔡京，仍无令人信服的定论。从书法造诣上品评，二人风格处于端雅与放逸的两个极端，很难论高下。我们无妨以包容并收的心态来对待"二蔡"的书法艺术，根据个人趣味与偏爱，去选择其中某"蔡"或"二蔡"。

至于论人格，人品，二蔡无疑有霄壤之别。

蔡京的名言是：做"好人"与做"好官"不可兼得；而蔡襄恰恰是两者兼融而成千古垂范的标高。

北宋诸公，排除文学艺术成就，仅就士人精神境界和为官之道考量，最让笔者拜服的曾是范仲淹与王安石。在阅览了蔡襄相关史料后，觉得一定不能少了蔡襄。论人格的坚挺与忧戚天下的情怀，蔡襄当列巨公伟人之史册。朱熹赞誉蔡襄："前无贬词，后无异议，芳名不朽，万古受知。英雄不偶，呜呼几希。"②

蔡襄与蔡京，同属兴化仙游蔡氏家族，在仕途上走的却是两条完全不同的路径。让笔者感到万分诧异的是，蔡襄为蔡京族

---

① 韩立平《论"苏黄米蔡"的形成》，《学术探索》2011年第1期。
② 转引自蔡金发《蔡襄传》第2页，中国文史出版社2016年5月版。

兄，蔡京早年书法师从蔡襄，在治学方面定然也获益甚多，怎么在人格、境界方面，成了高尚与卑下的不同符号？

　　详叙详论蔡襄一生形迹，需另著一书，也非本著重点。但既然因"苏黄米蔡"之说，将"二蔡"联结到一起难分瓜葛，再加上蔡襄不仅是蔡京族兄，且有某种师承关系，在这里也非常值得费点笔墨来勾勒一下蔡襄。

　　首先，蔡襄最为人称道的是有"骨头"的人，在大是大非面前，态度鲜明，决不"捣糨糊"，或见风使舵。他是迎风葳蕤挺立的大树，不是随风飘忽的狗尾巴草。

　　欧阳修称蔡襄"公年十八，以农家子举进士，为开封第一，名动京师"[①]。但真正让蔡襄"名动京师"的不是开封"第一"。获进士第一的士人多了去了，很多人从此寂寂无声，或有的被士林唾弃。让蔡襄崭露锋芒、一举成名的是他的一组名为《四贤一不肖》的诗。

　　蔡襄的初任官职为漳州军事判官，任期满后，于景祐三年（1036）春，赴京城候选，等待新的任命。此时朝堂上，掌国柄达十四年之久的宰相吕夷简，与任开封府尹的范仲淹之间，围绕迁都之议与"朋党"问题，发生了激烈的冲突。

　　吕夷简是真宗朝老臣，在真宗去世时，皇太子仁宗十二岁，由太后刘娥垂帘听政。在这个皇家权力处于较弱势的时段，吕夷简利用手中权力结党营私，权倾朝野，容不得他人有异议之声。就在这年春，边境发生危机，契丹觊觎宋王朝，战事一触即发。

---

① 转引自蔡金发《蔡襄传》第1页，中国文史出版社2016年5月版。

此时，范仲淹从安全战略考量建议迁都西洛（洛阳），仁宗征求吕夷简的意见，吕夷简则软软地将范仲淹的提议顶了回去："仲淹迂阔，务名无实。"

吕夷简否定范仲淹的提议，有他个人的"小九九"，一是他曾经出使主导与契丹议和划界事宜，契丹如毁约，他有责任；二是这类重大事项的决策，不是出之于吕老宰相，而是来自一位年轻官员，他这张老脸往哪儿搁？至于国家安全，不是他首要考虑的问题。

在朝堂之上，"宁鸣而死，不默而生"的范仲淹，与权势熏天的吕夷简"杠"上了。范仲淹的言辞犀利如利刃直插吕夷简心脏："汉成帝信张禹（丞相），不疑舅家，故有王莽之乱。臣恐今日朝廷亦有张禹坏陛下家法，不可不早辨也。"

这还了得，将吕夷简比喻为当朝"王莽"。这显然是要用铁榔头砸掉横在朝堂爬满青苔的这块巨石了。

吕夷简则"拔剑"横劈过去，欲置范仲淹于死地，指控他越职言事，离间君臣，喜结"朋党"。范仲淹则继续严厉批评吕夷简，向仁宗上《百官图》，让皇上看看，究竟有多少官员是吕夷简布列朝堂的党羽！

谁能占上风，最终取决于官家。已亲政三年、二十四岁的仁宗不傻，吕夷简擅用权力夹带了多少"私货"，他并非看不出来。但吕夷简有一笔"情感投资"，使得仁宗对吕夷简还得礼让三分。这笔"情感投资"是：仁宗的生母不是垂帘听政的太后刘娥，而是宸妃李氏。但刘太后一直瞒着这档私情，仁宗也一直以为他的生母是刘太后。

李妃四十六岁时病逝于刘太后前，刘太后本想悄悄草草下葬，此时吕夷简显出了他的老辣或称老谋深算，对太后进奉一言："太后不以刘氏为念，臣不敢言；尚念刘氏，则丧礼宜从厚"，"宸妃诞育圣躬，而丧不成礼，异日必有受其罪者，莫谓夷简今日不言也！"[1]

这句话太后听进去了，明白若处置不周，日后必遭秋后算账，刘氏后人命运堪忧。这种事瞒得了一时，岂能永久瞒下去？只怕她老人家喉管气未断就有人密告仁宗了。对于吕夷简来说，他既为刘氏着想，实际上也为他自个儿留条后路。刘太后驾崩后，仁宗获晓自己生母为李妃，但李妃的葬礼尚算优厚，也就未追究，吕夷简因建言有功也继续获得恩宠。

此时，仁宗感情的天平倒向了吕夷简。侍御史韩渎以"朋党"之罪弹劾范仲淹。仁宗准奏，将范仲淹贬知饶州。在范仲淹落难时，有三人站出来为范仲淹辩护，并自认与范仲淹同为"朋党"，一是馆阁校勘欧阳修，多次上章力挺范仲淹是刚正不阿的难得人才；二是秘书丞、集贤校理余靖挺身而出，求皇上改变贬黜任命，要求未被采纳，反被贬至筠州监酒税；三是太子中允、馆阁校勘尹洙表示甘与范仲淹同罪，请求贬处，结果被贬为监郢州酒税。

而那个谏言官高若讷，则趁机落井下石，称范仲淹是违逆上意的狂人，并要求惩处欧阳修等人。欧阳修因此被贬谪为夷陵县令。

此时的蔡襄是等待任命的官员，完全可以为获美官趋利避险，但他却表明鲜明的爱憎立场，在为欧阳修饯行的晚宴上，吟

---

① 转引自蔡金发《蔡襄传》第35—39页，中国文史出版社2016年5月版。

唱出五首七言古诗，赞"四贤"而贬斥"一不肖"。

"四贤"指：范仲淹（字希文）、余靖（字安道）、尹洙（字师鲁）、欧阳修（字永叔），"一不肖"即高若讷（字敏之）。这一"歌吟"无论放在哪个朝代，都堪称惊人之举。慷慨高歌褒扬被皇上贬逐的官员，大声斥骂高居台谏的某高官，蔡襄在这场政治风波进入余波时又掀起了滔天巨浪。组诗《四贤一不肖》成了当时的"爆文"。每首诗都有三十多行，总计一百八十四行。

请欣赏该组诗（注：诗题皆笔者所拟）——

颂范仲淹

中朝①鸾鹤②何仪仪③，慷慨大体④能者谁？

之人⑤起家用儒业，驰骋古今无所遗。

当年得从谏官列，天庭⑥一露胸中奇。

失身受责甘如荠⑦，沃然⑧华实相葳蕤⑨。

---

① 中朝：朝廷中。

② 鸾鹤：比喻众臣。

③ 仪仪：仪态端正严肃的样子。

④ 大体：有原则。

⑤ 之人：此人，指范仲淹。

⑥ 天庭：指朝廷。

⑦ 荠：荠菜，古人谓其味甘。

⑧ 沃然：肥美的样子。

⑨ 葳蕤：树木茂盛样。

汉文①不见贾生②久，诏书晓落东南涯。

归来俯首文石陛③，尹以京兆天子毗④。

名都翼翼⑤郡国首，里区⑥百万多占辞⑦。

豪宗贵倖⑧矜意气，半⑨言主者承其颐⑩。

昂昂⑪孤立⑫中不倚，传经决讼⑬无牵羁⑭。

老奸黠吏束其手，众口和附歌且怡。

日朝黄幄⑮迩天问⑯，帝前大画⑰当今宜。

---

① 汉文：汉文帝刘恒，这里隐喻宋仁宗。

② 贾生：贾谊。西汉政论家、文学家，曾被汉文帝任为博士，后遭到排挤。这里隐喻范仲淹。

③ 文石陛：有纹理的石块砌成的台阶。这里指皇宫的台阶。

④ 毗：辅助。此句意为让范仲淹知京城开封，辅佐天子。

⑤ 翼翼：庄严雄伟的样子。

⑥ 里区：居住之处。

⑦ 占辞：口授文辞由别人记录，这里指诉讼之辞。

⑧ 贵倖：权贵宠臣。

⑨ 半：指大多数人。

⑩ 承其颐：意为顺其脸色行事。

⑪ 昂昂：形容气概高昂。

⑫ 孤立：特立独行。

⑬ 决讼：判断案件。

⑭ 无牵羁：意为不受束缚干扰。

⑮ 黄幄：黄色的帷幄。

⑯ 迩天问：迩，近。近对皇帝的询问。

⑰ 大画：为皇帝谋划。

文陈疏举①时密启，此语多秘世莫知。

传者籍籍②十得一，一者已足为良医③。

一麾④出守鄱君国⑤，惜此智虑无所施。

吾君睿明⑥广视听，四招英俊隆邦基⑦。

廷臣谏列复钳口⑧，安得长喙⑨号丹墀⑩。

昼歌夕寝心如疚，呲哉汝忧非汝为⑪。

右⑫范希文

颂余靖

南方之强⑬君子居，卓然安道⑭襟韵孤⑮。

---

① 文陈疏举：上表章奏疏陈述自己的意见。

② 籍籍：形容众口喧腾。

③ 良医：比喻治国能手。

④ 麾：古代指挥军队的旗帜。这里指宋仁宗的指令。

⑤ 鄱君国：秦末吴芮任鄱阳令，甚得民心，人称鄱君。范仲淹被贬知饶州，鄱阳属饶州治，故以鄱君国指饶州。

⑥ 睿明：明智。

⑦ 隆邦基：使国家兴盛。

⑧ 钳口：闭口不言。

⑨ 长喙：敢于直言的人。

⑩ 丹墀：宫廷前漆丹漆的台阶，指代宫廷。

⑪ 此句意为：你忧国忧民令人感叹，但又不是你能改变得了的。

⑫ 右：古书直排自右向左，"右"即指以上写的诗。范仲淹，字希文。

⑬ 强：同"疆"。

⑭ 安道：即余靖（1000—1064），字安道，韶州（今广东韶关）人，天圣进士，累迁集贤校理。范仲淹被贬饶州，余靖上疏进谏而被贬监筠州酒税。

⑮ 襟韵孤：胸怀气度。

词科判等屡得隽^①，呀然鼓焰天地垆^②。

三年待诏处京邑，斗粟不足荣妻孥。

耳闻心虑朝家^③事，螭头^④比奏帝曰都^⑤。

校书计课当序进^⑥，丽赋^⑦集仙^⑧来显途^⑨，

诰墨未干寻^⑩已夺^⑪，不夺不为君子儒。

前日希文坐言事^⑫，手提敕教^⑬东南趋，

希文鲠亮^⑭素少与^⑮，失势谁复能相扶？

斩然安道生头角^⑯，气虹万丈横天衢^⑰。

---

① 隽：通"俊"，优秀。

② 垆：同"炉"。此句形容余靖作诗文有激情，就像天地之炉鼓出火焰。

③ 朝家：国家。

④ 螭头：古代传说中没有角的龙。这里指宫殿前雕有螭头的台阶，即指宫廷。

⑤ 都：表示赞美的叹词。

⑥ 当序进：逐级提拔。

⑦ 丽赋：华美的词赋。

⑧ 集仙：即集贤院，宋朝廷文学三馆之一，掌校理图书等。

⑨ 显途：仕途显赫。

⑩ 寻：随即。

⑪ 夺：免职。

⑫ 坐言事：因言事而获罪。

⑬ 敕教：皇帝的命令。

⑭ 鲠亮：耿直。

⑮ 少与：少交往。

⑯ 生头角：比喻显出气概。赞扬余靖挺身支持范仲淹。

⑰ 天衢：指京城。

臣靖胸中有屈语，举嗌①不避萧斧②诛。

使臣仲淹在庭列，日献陛下之嘉谟。

刺史荣官虽重寄③，奈何一郡卷不舒④。

言非由位⑤固当罪，随漕扁舟尽室⑥俱。

炎陬⑦此去数千里，橐中狼藉⑧惟蠹书⑨。

高冠长佩丛阙下⑩，千百其群呵尔愚。

吾知万世更万世，凛凛⑪英风激懦夫。

右余安道⑫

颂尹洙⑬

君子道合久以成，小人利合久以倾。

---

① 举嗌：引吭高声，意为敢于直言。

② 萧斧："萧"同"肃"，肃斧，指施严刑的斧钺。

③ 重寄：重担。

④ 卷不舒：意为不能伸展才能。

⑤ 言非由位：意为不是谏官而为。

⑥ 尽室：全家。

⑦ 炎陬：炎热偏僻之地。

⑧ 狼藉：散乱不堪的样子。

⑨ 蠹书：被虫蚀的书籍。

⑩ 丛阙下：聚集在宫殿。

⑪ 凛凛：可敬可畏的样子。

⑫ 余靖，字安道。

⑬ 尹洙（1001—1047），字师鲁，今河南洛阳人，天圣进士。曾任馆阁校勘，迁太子中允。范仲淹被指为朋党，尹洙不满，以范仲淹师友之谊，愿随降黜，贬监唐州酒税。

世道下衰交以利，遂使周雅称嘤鸣[①]。

煌煌[②]大都足轩冕[③]，绰[④]有风采为名卿。

高名重位盖当世，退朝归舍宾已盈。

胁肩谄笑[⑤]不知病，指天报遇[⑥]如要盟[⑦]。

一朝势夺德未改，万钧[⑧]已与毫厘轻。

畏威谀上亦随毁[⑨]，矧复鼓舌加其评。

逶迤阴拱质气厚[⑩]，两豆塞耳心无营。

呜呼古人不可见，今人可见谁与明。

章章[⑪]节义尹师鲁，饬躬[⑫]佩道[⑬]为华荣。

希文被罪激人怒，君独欣慕如平生。

---

① 周雅称嘤鸣：周雅，指《诗经》中的《大雅》《小雅》。典出《诗经·小雅·伐木》"嘤其鸣矣，求其友声"。后以"嘤鸣"比喻志同道合同气相求。

② 煌煌：繁盛的样子。

③ 轩冕：官宦的车子与服饰，代指高官显贵。

④ 绰：多。

⑤ 胁肩谄笑：耸起肩膀，做出阿谀的笑脸。形容那些逢迎献媚的人。

⑥ 指天报遇：指天发誓报答赏识提拔自己的人。

⑦ 要盟：订立盟约。

⑧ 万钧：比喻权势重。

⑨ 随毁：接着诽谤。

⑩ 此句指生性厚道的人则婉转自护，袖手旁观。

⑪ 章章：即"彰彰"，显著。

⑫ 饬躬：端正自身。

⑬ 佩道：牢记正道。

抗书毂下自论劾①，惟善与恶宜汇征②。

削官窜逐③虽适楚，一语不挂《离骚经》④。

当年亦有大臣逐，朋邪⑤隐缩⑥无主名。

希文果若事奸险，何此吉士⑦同其声。

高谭⑧本欲悟人主，岂独区区交友情。⑨

右尹师鲁⑩

颂欧阳修⑪

先民至论推天常⑫，补衮扶世为儒方。

圜冠博带⑬不知本，樗栎⑭安可施青黄⑮。

---

① 此句意为上书朝廷，自称应受处罚。

② 汇征：意为连带同类一起赏罚。

③ 窜逐：放逐。这里指被贬谪。

④ 此句指一点牢骚也没有。

⑤ 朋邪：奸邪朋党。

⑥ 隐缩：退缩。

⑦ 吉士：才华优异的人。

⑧ 谭：同"谈"。

⑨ 此句意为不仅仅是出于个人的友情。

⑩ 尹洙，字师鲁。

⑪ 本篇颂扬欧阳修仗义执言的胆识和才华，含蓄批评了朝廷排斥忠良的行为。

⑫ 天常：天道。

⑬ 圜冠博带：戴着圆帽，系着宽大的衣带。形容儒生的装束。

⑭ 樗栎：比喻无用之才。

⑮ 青黄：彩饰。

帝图日盛人世出^①，今吾永叔诚有望。

处心学古贵适用，异端莫得窥其墙^②。

子年^③五月范京兆，服天子命临鄱阳。

二贤^④拜疏赎其罪，势若止沸反扬汤。

敕令百执^⑤无越位，谏垣^⑥何以敢封囊^⑦。

哀来激愤抑复奋，强食不得下喉吭^⑧。

位卑无路自闻达，目视云阙^⑨高苍茫。

裁书^⑩数幅责司谏^⑪，落笔骐骥^⑫腾康庄^⑬。

刃迎缕析解统要^⑭，其间大意可得详。

书曰希文有本末^⑮，学通古今气果刚。

---

① 人世出：人才辈出。

② 窥其墙：意为了解其学问才华。

③ 子年：丙子年，即宋仁宗景祐三年（1036）。

④ 二贤：指余靖和尹洙。

⑤ 百执：百官。

⑥ 谏垣：谏官官署。

⑦ 封囊：把奏疏装在封袋中，意为上奏疏。

⑧ 喉吭：喉咙。

⑨ 云阙：天宫。比喻朝廷。

⑩ 裁书：写信。

⑪ 司谏：指司谏高若讷。

⑫ 骐骥：良马。

⑬ 康庄：宽阔平坦的道路。

⑭ 此句意为尖锐详细地剖析要害。

⑮ 有本末：指学问有根底。

始自理官来秘阁，不五六岁为天章①。

上心倚若左右手，日备顾问邻清光②。

苟尔希文实邪佞，曷不开口论否臧③。

阴④观被谴始丑诋⑤，摧枯拉腐⑥奚为强？

倘曰希文实贤士，因言被责庸何伤？

汉杀王章与长倩⑦，当时岂曰诛贤良。

惟时谏官亦结舌，不曰可谏曰罪当。

遂令百世览前史，往往心愤涕泗滂。

斯言感切固已至，读者⑧不得令激昂。

岂图反我为怨府⑨，袖书乞怜天子傍。

谪官一邑固分⑩耳，恨不剖腹呈琳琅⑪。

---

① 为天章：范仲淹曾为天章阁待制。

② 清光：美好的风景。这里隐喻宋仁宗。

③ 否臧：贬褒。

④ 阴：暗中。

⑤ 丑诋：丑化毁谤。

⑥ 摧枯拉腐：比喻乘人之危，打击陷害。

⑦ 王章：汉成帝时为谏议大夫、京兆尹，因上书力陈帝舅王凤不可用，遭王凤构陷下狱死。长倩：即萧望之，字长倩，汉宣帝时任御史大夫、太子太傅。元帝时，为宦官弘恭等人所排挤，饮鸩自杀。

⑧ 读者：读信的人。指高若讷。

⑨ 怨府：发泄怨恨的地方。

⑩ 分：应该的事。

⑪ 琳琅：精美的玉石，这里比喻赤诚之心。

我嗟时辈识君浅，但推藻翰高文场①。

斯人满腹有儒术，使之得地②能施张③。

皇家太平几百载，正当鉴古修纪纲。

贤才进用忠言录，祖述④圣德垂无疆。

右欧阳永叔⑤

贬高若讷⑥

人禀天地中和⑦生，气之正者为诚明⑧。

诚明所钟⑨皆贤杰，从容中道无欹倾⑩。

嘉谋谠论⑪范京兆，激奸纠缪扬王庭⑫。

积羽沉舟毁销骨⑬，正人无徒奸者朋。

---

① 此句意为只推崇欧阳修的文词华美，在文坛的地位很高。

② 得地：任用适宜。

③ 施张：施展才华。

④ 祖述：效法。

⑤ 欧阳修，字永叔。

⑥ 高若讷，字敏之，并州榆次（今属山西）人，进士及第，累迁起居舍人、知谏院。

⑦ 中和：中正平和之气。

⑧ 诚明：诚实智慧。

⑨ 钟：积聚。

⑩ 欹倾：偏颇。

⑪ 谠论：正直的言论。

⑫ 王庭：朝廷。

⑬ 此句意为毁谤太多使人无法申辩而难自存，就像羽毛积累多了也会使船沉没一样。

主知胶固①未遐弃，两辖五马②犹专城③。

欧阳秘阁官职卑，欲雪忠良无路岐。

累幅长书快幽愤④，一责司谏心无疑。

人谓高君如挞市⑤，出见缙绅⑥无面皮。

高君携书奏天子，游言容色仍怡怡⑦。

反谓希文谋疏阔⑧，投彼南方诚为宜。

永叔忤意窜西蜀，不免一中谗人机。

汲黯⑨尝纠公孙⑩诈，弘于上前多谢之。

上待公孙礼益厚，当时史官犹刺讥。

司谏不能自引咎，复将己过扬当时。

四公称贤尔不肖，谗言易入天难欺。

朝家若有观风使⑪，此语请与封人诗。

右高若讷⑫

---

① 胶固：这里指奸人勾结牢固。

② 两辖五马：指高官车马。

③ 专城：指地方长官。

④ 快幽愤：使心中的不平一吐为快。

⑤ 挞市：在市朝受鞭打之刑，意为在大庭广众受辱。

⑥ 缙绅：指官宦。

⑦ 怡怡：安适自得的样子。

⑧ 疏阔：不周密。

⑨ 汲黯：汉武帝时位列九卿，敢于直言。

⑩ 公孙：即公孙弘，汉武帝时丞相。

⑪ 观风使：古代国君派往民间采集歌谣以观世情民风的使者。

⑫ 《四贤一不肖》组诗及注释，参见《蔡襄全集》第67—73页，福建人民出版社1999年7月版。

蔡襄《四贤一不肖》组诗一出，立刻朝野轰动。京都人士争相传抄、刻印，卖书铺也借此获得厚利。契丹使者来京都，居然也买回去张贴。有名陈恢的泗州通判上奏皇上，请求追究蔡襄对皇上"不肖"的罪责，而左司谏韩琦则横刀挡箭，上书弹劾陈恢越职求恩赐，认为应予重贬。两下抵消，皇上态度是"不报"（不予理会）。

　　这一举动直接影响到蔡襄新的任命。通常他在首任地方官任满后，再任应转为京官。结果是在两个月后，又被放任至地方任职，任洛阳留守推官。①

　　跳过若干年，再来欣赏蔡襄新的壮举。庆历三年（1043）三月，蔡襄任置谏院谏官，赐五品服。蔡襄上任后，数箭连发，直接射向擅权误国多年，仍贪恋权位退而不休的宰相吕夷简。先论吕夷简私自在家接见掌管军事的枢密院和掌管政务的两府大臣，请彻底罢免吕夷简："夷简被病以来，两府大臣受事于夷简之门。夷简为相首尾二十余年，功业无闻，今以病归，尚贪权势，不能力辞，伏乞特罢商量军国大事，使两府大臣专当责任，无所推避。"②在奏疏中，蔡襄列举吕夷简为相多年七宗罪：失体、失方、失行、失职、失事、失略、失谋，并一一详论之。③

①　蒋维锬编著《蔡襄年谱》第18—19页，厦门大学出版社2000年12月版。

②　转引自蒋维锬编著《蔡襄年谱》第44页，厦门大学出版社2000年12月版。

③　参见蔡金发《蔡襄传》第72—73页，中国文史出版社2016年5月版。

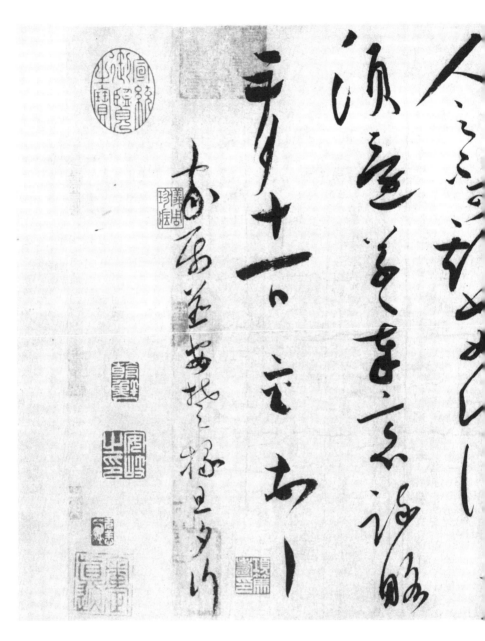

北宋·蔡襄《陶生帖》

亦有及新記盡道士
手執二三佳筆於精河
南州以取最真為善
背重有養表大隹
物之為之也依子
山重之乃田禾

这样的弹劾奏章可谓一剑封喉，上"从之"，吕夷简彻底退出政坛，不再"预议军国大事"。但仁宗仍在吕夷简致仕时授以荣誉称号"太尉"，蔡襄认为如此会误导士林，又复上一疏《乞降吕夷简致仕官秩》："窃谓以吕夷简立性奸邪，欺君卖国，出入政府二十年，二虏凭陵，百姓困穷，贤愚失序，赏罪不明，一无功劳，以病罢退。陛下未能诛戮，劝励后人，岂当滥推恩数，取笑天下。"[①]

这份奏疏被仁宗扔下了。老宰相已经退了，这点小面子还是要给的。

论蔡襄人格的坚挺、刚正，还有一件事是不应疏忽不记的。

到了皇祐四年（1052）九月，蔡襄四十一岁时升任知制诰、起居舍人，被授予三品官阶。仁宗非常喜欢蔡襄的字，常命他书写一些经典刻石，如《尚书·无逸篇》《孝经》等。但有一个皇上下达的书写碑铭诏令被蔡襄婉拒了。皇上喜欢臣下的书法，指令某大臣书写碑铭，这在很多人看来是无上荣光的信任，连夜磨墨抯笔还来不及，哪还敢拒绝？

皇祐六年（1054）五月，皇上令蔡襄为张贵妃的父亲张尧封书写碑铭，蔡襄为此上《乞不书张尧封碑石札子》："臣今月二十六上殿，奏为奉敕书张尧封碑石。念臣备员词掖，忝列近侍。书写碑铭，合归书艺待诏之职。臣侵其官，有亏事体。伏蒙圣慈许赐矜免。臣寻诣中书，窃知前状已曾进呈，伏乞宣中书，许令缴纳张尧封敕命。取进止。"

蔡襄婉拒的理由是，书写此类属于皇亲的碑铭，非本官之

_____

① 转引自蒋维锬编著《蔡襄年谱》第48页，厦门大学出版社2000年12月版。

职，有"待诏"专职艺员做这类事。如臣奉旨越职，有违礼制。蔡襄的书名享誉朝野，但给谁写，不给谁写是有底线原则的。虽皇上之命，也不能越界。而与此相反的是，蔡京多次主动撰词颂皇妃，人格的高下分野须臾可见。

蔡襄曾多次在地方任职，每到一处皆留下造福一方百姓的良好政声。任福建路转运使时，蔡襄组织民工沿大义渡至临漳夹道，植松七百里。有人撰诗歌曰："六月行人不知暑，千古万古摇清风。"闽人因此而刻碑颂其官德。①

知泉州时，蔡襄主持修建泉州"洛阳桥"，该桥是泉、漳两地的十大名桥，有蔡襄《万安渡石桥记》为证。在任福建转运使期间，蔡襄实地考察茶山，研究茶道，其所撰《茶录》，可见其对茶叶的培植、制作体味研究之精深，是论茶的经典之作。

惜乎蔡襄在五十六岁时便病逝。他的最高职位是翰林学士、权三司使，距宰相职仅一步之遥。如果他能活得更久，也能如蔡京般登上相位，当为千古贤相！

再回到蔡襄与蔡京的书法艺术。他们的人格境界差距如此之大，如果说对他们的书法创作没有影响，我是不太相信的。虽然不能简单地将人品与书品同等对待，但相互间的融合也是无可避免的。

柳公权曰："心正则笔正！"

苏轼曰："人貌有好丑，而君子小人之态不可掩也；言有辩讷，而君子小人之气不可欺也；书有工拙，而君子小人之心不可

---

① 《莆阳比事》卷四，《宋人轶事汇编》（二），第842—843页，上海古籍出版社2015年6月版。

乱也。"

项穆曰："心为人之帅，心正则人正矣。笔为书之充，笔正则书正矣。"①

如果按照这样一种将人格与书法成就密切勾连的审美理念，我们也可以换一种思维方式来看蔡京。既然蔡京写得一笔世所公认的好字，那么，由字及人，我们是否也可以稍稍用更多一点正面的眼光来看待蔡京？

关于"苏黄米蔡"四大家说，既然最早出现于南宋，无论从当时的主流政治氛围，还是从士人崇尚的人格境界看，"四家"之"蔡"，决计不可能指蔡京。所谓最初的"蔡京"之说，出现在宋后的书论家笔下，《清河书画舫》的作者张丑，已是明代人了。②

有书论家赞蔡京其书笔法"姿媚"，该如何理解这个"媚"字呢？

"妩媚"很可爱；"谀媚"则令人憎厌。

如果非要让笔者在蔡襄和蔡京的字之间，选一幅悬挂在个人书房，定然选蔡襄，不选蔡京，日日见其字而联想其为人，总该让自己心中多一些坚挺之气、清朗之气，而少一些摇尾的"媚气""浊气"！

---

① 转引自吴鹏《书法史视角下蔡襄与蔡京的比较研究》，见《贵州师范大学学报》2001年第1期。

② 《宋人轶事汇编》（四），第1836页，上海古籍出版社2015年6月版。

蔡京与宋徽宗

蔡京之所以能反复"浮上"相位，当然是因为深获宋徽宗的宠信。其原因最核心的是两条：蔡京有超强的理财能力，能通过施行新政，使官家可以大肆挥霍而财源不断；二是艺术趣味相投，堪称知音，他们之间除了谈政务，在书、画艺术方面也有谈不完的话题。

在宋徽宗尚未登大位时，就曾在市面上出高价收藏蔡京题写的扇面。这一细节，既可看出宋徽宗对艺术的痴迷，也可看出他对蔡京书法造诣的赏识。

至于蔡京"心术"正否，只要无取赵家江山而代之的野心，对宋徽宗来说是不重要的。而蔡京则通过与皇家联姻等种种方式，彻底消解了宋徽宗对"奸臣"野心的警惕，他不需要像王夫之论高宗时所说："置刀靴中以防秦桧。"而蔡京对那把"龙椅"似毫无兴趣，外部情境也不具备蔡家取赵家而代之的条件，越轨行为只能招来杀身之祸。他所享有的权力及带来的种种享受，已不在官家之下，没有必要图谋那个叛逆的虚名。因此，无论蔡京能力如何强，他甘心情愿做皇家忠诚的看门犬。

有时间有精力，还是一起玩玩书画和美姬佳人吧！这个比与皇家争夺江山既有趣又安全。宣和元年（1119）九月十二日，蔡京与群僚参加宋徽宗在保和殿举行的宴会。

在保和殿，宋徽宗领着蔡京父子数人，逐阁欣赏他所收藏的艺术珍品，一边开阁门观赏，宋徽宗一边介绍。让蔡京惊喜万分的是，走到某阁时，宋徽宗"因指阁内，曰：'此藏卿表章字札无遗者。'命开柜，柜有朱楅，楅内置小匣，匣内覆以缯绮"，蔡京见其内有所书撰《淑妃刘氏制》，曰："札恶文鄙，不谓袭藏如此。念无以称报，顿首谢。"

宋徽宗将蔡京所有表章书札诗文，专门藏之一阁，可见官家对蔡京笔墨的钟爱，历史上可有哪位书家享受到此等超规格待遇？更让蔡京为之感恩涕零的是，宋徽宗略一沉思，居然脱口吟出二十四年前哲宗举行春宴时，蔡京所写诗句："牙牌晓奏集英班，日照云龙下九关。红蜡青烟寒食后，翠华黄屋太微间。三天乐奏三春曲，万岁声连万岁山！欲识君臣同乐意，天威咫尺不违颜。"①

蔡京连连顿首道谢，说自己写的诗自己都记不起一字了，而陛下却铭记在心，不知该如何报答陛下的知遇之恩。

宋徽宗本人不仅收藏书画，自身就是一位中国艺术史上顶级书画大家。仅现存世的作品就有多幅：②

---

① 《挥麈录·余话卷》之一，第217页，上海书店出版社2009年4月版。

② 此表转引自〔美〕伊沛霞《宋徽宗》第231页，广西师范大学出版社2018年8月版。

	作品	形式	藏地	徽宗是否题诗
花鸟画	五色鹦鹉图	横轴	波士顿美术馆	是
	瑞鹤图	横轴	辽宁省博物馆	是
	金英秋禽图	横轴	私人收藏	否
	腊梅双禽图	立轴	台北"故宫博物院"	是
	芙蓉锦鸡图	立轴	北京故宫博物院	是
	竹禽图	横轴	纽约大都会博物馆	否
	池塘秋晚图	横轴	台北"故宫博物院"	否
山水画	溪山秋色图	立轴	台北"故宫博物院"	否
	雪江归棹图	横轴	北京故宫博物院	否
其他	听琴图	立轴	北京故宫博物院	是
	祥龙石图	横轴	北京故宫博物院	是

宋徽宗的绘画，在中国画史上具有极高的地位。宋徽宗与蔡京同倡画学，他本人则是画院众生徒皆崇服的"领袖大画家"。童书业称："北宋末年有个大画家，画风与二米对峙而也有相近之处，其在画史上的地位实在很重要……这个人便是宋朝的徽宗皇帝。"徽宗建龙德宫成，宫中有诸多屏壁，不能没有画。于是命画师、画院生徒们各显身手，呈献佳作。徽宗观赏了大量呈奉作品，皆摇头。独看中殿前一幅斜枝月季花，问画者何人，侍官报告为"少年新进"。徽宗大喜，赐绯，"褒赐甚宠"。近侍问其故，徽宗答："月季鲜有能画者，盖四时朝暮花蕊皆不同。此作

≈ 北宋·赵佶《写生珍禽图·白头高节》

北宋·赵佶《写生珍禽图·薰风鸟语》

春时日中者，无毫发差，故厚赏之。"①由此可见，宋徽宗对绘画的研究鉴赏水准之高。

在书法方面，宋徽宗创瘦金体，自成一格，在书法史上也占有一席之地。客观地评价，宋徽宗即便排除因特殊身份而获得的超越常人的关注度，也是一位位列中国美术史第一序列的艺术大家。他的鉴赏能力，也让我们坚信蔡京的书法艺术成就非同寻常。

宋徽宗与蔡京之间的诗词唱和是他们交往中的常态，在蔡京所存留的诗文中，也大多与宋徽宗相关，或记盛宴之景，或谢吾皇恩宠，或在徽宗画作上添加赞语，或在宋徽宗所藏前朝名家珍品上作题跋。政和年间，宋徽宗指导年仅十八岁的王希孟作《千里江山图》，画成，赐予蔡京。蔡京跋之："政和三年闰四月一日赐，希孟年十八岁，昔在画学为生徒，召入禁中文书库，数以画献，未甚工，上知其性可教，遂诲谕之，亲授其法。不逾半岁，乃以此图进。上嘉之，因以赐。臣京谓天下士在作之而已。"

从蔡京的跋中，后人可证知：王希孟作《千里江山图》年仅十八岁，曾为普通画学生徒，后召入文书库做一些档案管理工作；其次，王希孟的感悟能力显然很好，"性可教"，作画过程中得到徽宗亲自诲谕；这幅作品耗时半年左右；在宋徽宗看来，一个小画工的作品，还达不到他本人藏之阁中的水准，因之赏赐给了蔡京。在今人看来举世无双的国宝级画作，怎么就当一份小礼

① 童书业《唐宋绘画谈丛　南画研究》第127—132页，上海书画出版社2016年8月版。

品赐给了蔡京？一方面可见宋徽宗如何厚待蔡京，另一方面，在宋人眼中，王希孟的作品并不能代表当时的顶级水准。画作无落款。《宣和画谱》未录其名。"王希孟"是否姓"王"也是学术疑点，蔡京题跋中无姓氏。画名也是后人据乾隆皇帝题诗而命名。

可以肯定地说，"苏黄米蔡"四家说，不可能出现于北宋晚期。因为宋徽宗、蔡京主持编撰的《宣和书谱》和《宣和画谱》皆不列入属于元祐党人的苏轼和黄庭坚，当然也不可能将"苏黄"列入"四家"之中，南宋人笔下"四家"之说，其"蔡"必指蔡襄，绝对不可能将蔡京列入。蔡京在南宋时期"贼"名熏天，完全不可能成为被南宋人崇尚的"四家"之一。

至于排序，也不是后来流行的"苏黄米蔡"，从哪个角度考量蔡襄也不可能排到前三家之后。后来出现的"四家"说，也许可能是有人认为蔡襄字偏重端严古雅，蔡京洒脱轻逸，与苏、黄、米并列更能代表宋人重写意的风潮和对书法艺术的独特创造。学术探讨可以各抒己见，但不必把学术意见化为不存在的历史事实。

至于"苏黄米蔡"之"蔡"，是蔡襄，还是蔡京？这"？"可以永远悬置，于艺术史或后人习书皆不重要。或你喜欢谁就是谁！你也可以将"蔡家兄弟"囊括在内。启功先生甚至认为，蔡京、蔡卞的实际书法成就在苏轼、黄庭坚之上，苏、黄因为文学成就高、名气大，垫增了他们书法造诣的高度。他在《论书绝句百首之十二》写道："笔姿京卞尽清妍，蹑晋踪唐傲宋贤。一念云泥判德艺，遂教坡谷以人传。"启功先生对此诗作了特别注解："北宋书风，蔡襄、欧阳修、刘敞为一宗，有继承而无发展。苏、黄为一宗，不肯接受旧格牢笼，大出新意而不违古法。二蔡、米芾为一宗，体势在开张中有聚散，用笔在遒劲中见姿媚，以法备态足言，此一宗在宋人中实称巨擘。"①

　　也算一家之言。

---

①　见《枫亭镇志》第423页，中国文史出版社2020年10月版。

卷十一

废墟上的思绪

一

在梳理与蔡京相关的史料时，笔者脑子里塞满了剪不断、理还乱的思绪。很想理出一个头绪来，始终感到因学识和思想的匮乏而导致的无奈……

二

我们的脑子里塞满了历史的"三聚氰胺"；

我们习惯人云亦云，跟随他人吐口水；

我们喜欢给历史人物编织虚幻的光环，给子虚乌有的历史"壮举"涂抹油彩，以满足血统高贵的虚荣心；

我们常常迷失在三流历史写手喷洒的迷雾中，既辨不清昨日的脉络，也找不到未来的路径；

我们最缺的是穿透历史尘埃的独立思考！

如斯说并非鄙人新见。一个多世纪前，梁启超就力倡"自由独立、不傍门户、不拾唾余之气"的学术精神，"第一勿为旧学之奴隶，第二勿为西人新学之奴隶"，"我有耳目，我物我格；我有心思，我理我穷。高高山顶立，深深海底行。其于古人也，吾时而师之，时而友之，时而敌之……"①

---

① 梁启超《论中国学术思想变迁之大势》第11页，上海古籍出版社2019年5月版。

三

有一个问题曾长时间困扰着我，这个王朝如此地虚弱、苟且，为何又是盛产"名臣"的一个朝代？及至偶然重读到《老子》第十八章："大道废，有仁义；智慧出，有大伪；六亲不和，有孝慈；国家昏乱，有忠臣。"于是释然。

四

有时感到，某些专家、学者的史识，可能不及农夫。常识有时比高深的学术探讨更重要。

某次出差，坐出租车从济南市区去遥墙机场。"遥墙"是辛弃疾的故里。途中开车师傅为我大讲辛弃疾那些荡气回肠的故事，说完用一个字点评大宋王朝："送"——送、送、送，送金银珍宝、送绸帛茶米、送妻妾嫔妃、送脸面尊严……

一部宋史几成"送"史！

五

总是想着抽空去一趟开封——当年北宋的都城汴京。去踏勘一下当年的遗存，感受一下当年的辉煌、兴盛与毁灭……

站在北宋京都的废墟上，来一次理念的穿越，不知我的思绪能否插上翅膀，飞得更高更远？

时间不是问题，交通也不是问题，只是庚子初突降的疫情打乱了正常生活秩序。到了辛丑初，社会仍处在惶惧之中。随天气渐暖，不知那个看上去艳丽而恶毒的冠状生物，能否萎缩成无法张狂的状态，让我们紧张的神经稍稍松弛。真是一种让人不可思议的小虫子，居然喜寒怕热，扔在冰库里冻不死，却害怕阳光和温度。

总是会成行的。无论如何一定要去！那里曾是蔡襄、范仲淹、王安石、苏东坡、司马光……巨公伟人出演精彩戏剧的舞台，也曾是蔡京这一既奸又雄的复杂的"圆形兼扁平人物"刻下深刻历史印痕的处所。

六

当北宋的殿堂在金人的一把火中訇然坍塌，曾有无数的史学家、文学家、政论家思索，究竟是谁割断了北宋王朝下沉的最后一根稻草？

很长一段时间，有这样一条逻辑链条，占据了史学界的主流立场："宋朝政局，譬如养大疽于头目之上，种其毒者为王安石，溃其毒者为王黼诸人，中间养成祸乱至于不可救者，则为蔡氏父子。"[1]

---

[1] 〔明〕宽山《铁围山丛谈·附录》，转引自《蔡京史论选编》第210页，中国文史出版社2011年12月版。

这样一种逻辑链条的形成，可溯源至南宋的官方思维。南宋的赵家皇子、皇孙们，不会反思主掌江山社稷的皇家对"靖康之难"有什么罪责，而是一股脑儿甩给"六贼"。而蔡京既然是"六贼"之首，当然要负主责。而沿着蔡京新政的源流再向前追溯，又把"锅"甩到了王安石的变法。于是一盆污水泼到了王安石身上，虽穿越千年，仍难清洗。

清代学者王夫之虽也对王安石变法持有偏见，认为"靖康之祸，则王安石变法以进小人，实为其本"。但他同时反对将王安石与蔡京等而论之："安石之志，岂京之志？京之政，抑岂安石之政哉？"①

如果就事论事，首责应该是坐在龙椅上的那个"朕"才对。这北宋江山谁是"董事长"？出了问题，"董事长"毫无责任，惹祸的全是"部门经理"，这逻辑链构成显然是荒唐可笑的。

至于蔡京新政与王安石变法，究竟有多少承续关联？蔡京施政理念与王安石施政理念有哪些异同？蔡京与王安石的人格境界有多大差距？那是另一个层面需要探讨捋清的问题。

当代宋史研究学者张邦炜先生认为："研究北宋晚期历史，难点在蔡京变法。蔡京变法涉及政治、经济、军事、社会生活等各个方面，其牵涉面之广、影响之大恐怕不亚于王安石变法。"②

① 〔清〕王夫之《宋论》第109页，中华书局2011年6月版。
② 杨鹏飞主编《蔡京史论选编》"卷首语"，中国文史出版社2011年12月版。

七

南宋时有两部私家笔记，对史学界影响甚巨，在征引时，尤其需要做理智的判别，一为邵伯温所著《邵氏闻见录》，一为蔡絛所著《铁围山丛谈》。邵伯温为反变法派大臣邵雍之子，其著中通过一些细节丑诋王安石甚多，后之史学著作用作信史，流布后世，毒害王安石最深。诸如说王安石任知制诰时，参加皇家的赏花钓鱼宴，竟然误食内侍托盘上鱼饵，不只是吃一粒，而是"清盘"，弄得仁宗皇帝由此对王安石生厌："王安石诈人也。使误食鱼饵，一粒则止矣，食之尽，不情也。"①

以王安石的智商，明知是参加皇家钓鱼活动，不是参加宴席，会犯此等低级错误？

而另一著作《铁围山丛谈》为蔡京子蔡絛所著，其中记载蔡京生平形迹趣事很多，也常常为史家所征引。但据其身份即可判断，其人笔墨为乃父涂脂抹粉甚多，将其父描画成神人、伟人、不凡之人，只能姑妄听之。诸如记载蔡京任翰林学士承旨时在金明池落水，得浮木而生还，"宛若神助"。待到上得岸来，翰林学士蒋之奇戏言："元长幸免潇湘之役。"而鲁公（蔡京）颜色不变，犹拍手大笑，答曰："几同洛浦之游。"一时服公之伟度也。②

---

① 《邵氏闻见录》卷二，《全宋笔记》第二编（七），第111—112页，大象出版社2017年1月版。

② 〔宋〕蔡絛《铁围山丛谈》卷三，第37页，上海古籍出版社2012年12月版。

邵著几成"王安石丑行录",而蔡著则成了"蔡京伟光录"。他们的用笔都很高明,只是编造一些奇特的小故事、小细节,不点评。

屁股决定脑袋的文章,今人仍无法脱俗,更何况古人乎?

八

清代学者王夫之先生的专著《宋论》,是一部点评宋王朝兴衰的经典之作,共十五卷。该著对宋代每一位皇帝的统治得失以及某些重要人物皆有精到的点评。除了历史局限的制约,王夫之的史论达到了他所处时代的巅峰。他的某些观点,仍可穿越时空警示当下及未来。

在卷八"徽宗"部分,分论"北宋亡国之因"及"蔡京"(详见附录)。

王夫之先生认为,北宋末期无论是联辽抗金,还是联金抗辽,都无法自保。争论是毫无意义的。甚至宋徽宗的奢侈享乐也不是核心问题,而是整个北宋王朝的立国之策有严重问题,不能识人用人,导致了最终的祸患。其论中断言,北宋到了宋徽宗朝可谓"无往而不亡"——真是点金之言,灌顶之论!

北宋一味以压抑优秀将领为稳固根基的高明"策略",那些统兵在外的将帅和从军的人,都把安身保命作为最大官场生存策略,害怕建立战功而招来祸患,这样的王朝几乎如稻草人般不堪一击,除了灭亡,还能有更好的前景吗?到南宋时,满腔热血力图一洗"靖康耻"的岳飞不谙此道,当岳家军在抗敌前线捷报频传，比金人更胆寒的居然是皇帝大人。于是，岳飞用赫赫战果，把自己的头颅搁到了本朝"圣躬"和同僚的刀刃上。

而今天某些半瓶醋的学人，还在争论北宋遭遇靖康之变时决策有哪些失误，还在为宋王朝"不杀言事官及士大夫"而津津乐道，其见识真的是差清代学者王夫之好几个档次。

王夫之先生论蔡京，认为蔡京与李林甫、卢杞、秦桧不同，"奸人得君久，持其权而以倾天下者，抑必有故。才足以代君，而贻君以宴逸；巧足以逢君，而济君之妄图；下足以弹压百僚，而莫之敢侮；上足以胁持人主，而终不敢轻。……故高宗置刀靴中以防秦桧，而推崇之益隆；卢杞贬，而德宗念之不衰；李林甫非杨国忠之怀忮以相反，玄宗终莫之轻也。而其时盈廷之士，无敢昌言其恶，微词讥讽而祸不旋踵矣。而蔡京异是。"

"京无彼三奸之鸷悍，而祸乃最焉。彼之为恶者，犹有所为以钳服天下；而此之为戏者，一无所为也。彼之得君者，君不知其奸，而奸必有所饰；此之交相戏者，君贱之而不能舍之，则无所忌以无不可为也。即无女直，而他日起于草泽，王善、李成、杨幺之徒，一呼而聚者百余万，北据太行，南蹂江介，足以亡宋而有余矣。"①

王夫之先生论宋徽宗与蔡京的君臣关系、蔡京与其他大奸的异同、蔡京的人格形象，不能说都非常精准、精确，但确有见人所未见处。

---

① 王夫之《宋论》卷八，第83—94页，中华书局2008年9月版。

九

近现代的思想家、史学家梁启超、张荫麟、黄仁宇对宋王朝的立国之策也有诸多反思与批判。

梁启超的《王安石传》意在洗刷泼在王安石身上的所有污水，行文中屡屡涉及对整个宋王朝所弥漫的"苟且"政治、心理氛围带来的弊病的批判。

该著引颜习斋《宋史评》中的论述称："宋人苟安已久，闻北风而战栗……群以苟安颓靡为君子，而建功立业欲撑柱乾坤者为小人也，岂独荆公之不幸，宋之不幸也哉?!"①

张荫麟先生对所谓宋人家法"誓不杀大臣及言事官"，也有自己的思考。他认为，"宋太祖'誓不杀大臣及言事官'的家法，和真、仁两朝过度的宽柔，浸假造成政治上一种变态的离心力：以敌视当权为勇敢，以反对法令为高超，以言事得罪为无上的光荣。政府每有什么出乎故常的施为，必遭受四方八面寻暇抵隙的攻击，直至它被打消为止。范仲淹的改革就在这样的空气里失败的。……到神宗即位时，这种政治上变态的离心力久已积重难返了"②。

笔者读宋史，印象最深的是，宋代文人最擅长打口水仗，有理无理都会争得唾沫横飞；犹如幼童恶作剧，闭着眼睛在泳池里

---

① 梁启超《王安石传》第9—10页，商务印书馆2018年1月版。
② 张荫麟《两宋史纲》第165页，北京出版社2016年7月版。

往对方面部泼水，对方熟悉了这伎俩，便躲得远远的。等他自己睁开眼睛才发现，白费了许多气力。这样的口水仗和恶作剧，于百姓、于大局、于朝政却无特别的建树。他们的心思几乎都用在如何通过攻击他人而崭露头角。他们的"攻击"通常只指向同僚，对那个真正握有最高权力的"朕"，却要拼命搜尽谀辞来邀宠乞怜。这样一种心理，确如张荫麒所讥刺的——"变态"。

不仅是外形的"变态"，而且是骨子里"病态"！

这种"口水仗"在国家面临外部重要危机时，带来的危害尤其深重。史学家黄仁宇先生认为，宋王朝在和、战之间的徘徊、犹疑、优柔寡断，所产生的弊端甚至超过经济困窘、军事不振带来的危害。

其实"口水仗"也还不是最要害的问题，最要害的是王朝的最高决策者，缺少在唾沫星喷洒笼罩的一片迷雾中有清醒判断力。变、守不定，和、战不定，优柔寡断，皆与决策者有关。

朱熹所著《朱子语类》，是其门人、弟子根据朱熹平时谈话记录整理而成。在谈到宋徽宗时，朱子曰："今看著徽宗朝事，更无一著下得是。古之大国之君犹有一二著下得是，而大势不可支吾。那时更无一小著下得是，使之无虏人之猖獗，亦不能安。""每读其书，看得人头痛，更无一版有一件事做得应节拍。"

这类谈话中夹杂了当时的地方语，大意应该明白，是说宋徽宗作为一国之君，几乎无一件事是做得让人称道的，让人觉得是英明果决的。

在谈到钦宗时，朱子曰："钦宗勤俭慈仁，出于天资。当时亲出诏答，所论事理皆是。但于臣下贤否邪正辨别不分明，又无刚健勇决之操，才说著用兵便恐惧，遂致播迁之祸，言之使人痛心！"说到钦宗的无能，恐怕不仅仅是用"窝囊"二字能一言蔽之的。当金人提出要索取他的胞妹茂德公主作为和战条件时，钦宗居然拱手相送，连乃父徽宗也难咽这口羞辱之气。

二皇无能如此，靖康之祸乃可避免乎？朱子又认为，靖康之祸又可追溯到前朝累积而来的沉疴："本朝全盛之时，如庆历元祐间，只是相共扶持这个天下，不敢做事，不敢动。被夷狄侮，也只忍受，不敢与较，亦不敢施设一事，方得天下稍宁。积而至于靖康，一旦所为如此，安得天下不乱！"[1]

这样说，并非为蔡京等一拨"贼人"开脱罪责，而是为了认清这个王朝倾覆的主因是什么。

谈到蔡京，朱熹有一个观点，今人读来倒也值得深思，他将苏东坡与蔡京做比较："东坡荐少游，后为人所论，他书不载，只丁未录上有。尝谓东坡见识如此，若作相，也弄得成蔡京了。李方叔如许，东坡也荐他。"[2]

这段话是说，东坡先生"见识"不行，如果做宰相，比之蔡京，也好不到哪里去。朱子评价东坡"笔力过人""天资高明""善议论，有气节"，这些优长，足以支撑东坡成为有宋一代文坛的领军人物，如果让他坐到蔡京那把太师椅上，以他的辨人、用人见识，还有他倜傥风流的性情，再加上权力的异化，他会不会成为另一个"蔡京"，还真的不好说。

---

[1] 〔宋〕朱熹著、〔宋〕黎靖德编《朱子语类》（八），第2315—2318页，崇文书局2018年8月版。

[2] 〔宋〕朱熹著、〔宋〕黎靖德编《朱子语类》（八），第2367页，崇文书局2018年8月版。

以观蔡京之眼观东坡，再以东坡之行反观蔡京，这样一种参照，带来的撞击性思考，读之若受"电"矣！

十

从朱子论宋徽宗、宋钦宗，笔者倒是想到另一个问题，即从中国历史的长河看，之所以不断经历改朝换代的痉挛，让百姓一次次地在"痉挛"中血沃遍野、死人无数，最根本的还是那个朝代更续的君主制造成的。这个君主制决定了，只要某人通过刀枪或其他手段谋得最高位，这个国家就成了他的"家天下"，便可依靠这个家族的精子质量来延续其统治，这是一个极其荒谬的给人类带来无数灾难的政治体制。这个体制决定了昏君与奸臣总是如影相随，生生不息！有些开国帝王即便开始不失为有头脑的明君，但也常常经不起"没有监督机制"的权力的侵蚀，逐渐异化为"昏君"。

对大宋王朝立国之策存在的根本隐患，有识之士早就提出过警示性的谏议和改革之道。如仁宗朝，三十七岁的大理寺丞范仲淹就曾上书指出：

> 圣人之有天下也，文经之，武纬之，此二道者，天下之大柄也……相济而行，不可斯须而去焉。……《经》曰："祸兮福所倚，福兮祸所伏。"又曰："防之于未萌，治之于未乱。"圣人当福而知祸，在治而防乱。……我国家……自真宗皇帝之初，犹有旧将旧兵，

多经战敌，四夷之患，足以御防。今天下休兵余二十载，昔之战者，今已老矣；今之少者，未知战事。人不知战，国不虑危，岂圣人之意哉！而况守在四夷，不可不虑。古来和好，鲜克始终。……今自京至边，并无关险。其或恩信不守，衅端忽作，戎马一纵，信宿千里。若边少名将，则惧而不守，或守而不战，或战而无功，再扣澶渊，岂必寻好！未知果有几将，可代长城？伏望圣慈……与大臣论武于朝，以保天下。先命大臣密举忠义有谋之人，授以方略，委以之边任。次命武臣密举壮勇出群之士，试以武事，迁其等差……列于边塞，足备非常。……至于尘埃之间，岂无壮士！宜复唐之武举，则英雄之辈愿在彀中。此圣人居安虑危之备，备而无用，国家之福也。①

    范仲淹这里强调国家安全之策，在于文武之道不可偏废，在于太平之年要有强烈的忧患意识。而当下最为凶险的是军备弛废，一旦有战事发生，则国家的存亡堪忧！

    王安石变法的根本目的也在富国强兵。北宋至仁宗朝，冗兵已经成为一大负担，养兵甚多，但又形成不了战斗力。王安石提出既要"减兵"，又要通过改革军事指挥系统和养兵于民等举措，改变弱兵的现状。但遗憾的是，从庆历新政至王安石变法，并未能挽救这个日益衰颓、堕落的王朝，其弊就在君主政体。及至南宋，北宋晚期的所有痼疾未变：苟且自辱的立国

---

① 《范仲淹全集》卷九《奏上时务书》，第170—171页，中华书局2020年5月版。

之策未变，极度贪腐荒嬉未变，群"奸"布满朝堂未变，远离
贤臣良将未变，百姓苍生在朝廷碾压搜刮下痛苦挣扎未变；唯
一变化的是不再推行王安石变法。南宋晚期的两位皇帝宋理
宗、宋度宗，低能到连宋徽宗、宋钦宗也不如。宋徽宗曾四次
罢去蔡京的相位，而当贾似道每每以辞去相位相威胁，宋度宗
则跪求贾相不要走。（有贾相掌管朝堂，朕则可安心在后宫吃
喝，与嫔妃尽享鱼水之欢。）民间有语描述宋理宗："天地醉经
纶"。即指整日"醉"卧在酒馔、裙钗间，不知还有朝政需打
理。接续理宗皇位的度宗，则是一个心智低于普通人的低能
儿。其母因是侍女，怀孕期皇后令御医送药让其堕胎，谁知堕
胎未成，却生下被中药灌坏了脑神经的残疾儿，至七岁时才会
发音讲话。什么叫"低能"？其最大的特征就是灵魂主宰不了
感官和肉体。这个二十岁时坐上皇位的度宗，被传为笑谈的一
件事是：即位初期，每日早晨至阁门谢恩的嫔妃，竟然多达三
十多个。按照皇家内宫惯例，皇上每夜临御过的嫔妾，第二天
一早，须至阁门谢恩。由内侍职官登记在册。且不论这个"中
药儿"度宗，有无能力管理天下政事，仅仅是每夜与三十多位
嫔妃行"云雨"之戏，哪里还有精神处理朝堂之事？纵欲的结
果，不仅是政事怠废，还有生命、体能的过度虚耗，年仅三十
四岁即呜呼哀哉。[①]

　　纵有辛弃疾、文天祥这样的有志能臣，但遇上昏庸之君，其
奈若何？

---

① 《南宋杂事诗》卷六，《宋人轶事汇编》（一），第214页，上海古籍出版
　　社2015年6月版。

虽有"气吞万里""醉里挑灯看剑"的万丈豪情，何以顶得住劈头盖脸从天落下的冰雹？"热血"总被雨打风吹去！

按照王夫之的论说，宋王朝的败亡，最要害的是不懂得识人用人。如果要用一个最具标识的案例，来审视宋王朝如何对待人才问题，辛弃疾是其一。此人是文武"双料"的高才，武能"沙场秋点兵"，文能献御戎十策。令人痛彻心扉的是，如此豪杰雄才，如同木偶般，被召之即来挥之即去，却又始终沉于下僚，数十年闲退于山林湖泽。牵动他的是另一尊貌似至高无上的木偶。这尊木偶的手脚牵在庸常奸人手中。他没有思想，没有感情，没有判断力。虽说并非人人如宋度宗般被汤药灌坏了脑神经，但他们与宋度宗相比，仅是五十步与一百步之别。这样的朝代，这样的君王，尚能苟活三百余年，并非它的内部有多强的生命力，而是外部的"虎狼"尚处于哺乳期或者相互撕咬中。待到时机一旦来临，所谓"大宋"就是一块随时可以吞吃的"肘子肉"。不要说辛弃疾把"栏杆拍遍"，即使把"栏杆拍断"，进而把"栏杆"压到弓弦上，也"射"不醒一个除了昏睡、苟且求欢，别无所求的王朝。本可用作殿堂大梁的金丝楠木，却用作了撑狗窝的小柴棍。在无比的憋屈、窝囊中，辛弃疾只得去做一个词人，在吟咏中仰天长叹。

那个抨击宰相何执中力不配位的比喻——"以蚊负山"，更适合用来描述诸多宋皇！

这样的王朝不灭亡，连老子也要怀疑他信奉的"天之道"是不是一个笑谈了。

与昏庸之君相伴的则是"奸相"擅权误国，从史弥远到丁大全，再到贾似道，与蔡京比更等而下之。对这些当年权势熏天的家伙，用不着笔者浪费笔墨，还是赶紧捂着鼻子远离为好。

有日本汉学家称："崖山之后，再无中国。"伴随宋臣陆秀夫背负宋幼帝昺宗坠入广东崖山海域的，还有长期孕育、累积的纯粹的汉文明。

有此一说。姑妄听之。

但南宋王朝的落幕，导致中华文明的历史被改写则是必然的。对此，后人只能"念天地之悠悠，独怆然而涕下"！

托马斯·潘恩在公元1776年所著《常识》中说："君主制的邪恶还在于它的王位世袭制。人们当初立王，是自甘堕落；后来立王，并称其为权力，是对子孙的侮辱和强迫。人与人本是平等的。要使自己的家族永远高人一等，仅靠出身是不够的。即便他本人能够赢得世人一时的适当尊重，他的后代也可能平庸无奇，不配继承祖业。王权世袭制的荒谬，有很多有力的天然证据，其中一条就是，它违背自然，否则的话，大自然不会频频嘲弄国王，向人们揭露'驴披狮皮'的真相。"（"驴披狮皮"出自《伊索寓言》。驴子披着狮子的皮，但是一叫就露了馅。）"当我们看到自然所做的一切似乎是在否定和戏弄世袭制度，看到在任何国家里继承者的心智都低于一般人的理解力，看到一个是暴君，另一个是白痴，第三个是无赖，下一个是三者之和，当我们看到这些时，只要理性还有力量起作用的话，我们就不可能对它抱有什么信心。"[①]

写《蔡京沉浮》，思绪忽然穿越到大洋彼岸，飘到了两个多世纪前的托马斯·潘恩，这思绪似乎飘得太远了，还是就此打住。

---

① 〔美〕托马斯·潘恩著《常识》第15、107、108页，译林出版社2015年2月版。

期待更多的有识之士共同来思索！

期待有更多的手推开窗户，眺望天边的霓虹未来的曙光……

对于一种文明消亡的原因，大多哲学家还有一个共识，似也可为两宋的落幕作注解："当一种文明变得物欲横流，注重感官享受，那就麻烦了。在这个阶段，通常会有一个普遍持有的信念，这是一个'黄金时代'——一段空前繁荣的宽裕时间。实际上，它是解体的开始。除非这种文化能够通过成功地应对新的挑战，恢复其'超脱'的价值观，重新焕发它的创造力，否则注定走向失败。"①

其实，我对古代王朝整体的衰亡逻辑并无兴趣。我的兴趣点只在蔡京多元而复杂的人格形象。如果说"文学是人学"有一定道理，那么解剖一个具有标本价值的历史人物，也许对修补缺损的人性能起到一点镜鉴作用。

如斯，笔者可以从落坐数年的冷板凳上站起来，伸展一下酸胀的腰椎骨了！

2021年3月6日初稿于耕乐堂
2021年8月8日改定于耕乐堂

---

① ［美］詹姆斯·克里斯蒂安《像哲学家一样思考》（下），第361页，北京大学出版社2015年3月版。

王夫之论"北宋亡国之因"及"蔡京"①

论北宋亡国之因

原文：

靖康之祸，自童贯始。狨夷不可信而信之，叛臣不可庸而庸之，逞志于必亡之契丹，而授国于方张之女直。其后理宗复寻其覆轨，以讫其大命。垂至于后，犹有持以夷攻夷之说取败亡者，此其自蹈于凶危之阱，昭然人所共喻矣。而宋之一失再失以殒命者，不仅在此。藉令徽宗听高丽之言，从郑居中、宋昭之谏，斥童贯、王黼之奸，拒马植、张瑴之请，不以一矢加辽，而且输金粟、起援兵以卫契丹，能必耶律淳之不走死乎？能必左企弓之固守燕山而不下乎？能使女直不压河北而与我相迫乎？能止女直之不驰突渡河而向汴乎？夫然，则通女直之与不通，等也；援辽之与夹攻，等也。童贯兴受其败，而宋之危亡，非但贯之失算也。

译文：

从表层看，北宋灭亡这样的灾祸，似乎是因宦官童

① 节选自王夫之《宋论》卷八，第83—94页，中华书局2008年9月版。译文由本著作者编写。

贯对外关系处理不当和打仗失利导致的。（童贯在出使辽国返途中，遇到金国的官员马植。马植分析了辽国衰弱和金国兴起的政治态势，建议宋朝联金灭辽，这样可以轻而易举地收复过去失去的北部疆土。宋徽宗采纳了马植的建议。）狡诈的北部邻国女直（金国）不可以信任，偏偏给予了倚赖和信任。叛逃过来的敌国大臣，不可以重用却给予了重用。到了南宋理宗当朝时，又重蹈北宋的覆辙，采取了联合蒙古国，攻打女直（金国）的策略，最终导致了南宋的灭亡。北、南宋面对北方邻国的入侵，几乎采取了同样的策略，其结果都是覆灭，实在是一件让人感到唏嘘不已的事情。于是，后来的史学家和文人们，在寻找宋王朝灭国原因时，很多人就认为，这是他们采取了"以夷攻夷"的错误策略，才导致宋王朝走向了消亡。

持这样一种看法的人很多，几乎人所共知。但不仅仅如此简单，宋王朝之所以一再陷于灭顶之灾，还有更深层次的缘故。即便宋徽宗听从高丽人的提醒〔高丽指朝鲜半岛的高丽国，北宋时期两国关系非常友好，互赠礼品，厚待来使，有很多文化交流活动。宋徽宗宣和四年，高丽国王曾请宋派来的太医捎话："听闻（宋）朝廷将用兵伐辽。辽是你们的兄弟之国，让它存在，可以成为贵国的一道屏障。而女直（金国）是虎狼之国，不值得信任交往。还望二位太医归报天子，及早对女直有所防备。"等到太医回朝禀报宋徽宗时，北宋已经与金国达成联手灭辽的"海上之盟"，而且此后也未能听从高丽的劝告，对金国给予高度戒备]，听从郑居中、宋昭的劝谏（此二人皆为宋徽宗时大臣，反对出兵伐辽），罢斥童贯、王黼这样的奸臣，拒绝采纳马植、张毂伐辽的主意（马植、张毂原是辽国臣僚，看到辽国衰弱，转而叛辽。在金、宋之间投机，反复无常），即便如此，不仅不对辽国动刀动枪，而且索性送辽金币、丝茶讨好辽国，派军队护卫辽国，能挽回辽国走向衰亡的命运吗？能让皇帝耶律淳不死吗？能让辽国的将领左企弓坚守住燕山（今北京），而不被金人攻破吗？能让女直（金人）铁蹄不直逼河北而与宋为敌吗？能阻止女直（金人）不渡过黄河直扑汴京吗？弄清楚了这类问题，就明白北宋的灭亡，与是否联合金国没有多大关系；与是否援助辽国夹攻金国也没有多大关系。童贯兵败是一个表面现象，而北宋遭遇"靖康之难"，亦不仅仅是因为童贯用兵失算。

原文：

辍夹攻之计以援辽，辽存而为我捍女直，此一说也。宋岂能援契丹而存之者？以瓦解垂亡之契丹，一攻之，而童贯败于白沟矣；再攻之，而刘延庆、郭药师败于燕山矣。攻之弗能攻也，则援之固弗能援也。不可以敌爝火将熄之萧干，而可以拒燎原方炽之粘没喝乎？拒契丹而勿援，拒女直而勿夹攻，则不导女直以窥中国之短长，守旧疆以静镇之，此一说也，近之矣。乃使女直灭辽，有十六州之地，南临赵、魏，以方新不可遏之锐气，睥睨河朔之腴土，遣一使以索岁币，应之不速而激其忿怒，应之速而增其狃侮。抑能止锋戢锐，画燕自守，而不以吞契丹者龁我乎？然则夹攻也，援辽也，静镇也，三者俱无以自全。盖宋至是而求免于女直也，难矣。

译文：

放弃夹攻金国的计划，派兵援助辽国，辽存则可以为宋抵抗金国，这是另一种说法。但是宋有这个能力通过援助辽国，而达到自保的目的吗？面对已经衰弱得几乎不堪一击的辽国，童贯率兵马攻打辽国，居然在白马沟（宋、辽边界），被辽国打得一败涂地，可见宋朝军力有多虚弱！大概连他们自己也想不到。而另一路由刘延庆、郭药师率领的军马，去攻打燕山，尚未交战，即已溃不成军。（宋徽宗命刘延庆统兵十万北伐辽军，结果不战而走，导致宋军相互践踏而死者陈尸百余里。郭药师原是辽军的将领，宋军攻辽，其人率部投降，献袭燕山之计。被宋徽宗任命知燕山。待到金将完颜宗望攻打燕山时，此人又率部投降金军，并充当金人向导攻打汴京。）北宋官军已经到了攻不能取胜，援助辽国也无能为力的地步。连如同即将熄灭的柴火一般虚弱的辽国将领萧幹也打不赢，还能指望宋军能够战胜如熊熊大火般正处于凶猛之势的金国大将粘没喝吗？抵抗契丹（辽国）但不要去援助它，同样，抵抗女直（金国）也不要去夹攻它，守住原来的疆土静静地等待时机，这样就不会导致女直（金国）进入中原，摸清宋朝经不住一战的家底，也许这样可以避免靖康灾祸。这也是一种似乎有点道理的说法。但是，在女直（金国）灭掉了辽国之后，拥有了燕云十六州，往南抵达河北的赵（赵州，今河北赵县）、魏（魏州，今河北大名东北）之地，以其正处于急剧上升的锐气，时时刻刻以傲慢的眼光觊觎汴京周围那些肥沃的疆土，派遣使者送金币礼物讨好，稍稍慢一点就会愤怒，送得快一点，更增加了金人对宋廷的侮辱。以这样卑躬屈膝的方式，能够遏制金人的锋芒，让他们在吞并了辽国之后，不再继续南侵放弃到嘴的肥肉吗？无论是夹攻、援辽，还是坐守等待，采取此三种策略，北宋都无法保全自己。到了这个份儿上，北宋如想避免女直（金人）入侵而带来的灭顶之灾，难啊！

原文：

自澶州讲和而后，毕士安撤河北之防，名为休养，而实以启真宗粉饰太平之佚志，兴封祀、营土木者十八载。仁宗以柔道为保邦之计，刘六符一至，而增岁币如不遑，坐销岁月于议论之中者又四十一年。神宗有自强之志，而为迁谬之妄图，内敝其民于掊克，而远试不教之兵于熙、河。契丹一索地界，则割土以畀之，而含情姑待，究无能一展折冲之实算。元祐以还，一彼一此，聚讼盈廷，置北鄙于膜外者又二十余年。阃无可任之将，伍无可战之兵，城堡湮颓，戍卒离散。徽宗抑以嬉游败度，忘日月之屡迁。凡如是者几百年矣。则攻无可攻，援无可援，镇无可镇。请罢夹击之师者，罢之而已；抑将何以为既罢之后，画一巩固之谋邪？故曰童贯误之，非徒童贯误之也。

译文：

宋真宗景德元年（1004）闰九月，辽军大举南下直趋澶州（河南濮阳），构成对宋朝都城开封安全的严重威胁，宋廷内部有两种意见，在逃跑与迎敌间摇摆。新任宰相寇准，力主真宗亲征迎敌。结果宋军士气大增，辽军入侵后遭遇宋军顽强抵抗，屡战屡败。终于同意和谈。于是双方订立停战协议"澶渊之盟"，结束战争。自订立此盟后，真宗先是撤掉了毕士安（真宗时文臣）在河北的军事防备，名义上是休养生息，实际上是开启了安享太平日子的奢靡生活，大兴土木工程和封禅之类的祭奠活动，如此时光过去了十八载。到了仁宗当朝时，对外也是采取以柔让保太平的政策，只要辽国的使者（刘六符）一到，朝堂上下都有一种惶惧的心理，对方提什么要求没有不答应的，进贡给辽国的岁币日益增多。大臣们在朝堂之上都在空谈，如此这般，时光又过去了四十一年。神宗有富国自强的志向，但为错谬的政见所导引（注：王夫之对神宗时推行王安石变法，持有偏见），因为对百姓财富的搜刮，而使得民众过着凋敝、困苦的生活；又远途调用那些未经严格军事训教的士兵，轻率地去攻打、占领熙、河（今甘肃临洮和临夏东北）。辽国人索要土地，马上就拱手奉上。虽然心里有奋发强国的理想，却无真正具有实效的治国方略。到了元祐时期，情况更为糟糕，大臣们为新、旧法的废立争论不休，每日在朝堂之上打口水仗，而完全不考虑来自北部邻国可能带来的威胁。如此这般，又过去了二十年。其恶果是，边疆没有可以信赖任用的将领，而军队中则缺少能够挥戟冲锋的士兵，那些用来抵御外敌的城堡年久失修，颓朽衰坏，戍守边防的士卒也溃散心离。到了徽宗朝就更不用说了，整日在嬉戏中度日，几乎忘记今夕是何夕。宋代朝政日益衰坏，至此已经将近百年了。"攻"无力攻，"援"也无力援，坐等局势变化形同坐守待毙。有人反对采用夹攻的策略，那就不再夹攻；那么停止夹攻后，又有什么更好的御敌招数？因此说，北宋的灭亡，看起来似乎直接与童贯统兵有关，但又不仅仅是童贯误国导致的。

原文：

虽然，宋即此时，抑岂果无可藉以自振者乎？以财赋言，徽宗虽侈，未至如杨广之用若泥沙也。尽天下之所输，以捍蔽一方者，自有余力。以兵力言，他日两河之众，村为屯、里为砦者，至于漂泊江南，犹堪厚用；周世宗以数州之士，乘扰乱之余，临阵一麾，而强敌立摧，亦非教练十年而后用之也。以将相言，宗汝霖固陶侃之流匹也；张孝纯、张叔夜、刘子羽、张浚、赵鼎俱已在位，而才志可征；刘、张、韩、岳，或已试戎行，或崛起草泽，而勇略已著；用之斯效，求之斯至，非无才也。有财而不知所施，有兵而不知所用。无他，唯不知人而任之，而宋之亡，无往而不亡矣！

译文：

虽是如此说，但北宋到了晚期，就真的没有任何凭借可以有所作为了吗？除了死路，就没有活路了吗？绝非如此。以宋朝其时拥有的财富（国力）而论，宋徽宗虽然奢侈无度，但也还没有到杨广（即隋炀帝，以穷奢极侈著称）挥金如泥沙的地步。宋朝如果能够统筹从全国汇集来的财力，用以捍卫京都，应该是有足够余力的，因此问题不在国用不足上。就兵力而言，以当时两河（宋代的河北路、河东路，相当于今日河北、天津、山东、河南一带地区）拥有的民众数量，如果振臂一呼，将他们聚集起来，形成一定的抵抗力量，也是可以一用的，更不用说动员江南地区的民间抵抗力量；想当年，周世宗只拥有几个州的为数不多的士兵，乘战时混乱之际，临阵一麾，就将强于己方的敌军打垮了，并没有将那些人训练十年后再投入到战场中来。就当时宋代所拥有的人才而言，将相中，宗汝霖（宗泽，汝霖是字，英勇善战，以为国忘家著称，曾提拔岳飞为将领）是如同东晋陶侃一样的果毅勤勉的将才；张孝纯、张叔夜、刘子羽、张浚、赵鼎这些以国家利益为重的有志之士，已经进入庙堂，能够为国效力；而后来被称为南宋"中兴四将"的刘光世、张俊、韩世忠、岳飞也已经进入行伍，他们或崛起于山野草泽，或在初试锋刃中表现出非凡的勇敢和谋略；这些可用文武之才，如果将他们召集到身边，立刻就会汇集，如果重用他们，立马也会获得效果。因此说，北宋晚期并不是没有人才。唉！有财力而不能合理统筹调配，有英勇之士，而不知道起用抗敌，这是什么缘故呢？没有别的原因，不懂得知人善用，北宋的命运，只能是除了灭亡，还是灭亡。

原文：

不知犹可言也，不任不可言也。是岂徒徽宗之阍，蔡京之奸，败坏于一旦哉？自赵普献猜防之谋，立国百余年，君臣上下，惴惴然唯以屈抑英杰为苞桑之上术。则分阃临戎者，固以容身为厚福，而畏建功以取祸。故平方腊，取熙、河，非童贯以奄宦无猜，不敢尸战胜之功。哓哓者满堂也，而窥其户，久矣阒其无人矣。虽微童贯挑女直以进之，其能免乎？汉用南单于攻北单于，而匈奴之祸讫；闭关谢绝西域，而河西之守固；唯其为汉也。庙有算，阃有政，夹攻可也，援辽可也，静镇尤其无不可也，唯其人而已矣！

译文：

如果说，不知道人才在哪里，还有可以原谅之处；如果知道人才，却不能给予重用或安排到合适的位置，这就无法让人原谅了！北宋的政局，岂仅仅是因为徽宗的昏庸、蔡京的奸诈，而败坏于旦夕呢？自从宋太祖立国之初，开国功臣、宰相赵普敬献"猜防"武臣的计谋后，宋朝立国百余年，就一直把猜忌、压制杰出的人才作为治国固本的策略，导致那些戍守边疆的将领，都把能平平安安当作从戎的最大福分，却畏惧因有战功、业绩超凡而招惹灾祸。要想平安，最安全的方法是让自己"平庸"。只有宦官童贯这样具有内侍特殊身份的宠臣，才会在平定方腊等战事后敢于张扬，乃至虚报自己的战功。而一般文臣武将，即便有战功也要掩藏其锋锐，不敢让外界知晓。因此，在庙堂之上，只看到大臣们在那里为一些无聊的小事争辩得唾沫横飞，而真正能够治国理政的人才，很久很久匮乏得如空荡荡的屋子找不到人。到了这个境地，北宋晚期，即便无童贯误国，挑逗女直（金人）入侵中原这样的事情发生，宋王朝能够避免走向灭亡的命运吗？想当年，汉代在安定北部边塞时，用南单于（南匈奴部落）进攻北单于（北匈奴部落），而匈奴的威胁从此平息；汉明帝时北部匈奴蠢蠢欲动，明帝令将帅北征，在边塞屯田驻守，断绝与西域关系数十年，而边塞地区河西走廊和湟水流域，牢牢掌控在汉王朝的手中。这是因为：汉朝庙堂有善于谋划的能人、边疆有能征战的大将。在这样的状态下，夹攻也好，援助辽国也好，静待局势变化而启动也好，皆无不可。能如此进退裕如，最根本的无非是得力于"人"（识人用人）罢了。

论蔡京

原文：

奸人得君久，持其权而以倾天下者，抑必有故。才足以代君，而贻君以宴逸；巧足以逢君，而济君之妄图；下足以弹压百僚，而莫之敢侮；上足以胁持人主，而终不敢轻。李林甫、卢杞、秦桧皆是也。进用之始，即有以耸动其君，而视为社稷之臣；既用之，则信向而尊礼之；权势已归，君虽疑而不能动摇之以使退。故高宗置刀靴中以防秦桧，而推崇之益隆；卢杞贬，而德宗念之不衰；李林甫非杨国忠之怀忮以相反，玄宗终莫之轻也。而其时盈廷之士，无敢昌言其恶，微词讥讽而祸不旋踵矣。而蔡京异是。

译文：

奸臣能够获得君主长久的宠信，权倾朝野，并依仗君主的宠信而号令天下，必然有其缘故。他的才干能力足以代替君王，又诱导君王沉迷于酒宴嬉戏之中，从而为他行使威权扫除障碍；这样的奸臣善于察言观色，迎合满足昏庸之君的各种邪恶的欲望；对下则压制百官，让百官不敢对之有侮慢、反抗的言行；对上则依仗自己的能力和培育的个人势力集团挟持，让人主对他不敢轻慢。像李林甫、卢杞、秦桧都是属于这一类的奸臣。（李林甫，唐玄宗时宠臣，居相位十九年，瞒上欺下，排斥异己，因重用安禄山等，导致安史之乱。卢杞，唐德宗时宠臣，嫉贤妒能，陷害忠良，因过度搜刮民财，导致民怨沸腾。秦桧，南宋宋高宗宠臣，以"莫须有"罪名杀害抗金名将岳飞。）这些奸臣，在进入朝堂之初，以各种手段、各种途径引起君主的注意，进而获得君主的信任，让君主觉得他们的才干足以托付大任，从而成为股肱之臣；既然提升使用了他们，则待之以人臣之礼，给予他们充分的信任；等到他们拥有足够大的权力，在朝堂上下扎下很深的根基，即便君主对其有疑问，也已经不敢轻易罢免他的官职了。奸臣就是如此一步步，成为朝堂之上一块巨大的割不掉的"痈瘤"的。因而，高宗对秦桧虽高度戒备，以致与之见面时，要把匕首藏在靴子里，但仍然要推崇秦桧、不敢罢去他的相位；卢杞虽然后来被贬了，而唐德宗还对他念念不忘；李林甫与同样权势熏天、奸险无比的皇戚杨国忠有矛盾，但唐玄宗始终不敢轻慢他。朝野上下，对这些奸臣没有人敢公开批评他们做的坏事，如果发出微小的讥讽之言，那么很快就会遭到打击和报复。但蔡京与这些奸臣比，有不同的地方。

原文：

徽宗之相京也，虽尝赐坐而命之曰："卿何以教之？"亦戏也，实则以弄臣畜之而已。京之为其所欲为也，虽奉王安石以为宗主，持绍述之说以大残善类，而熙、丰之法，非果于为也，实则以弄臣自处而已。其始进也，因与童贯游玩，持书画奇巧以进，而托之绍述，以便登揆席。其云绍述者，戏也。所师安石以《周官》饰说者，但"唯王不会"之一言，所以利用夫戏也。受宠既深，狂嬉无度，见安妃之画像，形之于诗；纵稚子之牵衣，著之于表；父子相仍，迭为狎客。乃至君以司马光谑臣，臣以仁宗谑君，则皆灼然知其为俳优之长，与黄幡绰、敬新磨等。帝亦岂曰此可为吾任社稷者？京、攸父子亦岂曰吾为帝腹心哉？唯帝之待之也媟，而京、攸父子之自处也贱，故星变而一黜矣，日中有黑子而再黜矣。子用而父以病免，不得世执朝权矣。在大位者侯蒙、陈显，斥之为蟊贼，而犹优游以去；冗散之臣如方轸，草泽之士如陈朝、陈正汇，诃之如犬豕，而犹不陷于刑。未尝有蟠固不可摇之势也，徽宗亦屡欲别用人代之矣。而赵挺之、何执中、张商英之琐琐者，又皆怀私幸进，而无能效其尺寸。是以宠日以固，位日以崇，而耇老不死，以久为贼于天下。计自其进用以迄乎南窜之日，君亦戏也，臣亦戏也。嗣之者，攸也、絛也；偕之者，王黼也、朱勔也、李邦彦也；莫非戏也。花鸟、图画、钟鼎、竹石、步虚、受箓、倡门、酒肆，固戏也；开熙河、攻交趾、延女直、灭契丹、策勋饮至、献俘肆赦，亦莫非戏也。如是而欲缓败亡之祸，庸可得乎？

译文：

徽宗诏令蔡京任职宰相前，虽然赐他以座位，并向他请教治国的方略："你用什么方法来协助我治理国家呢？"只不过是游戏之言罢了。蔡京口头上说是奉王安石为"宗主"，但实际上为所欲为，完全是做他自己想做的事情。（如何看待蔡京在北宋晚期推行的变法，学术界对此有各种不同看法。功过是非难以定于一论。从实际情况看，蔡京的某些变法举措，有其有利社会发展的地方，也有通过变法搜刮民财供徽宗及朝臣、个人过奢靡生活的地方。）蔡京打着王安石变法的旗帜，残害那些与自己政见不同的君子、大臣，并不是要真正实行熙宁、元丰时期的变法图强的举措。他所做的一切，也都是将自己当作皇帝的"弄臣"（狎玩伴臣）自处罢了。蔡京在被贬放后，能够被徽宗赋以大任，就是因为内结宦官童贯，抓住童贯去杭州的机会，日夜陪同，与童贯一起游玩，不断地以书画、珍宝通过童贯进奉皇上，同时以"绍述"（继承新法）的名义说服皇上，使得他在政治上获得被重用的理由。他师法王安石，并且以《周官》（即《周礼》，儒家经典）为施政理念，其实，他哪里是在按照《周官》确立的各种礼规来做的呢？他践行的只有其中"唯王不会"一句。(《周官》中规定，朝堂部门用酒多少，要层层上报经过审核，但王及后平时用酒不需汇总审核，即所谓"唯王不会"。蔡京引用"唯王不会"，就是为了让徽宗安享花天酒地的奢侈生活。) 因此，蔡京所谓崇尚《周官》，也是一种儿戏，为我所用罢了。蔡京受到徽宗的宠信越来越深，君臣共同"狂嬉无度"，上下之间到了不分你我的地步。蔡京见到安妃 (徽宗的宠妃) 画像，便写诗期待见到安妃真人。(宋徽宗在保和殿宴请蔡京，蔡京求见安妃，徽宗答应了蔡京请求，写诗传旨："雅燕酒酣添逸兴，玉真轩内见安妃。"命蔡京续诗，蔡京写道："保和新殿丽秋晖，诏许尘凡到绮闱。"蔡京到玉真轩后，未见到安妃真人，只见到墙壁上挂着一幅安妃画像。蔡京面对画像，又赋诗一首："玉真轩槛暖如春，只见丹青不见人。月里恒河终有恨，鉴中姑射未应真。"诗中，蔡京既感谢圣恩，又希望见到安妃本人。徽宗读到诗后，即诏蔡京至玉华阁与安妃相见。) 宋徽宗的女儿茂德公主下嫁蔡京子蔡鞗为妻，君臣成了亲家。徽宗经常轻车小辇私访蔡京宅第。蔡京写的谢表中有言："主妇上受请酬而肯从，稚子牵衣挽留而不却。"是说家妇请皇上在宅中一起就餐，皇上欣然应允，而家中的小儿拉着皇上的衣袂挽留皇上多待些时光，皇上也会愉快答应。由此可见，蔡京与宋徽宗关系之特殊。蔡京父子相从，都成为与徽宗一同嬉戏游宴的"狎客"。乃至君臣之间 (不仅仅指徽宗与蔡京) 的关系到了相互戏谑的程度。蔡京长子蔡攸在内殿与徽宗一起饮宴时，徽宗频频用大杯赐蔡攸饮酒，蔡攸因不胜酒力而屡屡扑倒，徽宗仍继续赐酒，蔡攸求饶："请皇上饶了我。我的酒量如鼠，不能再喝了。再喝我这小命就没了！"徽宗笑着说："卿若醉死了，就如同灌死了又一个司马光。"这里是宋徽宗拿前朝的名臣来开玩笑。另有史料记载，徽宗与蔡攸在宫中以嬉戏为乐，君臣同演参军戏，蔡攸对徽宗戏言："陛下好个神宗皇帝！"徽宗以杖鞭打蔡攸说："你也好个司马丞相！"如此君臣之间，拿前朝皇帝和大臣来"戏谑"的事情，还不仅仅发生在蔡京子与徽宗身上，也发生在宋徽宗与少宰王黼身上。徽宗与王黼相伴翻越宫墙微服出游，徽宗踩着王黼的肩胛往上爬，因王黼的个子矮小，徽宗翻不过去，便低声叫道："耸上来，司马光！"王黼则应声答道："伸下来，神宗皇帝！"从这类事情看，宋徽宗、蔡京当朝时，君臣之间还有什么礼规可言？他们都把自己等同于唐、五代时期的优伶戏子黄幡绰、敬新磨。皇帝没有把蔡京父子看作为社稷运筹的栋梁，蔡京父子也不认为自己是协力皇帝处理政务的心腹大臣，相互都把社稷抛到一边。皇帝将他们看作"玩伴"，而蔡京父子也以"玩伴"自贱自处。故而当自然界发生星变时，有大臣弹劾蔡京，宋徽宗即刻就将蔡京罢免。星变过去，蔡京又被起用，但在天象又发生异常（日中有黑子）时，又再次将蔡京罢免。当蔡京子蔡攸得到重用后，父子二人为权力而发生争斗，宋徽宗就以蔡京老病为由，免去了他的职位。那些担任高位的大臣侯蒙、陈显等，虽在弹劾奏章中指斥蔡京为"蠹贼"，但蔡京即便离开相位，依旧优哉游哉，过着很滋润的日子；那些处在底层的散官方轸、陈朝老、陈正汇等，列数蔡京种种罪状，骂蔡京连猪狗也不如，但朝廷并不因此对蔡京处以刑罚。蔡京也并未能形成无法动摇的权势，宋徽宗曾屡屡地用其他人替代蔡京的相位。那些替代蔡京的人，诸如赵挺之、何执中、张商英之流，皆是无法大用的庸常之辈，怀私而尸位，无法让徽宗感到满意，导致蔡京日益受到宠信，获得的地位越来越高，即便六七十岁了，仍身居高位，久久地为害天下。从他被朝廷起用，到最终贬窜至南方，蔡京与徽宗之间的君臣关系，就如同在一起戏耍的玩伴，君如此，臣也如此，皆在嬉戏中度日。蔡京的儿子蔡攸、蔡绦，还有围绕在宋徽宗周围的那些宠臣王黼、朱勔、李邦彦，与皇上的关系，也与蔡京一样相互嬉戏，都不是在干什么正经的事。玩书画、兴土木、倡道学、建酒楼，举行各种祭奠活动，无不等同儿戏。就是在处理对外关系、涉及国家利益这类重大决策事件上，也都如同儿戏一般。国家到了这样的地步，如想避免败亡的灾祸，怎么可能呢？

原文：

故有李林甫，不足以斩肃宗中之祚；有卢杞，不足以陷德宗于亡；有秦桧，不足以破高宗之国。京无彼三奸之鸷悍，而祸乃最焉。彼之为恶者，犹有所为以钳服天下；而此之为戏者，一无所为也。彼之得君者，君不知其奸，而奸必有所饰；此之交相戏者，君贱之而不能舍之，则无所忌以无不可为也。即无女直，而他日起于草泽，王善、李成、杨么之徒，一呼而聚者百余万，北据太行，南蹂江介，足以亡宋而有余矣。撄狡强锐起之天骄，尚延宋祚于江左，幸也。虽然，唯其戏也，含诟忍耻以偷嬉宴，则其施毒于士民者亦浅，固有可以不亡者存焉。京年八十，而与子孙窜死于南荒，不得视林甫、杞、桧之保躯命于牖下也，足以当之矣。

译文：

因而唐玄宗当朝，虽有奸相李林甫执政，但不会颠覆唐玄宗的皇位；唐德宗当朝，虽有奸臣卢杞，也还没有将朝廷陷入灭顶之灾；宋高宗当朝，虽然与秦桧这样的奸臣相伴，但也不足以让南宋灭亡。蔡京的各种做法，不像这三个奸臣如鹰鸷般凶悍、强势，但对国家发展产生的祸害最大最烈。前三个奸臣作恶多端，总还是试图权倾天下；而蔡京与宋徽宗相互嬉戏，并不想有更多的作为。（这里或许存疑，如何看待蔡京当政时的变法，大概无法用"不作为"一笔勾销。）前三个奸臣，在进入朝堂时，君王往往难以察觉其"奸"的一面，因为他们都非常善于伪饰自己；而蔡京登列大位，靠的是与君王的嬉戏（以字画、古玩等相娱），君王虽然看轻他，但同时又离不开他。因此相互间无所顾忌，似乎不作为但又无所不为，什么样的龌龊事皆做。即便没有女直（金人入侵），来自底层泽野的叛军和造反起义的叛民，如王善、李成、杨么等，一呼百应，聚集者众，驰骋南北，也足以将衰弱的北宋推翻掉。被汉代称之为

"天之骄子"的北方匈奴部落，可以说无比强悍，面对他们宋王朝尚能苟延残喘于江南地域，已经是非常幸运的了。当然，因为宋徽宗与蔡京的关系是互戏而已，蔡京含垢忍耻，也是为了满足自己的感官享受，对老百姓的毒害还不算很厉害，如果不是外来女直的入侵，北宋不至于这么快败亡。蔡京活到了八十岁，与他的子孙一起被贬黜至南荒，死在了贬放的途中，不似李林甫、卢杞、秦桧能够正常老死在家中，对他的惩罚也已经足够了。

蔡京年表

《老学庵笔记》卷四：蔡京祖某、父准及京，皆以七月二十一日卒。三世同忌日。

蔡京祖名、生卒年不详，蔡京父准，宋仁宗景祐元年（1034）进士，为秘书丞、郎中、侍郎，赠太师。熙宁间曾与苏轼同游杭州来贤岩、西湖，有诗词唱和。逝后葬杭州临平山。

宋仁宗庆历七年（1047），1岁

    蔡京正月十五日生，籍隶兴化军仙游县慈孝里赤湖（今枫亭东宅）。

    蔡京排行第四。时蔡襄36岁。

庆历八年（1048），2岁

    四月十日，神宗生。

庆历九年（1049），3岁

    蔡京胞弟蔡卞生。

皇祐六年、至和元年（1054），8岁

    三月五日，童贯生。

至和二年（1055），9岁

邓洵武一岁。

至和三年、嘉祐元年（1056），10岁

张康国一岁。

嘉祐二年（1057），11岁

三月，苏轼与苏辙同中进士。

嘉祐八年（1063），17岁

三月二十九日，仁宗崩。

四月一日，英宗继位。

郑秋鉴、吴松江《蔡京史事年表》称："蔡京十四岁至二十岁间，书法得益于蔡襄亲授。"其说据蔡絛《铁围山丛谈》："鲁公（蔡京）始同文正公（蔡卞）受笔法于伯父君谟（蔡襄）。"

《宣和书谱》称："（书法）至五季失其所传，遂有衰陋之气，京从兄（堂兄）襄深悟厥意，其书为本朝第一，而京独神会心契，得之于心，应之于手，可与方驾，议者谓飘逸过之。"蔡京书法何年得益于蔡襄亲授？待考。

治平四年（1067），21岁

正月八日，英宗崩，神宗继位。

十月十九日，神宗为《资治通鉴》作序，赐司马光。

蔡京青年时与蔡卞同在太学读书，蜚声一时。

《宣和书谱》记蔡卞："少与其兄（蔡京）游太学，蜚声一时，同年及进士第。"

熙宁二年（1069），23岁

二月三日，王安石除右谏议大夫、参知政事，王安石劝神宗变法。

熙宁三年（1070），24岁

三月，蔡京、蔡卞兄弟同科及第，同中王拱辰榜，分别为第九、第十三名。

蔡京初任钱塘县尉，蔡卞任江阴县主簿。

熙宁四年（1071），25岁

苏轼因反对新法贬任杭州通判，蔡准与之有交游，蔡京相与学徐季海书法。[据蔡絛《铁围山丛谈》称：蔡京"既登第，调钱塘尉，时东坡适倅钱塘，因相与学徐季海（书法）"。]

蔡京娶妻徐氏。蔡卞娶妻王安石次女。二人娶妻具体年份不详。

熙宁五年（1072），26岁

蔡京由钱塘县尉调任安徽舒州推官。

熙宁六年（1073），27岁

熊本访梓、夔，称蔡京学行纯茂，练习新法，遂辟为干当公事。（见《宋史》卷三三四《熊本传》）

熙宁八年（1075），29岁

本年前后至元丰五年（1082）之间，京、卞兄弟多次上书神宗皇帝倡修莆田木兰陂。

熙宁九年（1076），30岁

七月，蔡京调入朝廷任权流内铨主簿。

十月，王安石再次罢相，出任江南签判，次年退隐江宁。

熙宁十年（1077），31岁

三月三十日，蔡京长子蔡攸生。

七月，蔡京任崇文院校书中书礼房学习公事。

元丰元年（1078），32岁

八月一日，蔡京任大理评事、权检正礼房学习公事。

元丰二年（1079），33岁

五月二十一日，蔡确为参知政事。

八月，蔡京为太子中允、馆阁校勘。

十一月二日，王黼生。

十二月十一日，蔡京与李定、毕仲衍、范镗、张璪共立学校之法。

元丰三年（1080），34岁

正月二十六日，蔡京兼编修诸路学制。

八月十二日，蔡京为集贤殿校理。

元丰四年（1081），35岁

十月七日，蔡京落职。王琬与石士端妻王氏奸罪，事连王珪子仲端。而蔡京尝与朱明之语此事于庙堂。查此事与仲端无关。

十月，蔡卞为崇政殿说书，罢知谏院。

元丰五年（1082），36岁

四月二十二日，蔡确为相。

七月二十一日，蔡京为起居郎。仍同详定官制。

十月十日，宋徽宗生。

十二月十三日，因修官制，获推赏，蔡京与弟蔡卞各迁一官。

元丰六年（1083），37岁

八月十二日，蔡京使辽，贺辽主生辰、正旦。

神宗有亲征辽国之意，蔡京出使归来，神宗问其可否征辽，蔡京认为不可。神宗贬其官，但因蔡确说情，得以免。

十月五日，蔡京使辽还，为中书舍人。谢日，赐绯。

元丰七年（1084），38岁

周邦彦曾为蔡京献生日诗，京大喜，因之举荐邦
彦。（何年献诗待考）

十一月十一日，蔡京为龙图阁待制权知开封府。

二十一日，蔡京到开封府就任知府。

元丰八年（1085），39岁

三月五日，神宗崩，哲宗继位。

三月七日，命蔡京为办理神宗丧事的桥道顿递使。

十二月十四日，蔡京因奉山陵有劳，加食邑、食
实封。

宋哲宗元祐元年（1086），40岁

二月六日，用司马光言，复行差役法。

闰二月二日，蔡确罢相，司马光为相。

十八日，苏辙劾蔡京行差役法扰民等。

同日，蔡卞为龙图阁待制、知宣州。

二十二日，蔡京出知成德军。

四月六日，王安石薨。

九月一日，司马光薨。

九月十二日，苏轼为翰林学士、知制诰。

元祐二年（1087），41岁

十二月，龙图阁待制、知成德军蔡京知瀛洲。

元祐三年（1088），42岁

　　闰十二月，龙图阁待制、知江宁府蔡卞知扬州。

元祐四年（1089），43岁

　　六月，本来决定龙图阁待制、知瀛洲蔡京为宝文阁
学士、知成都府。除命一出，遭到多位谏官反对。
　　六月十八日，罢蔡京龙图阁学士、知成都府指挥。
　　七月二十八日，蔡京知扬州。弟蔡卞知广州。

元祐五年（1090），44岁

　　五月，知扬州、龙图阁待制蔡京知颍昌府。
　　六月，蔡京改知郓州。
　　十月，龙图阁待制、知广州蔡卞知越州。

元祐六年（1091），45岁

　　闰八月八日，蔡京知永兴军。

元祐七年（1092），46岁

　　四月一日，蔡京知成都。

元祐八年（1093），47岁

　　正月六日，蔡确卒。
　　五日二十七日，蔡京请便郡，要求调任福建，诏
不允。

五月，知越州蔡卞知润州，后又改陈州。

九月二十三日，宣仁太后高氏崩，哲宗亲政。

元祐九年、绍圣元年（1094），48岁

三月二日，蔡卞为中书舍人。

三月二十七日，蔡京权户部尚书。

四月三日，蔡卞同修国史，张商英为右正言。

四月十一日，苏轼落职知英州。

四月十二日，改元为绍圣。

七月二十三日，蔡京建议重立置制条例司。

八月二十六日，诏蔡京等重修役法。

绍圣二年（1095），49岁

年初，蔡卞任翰林学士，十月迁为尚书右丞、同知枢密院事。与章惇、曾布同为执政核心。

七月六日，蔡京建议重立青苗法。

九月五日，诏蔡京兼修《哲宗实录》。

十月十四日，蔡京为翰林学士兼侍读，修国史。

绍圣三年（1096），50岁

三月二十一日，封赵佶（徽宗）为端王。

七月五日，蔡京为翰林学士承旨。

九月十八日，诏蔡京详定重修敕令，侍御史董敦逸反对。

九月二十九日，哲宗废孟后，蔡京草废孟后诏。

绍圣四年（1097），51岁

正月十七日，蔡京、林希同举郑居中为御史。

闰二月十七日，蔡卞为尚书左丞，曾布为知枢密院事。

八月十六日，上命蔡京等治"同文馆狱案"（追查元祐大臣在高太后垂帘时，企图废黜哲宗的政治活动）。

绍圣五年、元符元年（1098），52岁

三月九日，"同文馆狱案"结案。因为皇太后和皇太妃阻挠，此案不了了之。陈衍被杖杀。六月，在蹇序辰、安惇的请求下，哲宗同意设置看详诉理所，清理元祐年间陈状和诉理中对先朝不顺者，登记其职位、姓名，并加以惩罚。

元符二年（1099），53岁

正月二十五日，诏蔡京馆伴辽使。

九月七日，哲宗立刘氏为皇后。

十二月十四日，尚书左丞蔡卞乞罢政，诏不允。

元符三年（1100），54岁

正月十二日，哲宗崩，徽宗继位。翰林学士承旨蔡京受命起草哲宗遗制。

三月十八日，韩忠彦与曾布排挤蔡京，故出蔡京知太原府。因太后命蔡京毕史事，不至治所。

九月二十一日，蔡卞落职，提举洞霄宫，太平州居住。

十月三日，蔡京被贬为端明殿学士、知永兴军。

十一月一日，蔡京知江宁府，不至。

十一月八日，蔡京又被贬为端明殿学士、提举杭州洞霄宫。

宋徽宗建中靖国元年（1101），55岁

正月十三日皇太后崩（向太后）。曾布为皇太后山陵使。

七月二十八日，苏轼卒。

十一月，起居郎邓洵武进《爱莫助之图》，劝徽宗："陛下必欲继志述事，非用蔡京不可。"

十一月二十三日，诏改明年元为崇宁，即崇熙宁之意。

十二月十二日，蔡京复龙图阁学士、知定州。

同月，中大夫、少府少监、分司南京、池州居住蔡卞复左正议大夫。

崇宁元年（1102），56岁

二月十六日，蔡京为端明殿学士、知大名府。蔡卞知扬州。

三月十九日，复蔡京为翰林学士承旨兼修国史。

四月十一日，蔡京入对。

五月六日，韩忠彦罢相。

闰六月，曾布罢相。

七月五日，蔡京为相。《续资治通鉴长编拾补》载："戊子，中大夫尚书左丞蔡京为通议大夫、尚书右仆射兼中书侍郎。"

十一日，置讲议司，命蔡京提举。

八月四日，蔡京推举强浚明、家安国、林摅等二十七人为讲议司详定参详检讨官。

八月五日，蔡京提举讲议司。

八月十九日，县置安济坊养贫病者。

八月二十二日，用蔡京建议，诏天下兴学。

九月六日，蔡京置居养院于京师。

九月十七日，籍元符上书人为邪、正等。刻御书党籍于端礼门。

十月二十七日，蔡卞知枢密院事。

十一月十日，置河北安济坊。

崇宁二年（1103），57岁

正月二十七日，以蔡京为尚书左仆射兼门下侍郎。

四月九日，诏焚《苏轼集》，及苏洵、苏辙、黄庭坚、秦观等文集。

七月二日，蔡京率百官贺收复湟州。四日，以复湟州进蔡京官三等，为银青光禄大夫，蔡卞以下二等。

九月十六日，置医学。

九月二十五日，令天下监司长吏厅立元祐奸党碑。

崇宁三年（1104），58岁

正月十九日，赐蔡京子蔡攸进士出身，擢为校书郎。

正月二十九日，方士魏汉津铸九鼎。

二月三日，置漏泽园。（"贫不能葬"者的墓园）

五月七日，以抚定湟、鄯获推赏，加司空，进封嘉国公。

六月十一日，置书、画、算学。

六月二十一日，蔡京奏已书元祐党籍三百零九人姓名，拟颁之天下。

十月十六日，西夏以蔡京、蔡卞弄权肆情事举兵讨之。

十一月二十六日，大赦天下。但不赦元祐"奸党"。

崇宁四年（1105），59岁

正月二十七日，蔡卞罢知河南。（蔡卞因不同意内臣童贯任熙河等路安抚制置使，遭同僚大臣攻击，求去，仍以兄弟同为左右相为嫌。）

三月二十一日，蔡京言九鼎成，安于九成宫。

八月二十六日，徽宗御崇政殿奏新乐，赐名大晟。（为文饰太平，蔡京用魏汉津作新乐。）

崇宁五年（1106），60岁

正月五日，星变。彗出西方。徽宗求直言，大赦，毁党碑。

正月十四,除党人一切之禁。

二月十三日,因星变,徽宗罢蔡京相。蔡京罢相前后,其推行的许多新政相继被废。

三月二十一日,蔡卞为礼泉观使兼侍读。

十二月二日,刘逵罢知亳州,徽宗复有用蔡京意。

大观元年（1107）,61岁

正月七日,蔡京复相,为尚书左仆射兼门下侍郎。

二月三日,蔡京率百官贺广西筑三州三县四寨,又筑文地等七州三十二县。

同日,徽宗幸金明池苑,赐宴于蔡京等。

二月七日,蔡京主用当十钱。

五月二十四日,上宋太祖徽号,命蔡京撰册文并书。

八月二日,曾布卒。

九月十八日,蔡京为《大观圣作之碑》作碑额。

十二月十六日,方轸因弹劾蔡京,被流放岭南。

大观二年（1108）,62岁

正月八日,蔡京进太师、魏国公。自称公相,赐公相印。别铸公相之印。

五月二日,因复洮州功,赐蔡京金鱼玉带。

大观三年（1109）,63岁

六月四日，因石公弼、刘安上、毛注、张克公论蔡京之专权，蔡京罢相，出居苏州。

十一月二十九日，蔡京进封楚国公致仕，长子蔡攸除枢密直学士，次子蔡絛除直秘阁。

大观四年（1110），64岁

正月二十一日，赐蔡京苏州南园充第宅。

三月一日，蔡京为徽宗《雪江归棹图》题跋。

四月十五日，蔡京上《哲宗实录》，进官。

五月甲子，降授太子少保，依旧致仕，在外任便居住。

政和元年（1111），65岁

八月五日，复蔡京太子少师。

八月二十七日，张商英罢相。

九月十五日，诏肯定蔡京的钞法、茶法、盐法，以三法合传以为令。

九月二十二日，童贯使辽。归后诈言辽主问蔡京何在。

政和二年（1112），66岁

二月一日，蔡京复太师，赐第京师。

三月十八日，诏蔡京到阙。

三月二十五日，蔡京入见。

四月八日，徽宗宴蔡京、蔡攸于太清楼。事后蔡京作《太清楼侍宴记》。

五月十三日，蔡京为相。三日一至都堂治事。

九月二十九日，蔡京以三公任真相。

十一月二十八日，以受元圭，进封蔡京鲁国公。是年苏辙亡，年七十四。

政和三年（1113），67岁

正月十九日，追封王安石为舒王，子雱为临川伯，配享文宣王庙。

三月五日，蔡京率文武百官拜表称贺日食。

四月八日，徽宗赐王希孟《千里江山图卷》给蔡京，蔡京作跋。

五月十六日，扩建增造延福宫，蔡京命童贯等五人提举，谓"延福五位"。

十一月五日，上神宗、哲宗徽号于太庙，册文为蔡京撰。

政和四年（1114），68岁

十月五日，蔡京题《御鹰图》。

十二月四日，徽宗赐宴于蔡京第。

政和五年（1115），69岁

二月五日，立赵桓（钦宗）为皇太子。

四月二十六日，徽宗赐宴于宣和殿。蔡京作《曲宴记》。

政和六年（1116），70岁

闰正月十二日，置道学。

二月一日，上清宝箓宫成。

二月二十三日，诏增广天下学舍。

四月九日，朱勔等七人主管收买御前物色。

四月二十七日，诏蔡京三日一朝，通治三省事。

五月七日，诏蔡京自今遇有奏事，非造朝日亦赴。

九月十三日，奉安九鼎，诏差蔡京为礼仪使。王仔昔献九鼎，蔡絛以为不宜置九鼎于外，于是徙九鼎于大内。

十月二十七日，赐给蔡京等家庙所用祭器。

政和七年（1117），71岁

正月十一日，以高俅为太尉。

四月二日，徽宗封己为道君皇帝。

六月一日，以明堂成，进封蔡京陈鲁国公。

六月十八日，蔡京等上表请徽宗御明堂。

七月蔡京言："陛下无声色犬马之奉，所尚者山林间物，乃人之所弃。但有司奉行之过，民因以致扰。愿节其浮滥。"

九月六日，徽宗大飨明堂，赦天下。蔡京加恩。

九月二十八日，徽宗王贵妃薨。后蔡京为此作《王贵妃传》一卷。

是月，始作万寿山。

政和八年、重和元年（1118），72岁

三月十六日，蔡京子絛为朝散郎、宣和殿待制、驸马都尉、尚康福帝姬。驸马都尉带文阶自絛始。

五月二十二日，令朱勔取发太湖并长塘湖石。

九月十八日，以蔡京言，集古今道教事为纪志，赐名《道史》。

十一月一日，改元为"重和"，意为"和之又和"。

十一月十八日，茂德帝姬下嫁蔡京子蔡絛。

十二月十六日，因蔡絛尚帝姬，蔡京子孙中六人补官。是年，再铸九鼎成。

此年蔡卞回乡祭祖，病死于途中高邮，享年六十九，赠太傅，谥文正。《宋史》称其"年六十"，有误。

重和二年、宣和元年（1119），73岁

正月十日，徽宗诏车马幸茂德帝姬宅。蔡絛特转中大夫。

正月十一日，余深加太宰兼门下侍郎，王黼为相。

二月四日，因重和年号与辽国年号相重，固改元为宣和。

三月十五日，蔡京贺败西夏。

九月十二日，徽宗宴蔡京、蔡攸、蔡儵、蔡翛、蔡絛于保和新殿。蔡京作《见安妃诗》。

九月十三日，蔡京作《保和殿曲宴记》。

九月二十日，徽宗幸蔡京第，蔡京作《鸣鸾记》以进。至此，徽宗已于当年四幸鸣鸾堂。

宣和二年（1120），74岁

六月二十四日，蔡京上章乞致仕，诏依。赐第在京居住。

十月一日，方腊反于青溪，命谭稹讨之。

十二月二十七日，宴蔡京于延福宫，蔡京作《延福宫曲宴记》。

宣和三年（1121），75岁

正月六日，邓洵武卒。

正月七日，童贯为江、淮、荆、浙宣抚使，讨方腊。

二月十五日，宋江反，张叔夜招抚，宋江降。

五月四日，徐铸知杭州时修盖蔡京私第，出纳违法，故罢官。

宣和四年（1122），76岁

三月二日，徽宗幸秘书省，宣蔡京、蔡攸等观御府书画，并赐御书。徽宗幸太学，省官、学官加恩。

五月，童贯、蔡攸北伐，与金合攻辽。兵败退保雄州。

七月，蔡京书少林寺"面壁之塔"。

九月二日，蔡京与胡舜臣合作，胡作画，蔡京题诗。

十二月三日，童贯、蔡攸请金国夹攻燕。

十二月二十日，蔡京落致仕，领三省事。

宣和五年（1123），77岁

九月八日，上赐蔡京食于艮岳。

九月十三日，蔡絛因《西清诗话》，落职勒停。

十一月十七日，徽宗幸王黼家观芝草。

宣和六年（1124），78岁

正月二十一日，蔡絛复朝奉郎，提举明道宫。

十一月三日，王黼罢相。

十二月二十日，蔡京任相。领三省事。五日一赴
朝，请至都堂治事。

十二月二十四日，徽宗宴蔡京等于睿谟殿。

宣和七年（1125），79岁

二月二十七日，差蔡京为神霄玉清万寿宫奉安宝藏
礼仪使。

四月十一日，复居养院。

四月十九日，蔡京因目昏不能视事罢相。

四月二十一日，蔡京子絛落职。

十二月十二日，金人两道入攻。

十二月二十四日，徽宗内禅，钦宗即位。

十二月二十七日，太学士陈东乞诛蔡京等六贼。

十二月二十九日，钦宗诏元为靖康。

宋钦宗靖康元年（1126），80岁

二月十八日，蔡京罢相。责授散官致仕，居河南府。蔡攸，降太中大夫，提举亳州明道宫。

三月三十日，贬蔡京为崇信军节度使，安置德安府。

四月十七日，蔡京安置衡州，童贯安置彬州，朱勔羁管韶州。

四月二十九日，蔡京移韶州，蔡攸永州安置。

六月五日，臣僚论蔡京之罪，认为当"投之海外……其宗族婚姻因京而致显官者，望悉改正"。

六月十二日，诏不赦蔡京。

七月十一日，移蔡京于儋州，蔡攸于雷州。

七月二十一日，蔡京卒于潭州昌明寺。死后数日不得殓，后葬潭州漏泽园。

十二月二十五日，汴京陷落金军之手。

宋孝宗乾道三年（1167）

蔡京死后四十二年，其骸骨由潭州（长沙）迁葬仙游连江里（枫亭）埔缝村。

2021年6月19日于耕乐堂

本年表参照曾莉《蔡京年谱》和郑秋鉴、吴淞江《蔡京史事年表》综合简缩整理而成，在此特别说明并致谢！

千秋功罪在人心

画上书稿最后一个句号后，很想去一趟蔡京的故里福建莆田仙游枫亭镇。一是想探究，在那里是否还能找到他的遗存；二是也很想听听蔡京故里的后人，如何评说蔡京这位名震史册、争议极大的历史人物。

2021年6月6日终于成行。先从上海乘高铁到福州，受到两位老战友卢文兴、陈明荣先生的热情接待。陈明荣先生亲自驾车陪我去仙游，正好他的原籍也是仙游，那里有许多老友，使得我的蔡京故里踏访之行格外顺利。

6月7日下午，我先与熟悉蔡京史料的几位当地文化人，一边品尝当地的名茶铁观音，一边闲聊，然后去实地踏看了蔡京的墓园以及蔡襄故里和陵园。去蔡京的墓园，在乡村小道一侧停车后，要再步行一段三百米左右坑洼不平的土路。墓园虽杂草丛生，但看上去仍很气派，面积有几十平方米，墓前残留了一些供品。这个面积，比原先已经大大缩小。据《枫亭镇志》记载："宋孝宗乾道三年（1167），也就是蔡京死后四十二年，蔡京骸骨由潭州（长沙）迁葬仙游枫亭埔缝村，墓葬规模按照丞相等级。"[①]

在一起聊天、交流的有福建省蔡襄研究会副会长蔡强，莆田市蔡襄故里学会、蔡襄学术研究会名誉会长蔡元琰，仙游县蔡襄

---

① 见《枫亭镇志》第423页，中国文史出版社2020年10月版。

文化研究会名誉会长、枫亭镇文化研究会副会长李庆华等。我向他们汇报了正在修订中的书稿的大致思路和书写理念，他们肯定了我用理智、客观的眼光看待蔡京历史地位的努力。他们认为，《宋史》把蔡京列入"奸臣"是不公的。蔡京先后在北宋晚期三位皇帝属下担任高官，在宋徽宗年代四任宰相近二十年，但从未有过不臣之心，一直忠心耿耿，怎么能称他是"奸臣"呢？从这一点上说，他绝对是忠臣，而不是奸臣。他们甚至为我提供了一则权威史料，在南宋高宗下达的一道诏书中，将蔡京与岳飞同列，虽然文字表述不太清晰，但从皇帝的姿态看，等同于为蔡京"平反"了。但这道诏书淹没在訇然回响的"奸臣"唾骂声音中，几乎无人知晓。"绍兴三十一年（1161）十月，金国完颜亮撕毁和约，带兵攻宋，仓促中宋廷号召举国抗战，宋高宗在下诏书亲征同日，又'诏蔡京、童贯、岳飞、张宪子孙家属，见拘管州军并放逐便。用中书、门下省请也'。"①因为宋王朝在和与战、变与守之间不停摇摆的政治形态，有几人还记得曾有这档子事？

　　笔者赞同他们反对用非"忠"即"奸"的思维方式，来简单评判蔡京这样的历史人物。但我也想，似乎也不能因为蔡京"忠"，来彻底推翻、洗刷他"奸"的一面。"奸"不仅仅对应的是"忠"，还有更为广泛的含义，如奸诈、害人、投机、为达目的不择手段等。为官执政的最高境界，也不仅仅是做一个忠臣，还应该做贤臣、良臣，像蔡襄、范仲淹、王安石那样，忧乐天下，为百姓苍生谋福祉。范仲淹之子范纯仁，就曾当面对垂帘听

---

① 见《枫亭镇志》第423页，中国文史出版社2020年10月版。

政的高太皇太后说过类似的话：我想做的是"良臣"，不仅仅是"忠臣"。做"良臣"需要一切从良知出发判断是非；仅仅是做"忠臣"，则是太后说一，臣也说一。即便"一"是错的，也必须将错就错。

平心而论，说蔡京是能臣、忠臣，应该没问题。他虽然做过很多"奸事"，同时也做过不少好事。但非要将蔡京的功过量化，分出功大于过，还是过大于功来，是一件非常困难的事。史学研究的一大困境是对历史上的很多事情和人，都无法如解数学、化学题那样，通过推导获得一个刚性的标准答案。历史的谜团塞满了山道，使得我们的攀爬，时时迷失前行的路径；我们常常顺着历史的藤蔓摸瓜，但摸着摸着，发现压根儿就没瓜……

千秋功罪在人心！

因此蔡氏故里乡亲和蔡氏家族后人，大可不必在这道比"哥德巴赫猜想"还难的历史课题上，苦苦地费心求解。笔者用了一年多案头功夫，是试图寻求一个标准答案吗？肯定不是。

数年前，蔡氏家族后人捐资为蔡京整修墓地，新华社曾为此发报道，在报道中提出：是否有必要为历史上曾被称为"奸臣"的蔡京修墓？提出这一问题，并非报道有什么倾向，而是采用新媒体的常见做法，刺激读者围观、关注。结果引来网友的一片争议。当然是"骂"者居多。有人认为，"蔡京是奸臣，为他修墓是道德底线失守，会留下千古骂名"。为平息风波，当地文化名人陈金添先生为此撰文《不妨给蔡京一点宽容》。陈先生在文中说："蔡京是奸臣，蔡京的墓坏了也不能修，修了道德底线就会失守，这似乎太雷人了。修复蔡京的墓，天会不会塌下来？社会主义的大厦会不会垮掉？换位思考一下，假如蔡京的墓是这些道德论者的祖宗，那墓坏了还要不要修？难道还要'大义灭亲'，坚持不修？如果是这样的话，可以说这些人连起码的道德也没有。我以为，'奸臣'也有人权，不让修蔡京的墓，于情于理都说不过去。……如果说是'奸臣'就不能修，照这个理论，现在有的罪犯被判死刑，那就只能抛尸荒野了。从法律上讲，蔡京墓是文物保护单位，按照文物保护法，蔡京的墓失修了，当地政府有义务去保护和修复。"陈先生在文中提出，应该理性看待蔡京在中国历史上所做的贡献和发挥的作用。他从十个方面"晒"了一下蔡京为官的政绩，如"大刀阔斧进行经济改革""积极稳妥推进教育改革""建立和完善社会救助机制"等。他的论述虽然有溢美之处，或学术上有待商榷，但总体上还是客观、理性、言之有据的。[①]其实，大多数在网上乱喷的网友，对蔡京的认识，主要来自小说《水浒传》及连续剧，还有《宋史》中的"奸臣传"。他们的史学观，受那些不靠谱的读物和媒体传播的影响。他们不可能广泛搜罗史料，去还原一个真实的蔡京。不知道如果网友翻阅过这部《蔡京沉浮》，再发生修墓的事情，还会不会继续开"骂"？

蔡京故里乡亲们念兹在兹的，还有当年蔡京助修水利工程一事。在莆田临海一带，有大片农田，因海水侵蚀成了无法种庄稼的盐碱地。曾有人两次出资筑堤，试图挡住海水漫灌，再引木兰溪淡水灌溉，由此当地百姓可获得良田万顷。但两次皆因堤未修

---

① 据福建省莆田市仙游县枫亭镇蔡襄故居陈列室，2021年6月7日下午摘录。

毕而遭遇海浪的巨大冲击而失败。已在朝堂任高官的蔡襄，在母亲死后扶枢回莆田期间，尚未参加科考的年轻学子蔡京、蔡卞，借机请求蔡襄帮助乡里修筑"木兰陂"，完成乡亲们多年的夙愿。但此时的蔡襄因政事过度操劳，已患疾在身，无精力完成这项浩大的工程，就对蔡京、蔡卞说："这件事还是留待你们兄弟来做吧！"蔡京兄弟一直记着蔡襄的这句话。待到他们考中进士在基层任职期间，正逢王安石倡修水利，蔡氏兄弟上书建议朝廷在福建募人修筑木兰陂。朝廷批准了。蔡京又写信给福建的富户李宏，希望他提供资金支持。李宏倾家资七万两，携几位帮手到莆田启动该项工程。在"陂"尚未修成，资金已经耗光的状况下，蔡京再次向朝廷申请，以官方名义在福建募集资金。这回得到十四家大户的资助，获得资金七十万两，终于历时八年将"木兰陂"修成。这道堤长达三十多公里，分主陂、上下堤。莆田人世世代代受益于这项水利工程。当地年轻书生方天若为此撰文《木兰水利记》。方天若十五年后步入仕途，成了蔡京门客。有些官员在弹劾奏疏中攻击蔡京"托言决水而灌田"，讥骂蔡京借门客文章炫耀自己功德，这就有点将"红"说成"黑"，是非不分了！木兰陂千秋万代在那里耸立着，清清溪水万亩良田滋养着莆田百姓，莆田人的子子孙孙口口相传着。因此泼澡盆的脏水，不能连同婴儿也一起泼了。①

去过蔡京故里后，笔者还曾想再去河南开封寻访北宋的历史遗存。我将这一想法在闲聊时告知沪上一位著名学者，他兜头给

①　《枫亭镇志》第574页，中国文史出版社2020年10月版。郑秋鉴《研究蔡京是对中国古代文明的尊重》，刊《莆阳公益》2020年第1期。

我泼了一盆冷水:"开封我去过,你去了可能就写不出来了!"随后河南境内发生了罕见的大洪水,进一步浇灭了我实地踏访的念头。也许会有遗憾,那就留待将来修订时再弥补。

在此,要再度感谢那些对本著卓有启迪的现当代史学研究者,感谢作家出版社接纳拙著,感谢付梓前帮助审读指谬的专家董志翘、任芙康、李建军诸先生,感谢责编杨兵兵在精心编制过程中付出的辛劳。

2022年2月8日于耕乐堂